Jürgen Gerhards

Die Moderne und ihre Vornamen

Jürgen Gerhards

Die Moderne und ihre Vornamen

Eine Einladung
in die Kultursoziologie

2. Auflage

Bibliografische Information der Deutschen Nationalbibliothek
Die Deutsche Nationalbibliothek verzeichnet diese Publikation in der
Deutschen Nationalbibliografie; detaillierte bibliografische Daten sind im Internet
über <http://dnb.d-nb.de> abrufbar.

2. Auflage 2010

Alle Rechte vorbehalten
© VS Verlag für Sozialwissenschaften | Springer Fachmedien Wiesbaden GmbH 2010

Lektorat: Frank Engelhardt

VS Verlag für Sozialwissenschaften ist eine Marke von Springer Fachmedien.
Springer Fachmedien ist Teil der Fachverlagsgruppe Springer Science+Business Media.
www.vs-verlag.de

Das Werk einschließlich aller seiner Teile ist urheberrechtlich
geschützt. Jede Verwertung außerhalb der engen Grenzen des Urheberrechtsgesetzes ist ohne Zustimmung des Verlags unzulässig und
strafbar. Das gilt insbesondere für Vervielfältigungen, Übersetzungen, Mikroverfilmungen und die Einspeicherung und Verarbeitung in
elektronischen Systemen.

Die Wiedergabe von Gebrauchsnamen, Handelsnamen, Warenbezeichnungen usw. in
diesem Werk berechtigt auch ohne besondere Kennzeichnung nicht zu der Annahme,
dass solche Namen im Sinne der Warenzeichen- und Markenschutz-Gesetzgebung als
frei zu betrachten wären und daher von jedermann benutzt werden dürften.

Umschlaggestaltung: KünkelLopka Medienentwicklung, Heidelberg
Gedruckt auf säurefreiem und chlorfrei gebleichtem Papier

ISBN 978-3-531-17413-6

Für Hannah und Niklas

Inhaltsverzeichnis

Vorwort   9

1. **Die Macht der Kultur der Gesellschaft**.................. 11
   1.1 Die Prämissen des „cultural turn" und was man daran kritisieren kann................. 13
   1.2 Zurück zu Durkheim: Vorstellungen von Kultursoziologie........................ 22

2. **Daten, Methoden und Forschungskontext der Untersuchung**................... 33
   2.1 Datengrundlage und Methoden................ 33
   2.2 Forschungskontext..................... 38

3. **Das Aufbrechen religiöser Ligaturen: Säkularisierungsprozesse**............. 43
   3.1 Säkularisierungsprozesse in der Vergabe von Vornamen........................ 43
   3.2 Unterschiede zwischen protestantischen und katholischen Gemeinden............. 61

4. **Politischer Regimewechsel und der Aufstieg und Fall der deutschen Vornamen**............ 71

5. **Verwandtschaftsbeziehungen und der Bedeutungsverlust verwandtschaftlicher Traditionsbindung**....... 87

6.	**Individualisierungsprozesse, Klassenbindung und Distinktionsgewinne**..	103
	6.1 Sozialstruktureller Wandel und die Bedeutungszunahme von Individualität......................	104
	6.2 Auflösung der Klassenbindung in der Namensvergabe..	113
	6.3 Vornamen als kulturelles Kapital................................	121
7.	**Transnationalisierung der Vornamen und die Eigendynamik von Moden**...	129
	7.1 Transnationalisierungsprozesse in der Vergabe von Vornamen..	130
	7.2 Die Eigendynamik von Namensmoden......................	145
8.	**Geschlechtsklassifikation durch Vornamen und Geschlechtsrollen im Wandel**..	155
	8.1 Die Markierung von Geschlecht durch die Vergabe von Vornamen..	156
	8.2 Kulturwandel, Vornamen und Geschlechtsrollen.......	170
9.	**Kulturentwicklung und Vornamen: Eine Bilanz**..	179
Literaturverzeichnis...		189

Vorwort

Mehrere Personen und Institutionen haben zum Gelingen der hier vorgelegten Studie beigetragen. Die Datenerhebung wurde z. T. finanziert durch eine Förderung des Sächsischen Staatsministeriums für Wissenschaft und Kunst. Herr Clemens vom Standesamt Gerolstein hat die Daten des Geburtsregisters von Gerolstein, einer dominant katholischen Kleinstadt in der Eifel zwischen Trier und Köln, erhoben und in eine Datenmaske eingegeben. Michael Hölscher hat zusätzlich Hintergrundinformationen zu Gerolstein erhoben; Franz Josef Ferber und Georg Lindenberg waren behilflich bei der Beschaffung der abgebildeten Fotos. Die Gerolsteiner Informationen wurden ergänzt durch eine Erhebung des Geburtsregisters der Stadt Grimma, einer protestantischen Kleinstadtgemeinde in der Nähe von Leipzig. Die Erhebung der Daten von Grimma hat Dorothea Eppler besorgt, die zudem die Literatur im Bereich der Namensforschung gründlich recherchiert und bilanziert hat. Um etwas über die Motivlagen der Eltern bei der Vergabe von Vornamen zu erfahren, haben wir eine kleine Befragung von Wöchnerinnen in Leipziger Krankenhäusern durchgeführt, die von Katrin Lieder organisiert wurde. Die Erstellung des Datensatzes, die Codierung der Vornamen nach Kulturkreisen und die Anfertigungen von Tabellen oblag Jan Kaiser, später dann hat sich Christian Fröhlich an der Erstellung von Tabellen beteiligt. Jörg Rössel hat manchen methodischen Rat und inhaltliche Kommentare zum Gelingen der Studie beigesteuert. Harald Homann und Matthias Junge haben mir hilfreiche Literaturhinweise gegeben. Claudia Beckert-Zieglschmid, Janet Bennat und Michael Hölscher haben eine Erstfassung des Textes kommentiert. Allen Beteiligten gilt mein herzlicher Dank. Besonderer Dank gilt Rolf Hackenbroch, der während der Zeit, als er wissenschaftlicher Mitarbeiter an meinem Lehrstuhl war, das Projekt zusammen mit mir bearbeitet hat (vgl. Gerhards und Hackenbroch 1998, 2000). Der ursprüngliche Plan, gemeinsam eine Monographie zu schreiben, hat sich zerschlagen, weil er seine Arbeitsschwerpunkte mit dem Fortgang aus der Universität in die private Forschung verlagert hat.

Eine Einladung an das Wissenschaftskolleg nach Berlin schließlich ermöglichte es, in einer hervorragenden Arbeitsatmosphäre bei guter Unterstützung durch die Bibliothek die Überlegungen zur Entwicklung von Vornamen aufs Papier zu bringen.

Berlin, im Juli 2002

Vorwort zur zweiten Auflage

Die zweite Auflage erscheint als inhaltlich unveränderter, aber formal korrigierter Neudruck der ersten Auflage, auch wenn sich die eigenen Analysen von Vornamen in der Zwischenzeit weiter entwickelt haben. Die neueren Arbeiten beziehen sich aber auf einen anderen Datensatz (Sozio-oekonomisches Panel) und beschäftigen sich in erster Linie nicht mit der Namensvergabe von deutschen Bürgern, sondern mit der von Migranten, von Personen also, die nach Deutschland eingewandert sind.° Aber auch diese neueren Arbeiten zeigen, dass sich Vornamen besonders gut eignen, um den Einfluss von gesellschaftlichen Rahmenbedingungen auf das Verhalten von Menschen zu analysieren.

Berlin, im Februar 2010

° Vgl. Jürgen Gerhards und Silke Hans. 2009. From Hasan to Herbert: Name Giving Patterns of Immigrant Parents between Acculturation and Ethnic Maintenance, in: American Journal of Sociology 114 (4): 1102-1128. Denis Huschka, Jürgen Gerhards und Gert W. Wagner. 2009. Naming Differences in Divided Germany, in: Names 57 (4): 208-228.

1. Die Macht der Kultur der Gesellschaft

Die Idee, eine Studie über die kulturelle Strukturierung der Vergabe von Vornamen durchzuführen, geht auf ein Erlebnis aus dem Jahr 1986 zurück. Freunde von mir erwarteten ihr erstes Kind und waren auf der Suche nach einem Vornamen. Bei Wein und gutem Essen wurde zusammen mit anderen Freunden eine Vielzahl von Namensalternativen diskutiert und abgewogen. Manche der vorgeschlagenen Namen wurden als zu lang oder als zu kurz, andere als zu ordinär oder zu weit verbreitet befunden und entsprechend verworfen, bis man sich endlich auf einen Namen geeinigt hatte. Die Kriterien der Bewertung und der Steuerung der Auswahl wurden dabei nicht expliziert. Nichtsdestotrotz hatte man als Beobachter den Eindruck, dass der Suchprozess einem strukturierenden Prinzip unterworfen war, das sich nicht allein auf die individuellen Vorlieben der zukünftigen Eltern zurückführen ließ, sondern einer Sozio-Logik folgte, die sich aus der Sozialposition und der Milieueinbindung der Eltern ergab. Beide Elternteile waren und sind dem akademischen Niveaumilieu zuzuordnen, verfügen mit Hochschulabschlüssen nicht nur über die entsprechenden Bildungspatente, sondern auch über ein internalisiertes kulturelles Kapital, das sie in Musik, Literatur und Kunst bewandert macht und mit den Fertigkeiten ausstattet, ihren Geschmack auch milieuadäquat unauffällig-distinguiert zu inszenieren und sich gegenüber anderen Milieus abzugrenzen. Das Repertoire möglicher Vornamen war durch diese soziale Einbettung der Eltern eingegrenzt. Namen aus Film, Fernsehen und Sport waren, da sie häufig von unteren Schichten benutzt werden, vulgär kontaminiert; traditionelle deutsche Namen wie Wilhelm, Uta oder Otto galten als zu traditionsorientiert und implizierten eine konservative Konnotation, die man ablehnte. Jüdische Namen wie Sarah oder Daniel wären mögliche Namenskandidaten für das Kind gewesen, wenn sie nicht schon zehn Jahre vorher von Mitgliedern des gleichen Milieus benutzt worden wären, entsprechend vernutzt waren und damit dem elterlichen Bedarf nach Individualität des Kindes und Distinktion widersprachen.

Ein zweites Beispiel aus dem Bereich persönlicher Erfahrungen: Vor einigen Monaten haben meine beiden Kinder mit ihren Freundinnen und Freunden ihren Geburtstag gefeiert. Gekommen waren Maurice, Leon, Anselm, Julius, Lea, Laura, Leon, Sarah, Katharina, Jamie, Annabelle, Henriette etc. Wo aber waren Heinrich, Otto, Josef, Wilhelm, Berta, Erna, Maria, Annegret und Elisabeth? Auf einem Geburtstagsfest vor ca. 80 Jahren wären sicherlich Kinder mit diesen Namen gekommen. Im Zeitverlauf hat, so die Vermutung, ein tiefgreifender Wechsel der Vornamen stattgefunden. Die ehemals präferierten Namen sind „out", gelten als zu antiquiert, als dass man sie seinen Sprösslingen zumuten könnte und werden durch neue, zum Teil nicht aus dem deutsch-christlichen Kulturkreis kommende Namen ersetzt. Auch hier kann man vermuten, dass der Wandel der Namensvergabe nicht zufällig und erratisch verläuft, sondern Regelmäßigkeiten aufweist, die man als soziale Regelmäßigkeiten rekonstruieren kann. Der Versuch einer Rekonstruktion der sozialen Strukturierung der Vergabe von Vornamen ist genau das Anliegen der folgenden Studie.

Die Intention der Studie geht aber darüber hinaus. Der Text versteht sich zugleich als eine Einführung in die Kultursoziologie. Das Thema „Kultur" hat seit dem sogenannten „cultural turn" in den Geistes- und Sozialwissenschaften eine enorme Konjunktur erfahren. Die damit häufig verbundene These einer paradigmatischen Wende auch der Soziologie hat mich wenig überzeugt. Am Beispiel der Vornamen möchte ich zeigen, dass man sehr wohl und sehr gut mit dem klassischen Instrumentarium der Soziologie und dessen wissenschaftstheoretischer Begründung arbeiten kann, um Erkenntnisse über die Kultur einer Gesellschaft zu produzieren. Ich nehme klassische Theoreme der kulturellen Modernisierung auf und versuche zu zeigen, mit welchen Theorien und welchen Methoden man kulturellen Wandel analysieren kann. Die hier vorgelegte Studie versteht sich einerseits als eine empirische Analyse kultureller Modernisierungsprozesse am Beispiel von Vornamen, sie versteht sich andererseits als eine exemplarische Einleitung in die Kultursoziologie. Am Beispiel der Analyse eines Gegenstandsbereiches sollen die Möglichkeiten eines spezifischen Verständnisses von Kultursoziologie erläutert und demonstriert werden. Wodurch dieses Verständnis von Kultursoziologie gekennzeichnet ist, möchte ich im Folgenden erläutern.

Die Kultursoziologie hat mit dem sogenannten „cultural turn" in den Sozialwissenschaften eine Renaissance erfahren. Die Prämissen des „cultural turn" und die daraus gezogenen Folgerungen für ein Forschungsprogramm finde ich aber nur in geringem Maße überzeugend. Das ist erläuterungsbedürftig.

1.1 Die Prämissen des „cultural turn" und was man daran kritisieren kann

Die wissenschaftliche Beschäftigung mit „Kultur" hat Konjunktur. In den letzten 15 Jahren sind neue, kulturwissenschaftliche Studiengänge eingerichtet, Forschungsschwerpunkte entwickelt und Fakultäten in kulturwissenschaftliche Fakultäten umbenannt worden. Innerhalb der verschiedenen Fächer hat es Diskussionen und Versuche einer kulturwissenschaftlichen Umorientierung gegeben (für die Geschichtswissenschaft vgl. z. B. Daniel 2001). Diese institutionellen Neuarrangements wurden und werden begleitet von einer Flut an Veröffentlichungen zur Legitimation der Wiederentdeckung von Kultur (vgl. für die Geisteswissenschaften die Beiträge in Frühwald u. a. 1991). Die skizzierten Entwicklungen sind auch an der Soziologie nicht spurlos vorbei gegangen. 1988 fasst einer der bekanntesten amerikanischen Theoretiker, Jeffrey Alexander, die theoretischen Entwicklungen der Soziologie zusammen und spricht von einem „cultural turn", der sich in den Sozialwissenschaften Schritt für Schritt ereignet habe (Alexander 1988).[1] Bei

---

[1] Paul Rabinow und William M. Sullivan (1979) sprechen einige Jahre vorher bereits von einem „interpretive turn". Die verschiedenen Positionen innerhalb der deutschsprachigen Sozialwissenschaften finden sich gut in dem von Holger Sievert und Andreas Reckwitz (1999) herausgegebenen Band wiedergegeben.

aller Vielschichtigkeit und Heterogenität ist der „cultural turn" durch einige gemeinsame Merkmale gekennzeichnet. Andreas Reckwitz hat sie sehr übersichtlich zusammengefasst (vgl. Reckwitz 2000: 15ff.). Ich möchte sie im Folgenden erläutern, diskutieren und kritisieren:

1. Über die Bedingungen der Möglichkeit von Erkenntnis im allgemeinen und von wissenschaftlicher Erkenntnis im Besonderen reflektiert die Wissenschafts- und Erkenntnistheorie. Wissenschaftstheorien vor dem „cultural turn" sind nun, so Andreas Reckwitz, von einer Abbildungsvorstellung von wissenschaftlicher Erkenntnis ausgegangen: Es gibt etwas in der Welt und dieses kann auch von einem davon unabhängigen wissenschaftlichen Beobachter beschrieben und erklärt werden. Der „cultural turn" hat in kritischer Reflexion auf diese Perspektive darauf aufmerksam gemacht, dass es keine kategorienlose Beobachtung der Welt gibt und entsprechend die Kategorien der Wissenschaft einen Einfluss auf die Art und das Ergebnis der Erkenntnis haben. Die Entstehung der wissenschaftlichen Beobachtungskategorien ist selbst ein Resultat eines sozialen Prozesses, der sich wissens- und wissenschaftssoziologisch rekonstruieren lässt. Drei Punkte finde ich an diesem wissenschaftstheoretischen Ausgangspunkt des „cultural turn" und den daraus gezogenen Folgerungen für die wissenschaftliche Praxis nicht überzeugend:

a. Dass es sich bei wissenschaftlicher Erkenntnis immer um kategorial gebundene Erkenntnisse handelt, ist keineswegs eine neue Einsicht des „cultural turn". Dies ist gerade von Vertretern des durch den „cultural turn" kritisierten kritischen Rationalismus sehr deutlich herausgearbeitet. Nur der naive Empirismus geht davon aus, daß die Welt unmittelbar erfahrbar ist. Aussagen über die Welt sind Aussagen von Subjekten, die Aussagen machen. Karl Popper (1976) und andere haben in der sogenannten Diskussion des Basissatzproblems genau dieses herausgearbeitet und betont, dass jede Wissenschaft auf Basissätzen aufruht, die als gültig unterstellt werden können, wenn die Forschergemeinschaft sich intersubjektiv

1.1 Die Prämissen des „cultural turn"

darauf geeinigt hat, dass diese gelten sollen.² Das Kriterium der Objektivität wird also auch im kritischen Rationalismus ersetzt durch das der Intersubjektivität. „Logisch betrachtet geht die Prüfung der Theorie auf Basissätze zurück, und diese werden durch Festsetzung anerkannt" (Popper 1976: 73). Und einige Seiten später kann man bei Karl R. Popper lesen: „Die empirische Basis der Wissenschaft ist nichts Absolutes; die Wissenschaft baut nicht auf Felsengrund; es ist eher ein Sumpfland" (Popper 1976: 75).

b. Karl Popper und andere Theoretiker des kritischen Rationalismus ziehen aus der Relativität wissenschaftlicher Erkenntnis aber nicht den Schluss, dass wissenschaftliche Erkenntnis beliebig ist. Wissenschaft ist der permanente Versuch, der Wahrheit etwas näher zu kommen (Approximationstheorie der Wahrheit). Eine logische Prüfung der Widerspruchsfreiheit von Aussagen und die weitgehende Explikation der Annahmen der eigenen Untersuchung, Präzision in der Verwendung von Begriffen sind Verfahren, dieses Ziel zwar nicht zu erreichen, sich ihm aber zu nähern. Manche Theoretiker und Empiriker des "cultural turn" ziehen aus der grundsätzlichen Relativität wissenschaftlicher Erkenntnis eine andere und wie ich finde wenig überzeugende praktische Schlussfolgerung. Sie interpretieren die Relativität wissenschaftlicher Erkenntnis als Einladung dazu, viele Gütekriterien wissenschaftlichen Denkens über Bord zu werfen: Der Grad der Explikation der eigenen Annahmen ist in den entsprechenden Studien häufig gering, die Klarheit der verwendeten Begriffe lässt zu wünschen übrig, Versuche einer empirischen Prüfung der eigenen Aussagen fehlen.

c. Schließlich folgt aus der grundsätzlichen Kategorienabhängigkeit wissenschaftlicher Erkenntnis noch nicht, dass dies einen Einfluss auf konkrete Forschungsarbeiten haben muss. Der Weg von allgemeinen wissenschaftstheoretischen Annahmen hin zu konkreten Forschungsfragen ist meist ein sehr weiter, die allgemeinen Prämissen schlagen sich nur begrenzt in der konkreten Forschung nieder (vgl. Alexander 1987). Dieser nur vermittelte Zu-

---

2   Insofern war und ist es wenig überzeugend, Popper als Positivisten zu schimpfen.

sammenhang von wissenschaftstheoretischen Grundsätzen und konkreter empirischer Forschung scheint mir von einigen Wissenschaftstheoretikern häufig unterschätzt zu werden. Wenn man sich zum Beispiel für die Frage interessiert, ob Vornamen von Monarchen und Fürsten von der Bevölkerung übernommen werden und unter welchen Bedingungen dies der Fall ist und diese Frage dadurch empirisch analysiert, dass man die Verbreitung von Fürstennamen nach deren Inthronisation analysiert, dann sehe ich nicht, welche wissenschaftstheoretischen Grundkonflikte Folgen für die kategoriale Analyse der bezeichneten Fragestellung haben könnten.

2. Menschen sind sinnverwendende Wesen. Im Mittelpunkt jeder soziologischen Analyse steht entsprechend die Rekonstruktion der Bedeutungen, die Menschen mit ihren Handlungen verbinden. Diese Bedeutungen von Handlungen haben aber nicht allein den Status von idionsynkratischen, subjektiven Bedeutungen eines handelnden Subjektes, sondern sind Resultat von Interaktionen mit anderen Menschen und haben entsprechend den Status von kollektiven Sinnsystemen, Weltbildern, Ideen, Codes, Schemata, symbolischen Ordnungen oder zusammenfassend – von Kultur. Der „cultural turn" attribuiert sich selbst den Verdienst zu, die Bedeutung von Kultur gegen eine mechanistische Vorstellung von Handeln und Gesellschaft eingeführt zu haben. Auch an dieser zweiten Prämisse der Theoretiker des „cultural turn" kann man Kritikpunkte anbringen. Es ist völlig richtig, dass Menschen sinnverwendende Wesen sind und die Soziologie insofern immer schon Kultursoziologie ist, als sie die Sinnsysteme, die den Handlungen zugrunde liegen, rekonstruieren muss. Aber: Ist dies wirklich eine neue Erkenntnis? Gibt es wirklich Soziologen, die dies leugnen? Selbst der häufig als Positivist angegriffene Emile Durkheim begreift den Menschen als ein sinnverwendendes Wesen, wie ich gleich genauer erläutern werde. Fast jede Variante der Theorie rationalen Handelns geht von der Vorstellung aus, dass Menschen auf der Basis ihrer *Definition* von Situationen Handlungen auswählen und nicht auf der Grundlage objektiver Verhältnisse und dass Deutungsmuster („frames") ihre Handlungen anleiten (vgl. Esser 1991). Insofern wird man die Vermutung nicht los, dass es sich bei der „wissen-

schaftlichen Gegenposition", die Vertreter des „cultural turn" kritisieren, um eine selbst konstruierte Gegenposition handelt.

Beziehen wir zur Verdeutlichung des Arguments das Diktum, Kultursoziologie müsse an den Bedeutungen von Handlungen ansetzen, auf die Analyse von Vornamen. Die Zunahme der Verwendung von deutschen Namen ab dem 19. Jahrhundert z. B. kann man nicht als eine mechanische Handlung interpretieren; die Entwicklung ist verbunden mit der Zunahme der Bedeutung des Nationalismus in Deutschland als kollektives Sinnangebot. Oder: Der Bedeutungsverlust einer transzendenten Interpretation der Welt (Säkularisierung) spiegelt sich in den Vornamen in dem Nachlassen der Verwendung von christlichen Namen. Immer geht es also auch bei der Analyse der Vornamen um die Bedeutungen, die mit den Vornamen verbunden werden.

3. Aus der Tatsache, dass Menschen sinnverwendende Wesen sind und jede Soziologie an den Bedeutungen von Handlungen ansetzen muss, ziehen Vertreter des „cultural turn" eine Schlussfolgerung im Hinblick auf die Erkenntnismöglichkeiten der Soziologie. Im Unterschied zu den Naturwissenschaften ist die Soziologie eine allein verstehende Wissenschaft, weil ihr Gegenstandsbereich aus sinnhaften Handlungen besteht. Auf Grund dieser spezifischen Beschaffenheit des Gegenstandsbereichs ist sie nicht in der Lage, Erklärungen zu formulieren und zu prüfen. Eine kultursoziologische Analyse besteht in einem Verstehen des subjektiven Sinns einer Handlung im Kontext ihres Sinnzusammenhangs, so die Vorstellungen der Vertreter des „cultural turn". Diese Selbstbeschränkung der Soziologie auf ein deutendes Beschreiben halte ich nicht für überzeugend. Man kann nur zustimmen, dass die Aufgabe der Soziologie darin besteht, die Regelmäßigkeiten sozialen Handelns deutend zu beschreiben; es ist aber wenig überzeugend, dass sie sich darauf beschränken soll. Nach einer verstehenden Beschreibung des Explanandum kann man im zweiten Schritt nach Erklärungen (Explanans) für die das Beschriebene fragen und Antworten finden. Dies wird durch die Tatsache, dass wir es mit Bedeutungen zu tun haben, nicht verhindert. Rainer Schnell, Paul Hill und Elke

Esser (1995a: 91) haben dies sehr schön an einem Beispiel illustriert.[3]

4. Der „cultural turn" hat zu einer Verlagerung der Forschungsinteressen geführt. Im Fokus der Forschungen der Kultursoziologie stehen mikrosoziologische Fragestellungen und Analysen von alltäglichen Phänomenen und alltäglichen Praktiken des Sinnvollzuges. Diese Fokussierung auf die Praxis der Herstellung von Bedeutungen von Sinn in alltäglichen Situationen ergibt sich zwar nicht zwangsläufig aus den ersten drei Prämissen des „cultural turn", ist allerdings durch diese prädisponiert. Soziale Realität muss, wie Karin Knorr Cetina (1988) dies formuliert hat, „from the native's point of view" analysiert werden. Folgt man diesem Diktum, dann ist man sehr schnell bei der Analyse von alltäglichen Praktiken. Die Analyse von Organisationen konzentriert sich dann weniger auf die formalen Strukturen von Organisationen, als auf

---

3 „Person X nimmt in Kneipe A das an sie gerichtete Lächeln einer Person Y wahr, woraufhin X näher auf Y zugeht, Y zu einem Bier einlädt usw. In der Tat löst das Lächeln von Y nicht „mechanisch" ein Hingehen, Einladen etc. bei X aus, wie etwa eine Temperaturerhöhung das Volumen eines Gases ansteigen läßt, sondern die Geste „Lächeln" wird z. B. interpretiert als ein Zeichen von Sympathie und Gesprächsbereitschaft. Diese Interpretation einer Geste ist Voraussetzung für die folgende Handlungswahl von X. Zudem ist es meist nicht ein einzelnes Symbol, sondern eine Vielzahl von interpretierten Symbolen, die bei X eine subjektive Situationsdefinition generieren. Das Lächeln zu abendlicher Stunde in einem Lokal unterscheidet sich von dem Schadensfreude symbolisierenden Lächeln eines unsympathischen Kollegen am Arbeitsplatz nach einer mißlungenen Tätigkeit von X. Die gleiche Geste hat also je nach Situation unterschiedliche Bedeutung. Im sozialen Kontext gibt es sicher sowohl die Möglichkeit, daß Symbole, Situationen bzw. Lebenswelten relativ verfestigt sind und damit nicht ständig einer neuen Interpretation ausgesetzt sind, als auch die (vom symbolischen Interaktionismus immer hervorgehobene) Möglichkeit und Notwendigkeit der Neu-Deutung und Neu-Interpretation von Symbolen. Letztere ist aber selbstverständlich auch einer deduktiv-nomologischen Erklärung zugänglich. Denn die Frage, warum X das Lächeln von Y als Zeichen der Sympathie interpretiert, kann z. B. das Explanandum einer Lerntheorie darstellen. Auch die Tatsache, daß die Bedeutungszuschreibungen von Akteur zu Akteur nie völlig identisch sind, ändert nichts an ihrer prinzipiellen Erklärbarkeit. Diese Abweichungen stellen nur unterschiedliche Explananda einer Theorie dar, die solche variierende Interpretation zu erklären versucht, wie es z. B. im Rahmen der Sozio-Linguistik geschieht" (Schnell, Hill, Esser 1995a: 91f.).

die informellen Alltagsroutinen von Organisationsmitgliedern und der daraus erwachsenen Organisationskultur; die klassische Klassenanalyse wird ersetzt durch „cultural studies", die die alltäglichen Routinen vor allem der Unterschichten rekonstruieren. Phänomene wie Dankbarkeit, Scham, Emotionen und Ehre werden zum Gegenstandsbereich kultursoziologischer Analyse. Kurz: Die Rekonstruktion der Gesellschaft als symbolische Praxis ihrer Mitglieder wird zum Gegenstandsbereich der Kultursoziologie (Knorr Cetina 1988).

Die Auswahl der Gegenstandsbereiche soziologischer Forschung ist durch das Erkenntnisinteresse bestimmt und lässt sich nicht gut nach wissenschaftsimmanenten Kriterien begründen und entsprechend auch nicht kritisieren. Man kann nur auf die Lücken aufmerksam machen, die entstehen, wenn sich eine Kultursoziologie allein auf eine Rekonstruktion alltäglicher Phänomene konzentriert: Sie verpasst den Anschluss an makrosoziologische Fragestellungen. Antworten auf Fragen, was ist eigentlich die Kultur einer Gesellschaft, lassen sich mit einer rein mikrosoziologischen Kultursoziologie nicht klären. Die Klassiker der Kultursoziologie, vor allem Max Weber mit seinen religionssoziologischen Arbeiten, waren an der Beschreibung und Erklärung von Makrokultur („Geist des Kapitalismus", „Okzidentaler Rationalismus") interessiert. Ich werde mit der Analyse von Vornamen einerseits die alltagsorientierte Perspektive der neueren Kultursoziologie aufnehmen, andererseits diese mit einem makrosoziologischen Erkenntnisinteresse verbinden. Die Vergabe von Vornamen als eine Alltagspraxis von Menschen einer Gesellschaft wird interpretiert als ein Indikator für makrokulturellen Wandel, als Indikator für kulturelle Modernisierungsprozesse.

5. Der „cultural turn" ist verbunden mit einer Kritik an sogenannten standardisierten Methoden der Sozialforschung und einer deutlichen Präferenz für sogenannte qualitative Verfahren der Sozialforschung. Die Begründung für diesen Methodenwechsel ergibt sich wiederum aus der Betonung des Kulturaspekts, des Bedeutungsaspekts von sozialen Handlungen. Quantitativ-standardisierte Methoden sind, so die Kritik, nicht in der Lage, den Sinn von

Handlungen zu erfassen; sie behandeln den Gegenstandsbereich ihrer Analyse als eine sinnfreie Welt (Reckwitz 2000: 27). Dabei kommt es, so die Vertreter des „cultural turn", in der empirischen Analyse eigentlich darauf an, die Bedeutungen von Handlungen „qualitativ" zu rekonstruieren. Sind diese Beschreibungen der quantitativen Methoden und die daraus abgeleitete Kritik plausibel? Die These, sogenannte quantitative Methoden vernachlässigen den Bedeutungsaspekt von Handlungen, scheint mir nicht überzeugend zu sein. Der Unterschied zwischen quantitativen und qualitativen Methoden besteht nicht darin, dass in dem einen Verfahren Bedeutungen rekonstruiert werden und in dem anderen nicht. In den sogenannten quantitativen Verfahren wird die Definition der Bedeutung einer Aussage einer Person in einem Interview oder einer Textpassage aus einem Zeitungsartikel *vor* der Datenerhebung, aber auf der Basis von Vorprüfungen festgelegt, während in den sogenannten qualitativen Verfahren die Bedeutung von Aussagen erst *nach* der Datenerhebung in der Datenauswertung erfolgt. In beiden Verfahren geht es aber um die Rekonstruktion von Bedeutungen. Dass es auch in den sogenannten quantitativen Verfahren um eine Bedeutungsmessung geht, kann man an dem Verfahren der Analyse von Vornamen erläutern, das ich verwendet habe. Mit der Verwendung der Namen von christlichen Heiligen z. B. bringen die Eltern ihre Bindung an die christliche Religion zum Ausdruck. Dies ist die Bedeutung, die ich der Verwendung von Heiligennamen unterstelle. Nimmt die Bezugnahme auf christliche Heilige in der Namensvergabe im Zeitverlauf ab, so interpretiere ich dies als ein Anzeichen eines Säkularisierungsprozesses. Die Kategorien der Datenerhebung (in diesem Fall: Heiligennamen/Andere Namen) sind durch diese Bedeutungszuschreibung (Nachlassen der Benutzung von Heiligennamen ist ein Anzeichen von Säkularisierungsprozessen) festgelegt. Die Datenerhebung (Klassifikation der Vornamen nach „Heiligennamen/Andere Namen") und die Datenauswertung (Verlaufskurve der Heiligennamen im Verhältnis zu den anderen Namen) sind durch die Interpretation dieser Kategorien vorweg festgelegt. Nun kann man darüber streiten, ob man mit dem Nachlassen der Bedeutung von Heiligennamen in der Tat

Säkularisierungsprozesse messen kann. Und man muss gute Argumente anführen, um dies zu begründen. Unstrittig scheint mir aber zu sein, dass es auch bei diesem Verfahren letztendlich um die Messung von Bedeutungen geht. Jede sogenannte quantitative Untersuchung ist insofern immer auch eine qualitative Untersuchung (vgl. dazu Früh 1992). Das Argument der Vertreter des „cultural turn", das eine Ablehnung sogenannter quantitativer Verfahren begründet, scheint mir also nicht stichhaltig zu sein. Dies bedeutet umgekehrt natürlich nicht, dass es keine Unterschiede zwischen qualitativen und quantitativen Verfahren gibt und es bedeutet auch nicht, dass qualitative Verfahren nicht ihre Berechtigung hätten. Die Wahl der Methode hängt allein vom Erkenntnisinteresse ab. Konzentriert man sich, wie dies in dieser Studie geschehen wird, auf eine Analyse von Kulturwandel, also auf eine Makroebene von Gesellschaft, dann muss man dafür Sorge tragen, dass das Material, das man analysiert, repräsentativ für die Grundgesamtheit ist. Es ist gerade diese durch das Erkenntnisinteresse festgelegte Zielsetzung, die eine höhere Affinität zu den sogenannten quantitativen Methoden erzeugt, weil diese besser in der Lage sind, mit kontrollierten Verfahren der Stichprobenziehung zu operieren, so dass die Reichweite der Aussagen groß ist und der Schluss von der Stichprobe auf eine Grundgesamtheit in der Regel den Anspruch auf Repräsentativität für sich beanspruchen kann.

Die Grundprinzipien des „cultural turn" und die daraus abgeleiteten Vorstellungen einer Kultursoziologie scheinen mir nicht überzeugend begründet zu sein. Dies sollten die Ausführungen gezeigt haben. Ich gehe davon aus, dass man durchaus bei den klassischen Prämissen der Soziologie ansetzen kann, um kultursoziologische Fragen zu entwickeln und empirisch zu beantworten und möchte das eigene Verständnis Kultursoziologie mit Rückgriff auf die Arbeiten von Emile Durkheim im Folgenden explizieren.

1.2 Zurück zu Durkheim: Vorstellungen von Kultursoziologie

Im Jahr 1895 veröffentlicht Emile Durkheim das Buch „Die Regeln soziologischer Methode", in dem er seine Vorstellungen einer Wissenschaft der Gesellschaft entwickelt. Zwei Jahre später folgt die Publikation seiner Studie „Der Selbstmord", die an einem Beispiel die methodologischen und methodischen Überlegungen der „Regeln" illustrieren sollte. Beide Texte stehen in einem engen Zusammenhang (Lukes 1973: 226ff.). Mit beiden Schriften gelingt es Durkheim, die Soziologie als eigenständige wissenschaftliche Disziplin paradigmatisch zu fundieren. Die Grundzüge des Durkheim'schen Wissenschaftsverständnisses im Allgemeinen und seiner Vorstellung von Soziologie im Speziellen lassen sich gleichsam in Form von sechs Geboten formulieren: 1. Schreibe einfach und verständlich. 2. Definiere die Begriffe, die du benutzt, so präzise wie möglich. 3. Versuche, für jede Aussage über die Wirklichkeit empirische Beweise zu erbringen. 4. Prüfe immer alternative Sichtweisen und Erklärungen, die in Konkurrenz zu deiner Erklärung stehen, auf ihre jeweilige Plausibilität. 5. Rücke als Soziologe in den Fokus deines Erkenntnisinteresses die Handlungen von Menschen; dabei versteht Durkheim unter Handlungen nicht die Handlungen von einzelnen Personen, sondern Handlungen von Kollektiven von Personen. 6. Versuche die Handlungen von Menschen durch die sozialen Kontextbedingungen, in die Menschen eingebettet sind, zu erklären, also: Erkläre Soziales durch Soziales.

„Der Selbstmord" ist eine lehrbuchartige Exemplifikation dieser Wissenschaftsvorstellungen Durkheims. Nicht nur ist der Text einfach geschrieben, der Leser wird bereits durch die kommentierende Gliederung an die Hand genommen und dann durch die gesamte Argumentationsabfolge geführt. Die Begriffe werden präzise definiert und auf ihre spätere empirische Überprüfbarkeit hin operationalisiert. Mit Hilfe von amtlichen Statistiken aus unterschiedlichen Ländern und Regionen versucht Durkheim seine Aussagen über die soziale Bestimmtheit der Selbstmordrate empirisch zu belegen; der Nachweis der Erklärung wird durch die Verwendung der Methode der konkomitanten Variationen geführt.[4] Alternative Erklärungen werden von ihm in extenso diskutiert und überprüft. Vor allem versucht Durkheim, psychologische und physiologische Erklärungen in ihrer Wirksamkeit auf die Selbstmordrate zu falsifizieren und damit eine genuin soziologische Perspektive zu begründen. Diese richtet sich nicht auf die Erklärung individueller Selbstmorde, sondern auf eine Erklärung von Selbstmordraten (Kollektivhandlungen). Die Selbstmordraten versucht Durkheim durch unterschiedliche soziale Bedingungsfaktoren (Organisationsform und Ideengehalt von Religionen, Familienstruktur, Einbindung in den Staat u. a. zu erklären) und damit zu begründen, dass die Selbstmordrate eine soziale Tatsache darstellt und damit ein soziologisch relevanter Gegenstandsbereich ist. Schließlich zeigt Durkheim, dass die sozialen Bedingungsfaktoren die individuellen Handlungen beeinflussen, aber nicht determinieren. Er bietet probabilistische und keine deterministischen Erklärungen an, insofern nur ein Teil der Varianz von Handlungen auf die Kontextbedingungen zurückgeführt werden.

Der unglücklich gewählte Begriff der sozialen Tatsache hat der Durkheim'schen Theorie heftige Kritik eingebracht und dazu geführt, ihn als Positivisten einerseits und als Kollektivisten andererseits zu etikettieren (zusammenfassend Aron 1979: 58). Der Positivismusvorwurf ist nach meiner Ansicht nicht überzeugend und weitgehend durch den missverständlichen Begriff der sozialen Tatsache ausgelöst worden. Soziale Tatsache meint nicht, dass der Gegenstandsbereich der Soziologie sich nicht prinzipiell von den

---

4 „Wir verfügen nur über ein einziges Mittel, um festzustellen, daß ein Phänomen Ursache eines anderen ist: das Vergleichen der Fälle, in denen beide Phänomene gleichzeitig auftreten oder fehlen, und das Nachforschen, ob die Variationen, die sie unter diesen verschiedenen Umständen zeigen, beweisen, daß das eine Phänomen vom anderen abhängt. Wenn die Phänomene nach Belieben des Beobachters künstlich erzeugt werden können, handelt es sich um die Methode des Experiments im eigentlichen Sinne. Wenn hingegen die Erzeugung der Tatsache nicht in unsere Willkür gestellt ist und wir nur die spontan entstandenen Umstände einander nahbringen können, so ist die hierbei verwendete Methode die des indirekten Experimentes oder die vergleichende Methode" (Durkheim 1976: 205).

Gegenständen der Naturwissenschaften unterscheidet. Gerade im „Selbstmord" zeigt Durkheim, dass die soziologischen Tatbestände dadurch gekennzeichnet sind, dass sie, im Unterschied zu den Gegenständen der Naturwissenschaften, mit *Bedeutungen* versehen sind und es sich insofern um Kulturphänomene handelt. Die höhere Selbstmordrate der Protestanten im Vergleich zu den Katholiken erklärt er ja durch eine Rekonstruktion des Ideengehalts der beiden Religionen: „In weit höherem Grade ist der Protestant Schöpfer seines eigenen Glaubens. Man gibt ihm die Bibel in die Hand und es wird ihm keine bestimmte Auslegung aufgezwungen. Dieser religiöse Individualismus erklärt sich aus der Eigenart des reformierten Glaubens. (...) Wir kommen also zu dem ersten Ergebnis, daß die Anfälligkeit des Protestantismus gegenüber dem Selbstmord mit dem diese Religion bestimmenden Geist der freien Erforschung zusammenhängt" (Durkheim 1983: 169).

Raymond Aron hat das Durkheim'sche Verständnis einer sozialen Tatsache prägnant zusammengefasst: „Wenn man sich dazu versteht, unter Ding jede Realität zu bezeichnen, die man von außen beobachten kann und muß und deren Natur nicht sogleich erkennbar ist, so hat Durkheim mit seiner Formulierung, daß die soziologischen Tatbestände wie Dinge zu behandeln seien, vollkommen Recht. Bedeutet dagegen das Wort „Ding", daß die soziologischen Tatbestände keine andere Interpretation als die natürlichen Tatbestände zulassen, oder sollte die Soziologie jede den soziologischen Tatbeständen von den Menschen gegebene Bedeutung leugnen, so ist seine Auffassung falsch. Eine derartige Regel widerspräche zudem der Durkheimschen Praxis; denn in allen seinen Werken hat er zu ergründen versucht, welche Bedeutung die Einzelnen und die Gruppen ihrer Lebensart, ihren Glaubensvorstellungen und ihren Riten beimessen. Was er Verstehen nennt, ist eben das Begreifen der inneren Bedeutung der sozialen Phänomene. Eine Interpretation der These Durkheims in abgemilderter Form bedeutet nichts weiter, als daß diese authentische Bedeutung nicht unmittelbar gegeben ist, sondern nach und nach entdeckt und herausgearbeitet werden muß" (Aron: 1979: 59).

Überzeugender ist der Vorwurf des Kollektivismus, der gegen die Durkheim'sche Soziologie formuliert wurde. Am elaboriertesten ist dieser Vorwurf vom methodologischen Individualismus formuliert worden. Ähnlich wie Durkheim formuliert James S. Coleman (1995: 2) „Die Hauptaufgabe der Sozialwissenschaft liegt in der Erklärung sozialer Phänomene, nicht in der Erklärung von Verhaltensweisen von einzelnen Individuen". Von dem Ziel der Erklärung unterscheidet Coleman und mit ihm der methodologische Individualismus insgesamt aber den Weg zur Erklärung. Dieser muss zwangsläufig via Erklärung von Einzelhandlungen erfolgen, die sich zu sozialen Phänomenen aggregieren. Genau dieser Schritt von der Makro- auf die Mikroebene bleibt in den Durkheim'schen Analysen unterbelichtet (vgl. die Kritik von Lindenberg 1983). Durkheim setzt Kollektivphänomene mit anderen Kollektivphänomenen in einen ursächlichen Zusammenhang – z. B. Religion (Protestantismus/Katholizismus) und Selbstmordrate (hoch/niedrig) – ohne die Frage zu explizieren, wie 1. die Makroursachen die Handlungen von Menschen strukturieren und 2. wie aus den Handlungen von Menschen ein aggregiertes Phänomen wie „Selbstmordrate" entsteht. Eine explizit vollständige Erklärung müsste die von Coleman in Form einer Badewanne gezeichnete Struktur haben (vgl. Coleman 1995: 10).

Während in diesem Fall das Ziel der Soziologie darin besteht, den Zusammenhang zwischen Religionen und der Selbstmordrate zu explizieren, muss der Weg der Erklärung die Wirkung von Religionen auf die Sinnorientierung ihrer Gläubigen rekonstruieren (1), dann den Zusammenhang zwischen der Sinnorientierung der Gläubigen und ihren Handlungen nachweisen (2) und schließlich nachweisen, dass die Handlungen von Einzelnen die Selbstmordrate verändert (3), was in der Selbstmordstudie über eine einfache Addition erfolgt. Wenn man unter der Kollektivismuskritik versteht, dass Durkheim den Marsch durch die „Badewanne" einer Makro/Mikroerklärung nicht ausformuliert hat, so ist dieser Vorwurf sicherlich berechtigt. Zugleich sollte man aber sehen, dass Durkheim implizit mit einer solchen Makro/Mikroerklärung operiert, auch wenn diese nicht expliziert wird. Wir werden bei dem Versuch der Erklärung der Entwicklung von Vornamen auf dieses Problem häufiger zurückkommen.

Die Faszination, die von der Durkheim'schen Selbstmordstudie bis heute ausgeht, bezieht sich aber nicht nur auf die formale Stringenz einer genuin soziologischen Argumentationsführung. Die *inhaltliche* Faszination, die mich als Student im ersten Semester von den Analysemöglichkeiten und Stärken der Soziologie überzeugt hat, besteht darin, dass Durkheim in der Lage ist, die Erklärungsleistung der Soziologie an einem Phänomen zu demonstrieren, das auf den ersten Blick in den Bereich des Privaten und der Idiosynkrasie von individuellen Entscheidungen gehört. Dass der Selbstmord nicht oder nicht nur aus der „Psycho-Logik" des einzelnen Falls zu erklären ist, sondern Regelmäßigkeiten aufweist, die sich empirisch auf ähnliche soziale Lagen derjenigen, die Selbstmord begehen, zurückführen lassen, bildet die Faszination der Durkheim'schen These und seiner empirischen Beweisführung.

Das Wissenschaftsverständnis, das der Selbstmordstudie zugrunde liegt, aber auch das Beispiel „Selbstmord" als soziologisch zu interpretierendes Phänomen, ist recht einflussreich auf meine eigenen Vorstellungen von Soziologie gewesen und bildet auch das Hintergrundverständnis, das die folgenden Analysen anleitet; deswegen habe ich es genauer expliziert. Ich werde mich um eine Einfachheit der Sprache und um möglichst präzise Begriffsdefinitionen bemühen; die theoretischen Aussagen sollen empirisch kontrolliert werden; das Erkenntnisinteresse richtet sich nicht auf die Frage der Namensvergabe von individuellen Personen, sondern auf die Verteilungsrate von Vornamen zu einem bestimmten Zeitpunkt und schließlich geht es darum, die Entwicklung von Vornamen durch die sozialen Rahmenbedingungen zu erklären. Aber auch der Gegenstandsbereich selbst weist eine Parallele zur Durkheim'schen Selbstmordstudie auf. Die hier vorgelegte Studie startet mit der Vermutung, dass nicht nur der Austritt aus dem Leben, sondern auch der Prozess, der mit dem Eintritt in das Leben verbundenen Namensgebung einer sozialen Strukturierung unterliegt, obwohl er auf den ersten Blick allein privaten Handlungsmotiven der Eltern unterworfen zu sein scheint.

1.2 Zurück zu Durkheim: Vorstellungen von Kultursoziologie

Jedes neugeborene Kind erhält einen oder mehrere Vornamen. Nach der Geburt müssen diese dem Standesamt mitgeteilt werden. Der Vorname in Kombination mit dem Nachnamen bildet für den neugeborenen Menschen und alle seine Interaktionspartner ein eindeutiges Identitäts- und Erkennungskürzel. Namen markieren eine Person und dies in aller Regel ein Leben lang. Wird der Name gerufen, fühlt sich der oder die Namensträger/in angesprochen und reagiert auf den Ruf. Charaktermerkmale, die aus den Interaktionserfahrungen mit einer Person gewonnen werden, werden häufig mit dem Namen assoziiert. So erhalten Namen Images und rufen Bilder wach, die mit dem Namensträger ursprünglich verbunden waren. Aber auch für den Namensträger selbst wird der Name zu einem Identitätsmarker. Das Ich entwickelt im Verlauf seiner Sozialisation ein Verhältnis zum eigenen Namen, und attribuiert die eigene Selbstbeobachtung und die als für die eigene Identität als typisch erachteten Merkmale dem eigenen Namen, so dass häufig der Name für die Identität der Person steht. Den meisten der Leser ist, häufig aus der Schule, die Erfahrung einer Namensverwechslung bekannt. Wird man z. B. von einem Lehrer mit einem anderen und damit falschem Namen angesprochen, so interpretiert man dies nicht als einfachen sprachlichen Lapsus des Lehrers, sondern fühlt sich in seiner Identität durch den Lehrer missachtet; umgekehrt antizipiert derjenige, der den Fehler der Namensverwechselung begangen hat, die Identitätskränkung, die mit seinem Fehler verbunden sein kann und empfindet Scham ob des eigenen Fehlers; beide Interaktionspartner zeigen in ihren Reaktionen, wie eng der Name mit der Identität einer Person verknüpft ist und deswegen eine Namensverwechslung häufig als Identitätskränkung empfunden wird. Insofern eignen sich Namensänderungen und Namensverwechslungen auch als Strategie der Identitätsänderung. Gerade Sekten und andere totale Institutionen machen von dieser Strategie Gebrauch, um ihre Mitglieder von ihren früheren sozialen Kontexten und Identitätsmerkmalen zu entfernen und mit neuen Merkmalen zu markieren.

Vornamen sind, im Gegensatz zu den Nachnamen, wählbare Attribute. Und es sind in der Regel die Eltern des Kindes, die –

manchmal in Abstimmung mit Verwandten und Freunden – aus der endlichen Zahl an Vornamen eine Auswahl treffen. Die Entscheidung für einen bestimmten Namen, unter Vernachlässigung aller anderen Namensmöglichkeiten, ist eine freiwillige Entscheidung der Eltern. Dies lässt auf den ersten Blick vermuten, dass der Einfluss des Sozialen auf die Namensgebung eher gering ist. Kann man trotzdem Vermutungen und Hypothesen formulieren, die den Einfluss von Gesellschaft auf die Namensgebung plausibilisieren? In welchem Maße zeigt sich in dem Mikrophänomen einer vermeintlich privaten Entscheidung die Prägekraft kultureller Kontexte? Wenn sich solche Hypothesen empirisch bestätigen ließen, würden sie die Erklärungskraft der Kultursoziologie insgesamt untermauern, weil sie die soziale Prägung auch eines der privatesten Bereiche illustrieren. Die Rekonstruktion der sozialen Bestimmtheit der Vergabe von Vornamen ist also das erste Ziel der folgenden Untersuchung.

Die Ausführungen verstehen sich aber nicht in erster Linie als Beitrag zur als Onomastik bezeichneten Namensforschung; das selbst gesteckte Ziel ist ambitionierter. Die Verwendung und vor allem die Veränderung der Verwendung von Vornamen in den letzten 100 Jahren dienen hier als Indikator zur Operationalisierung von Prozessen kulturellen Wandels. Indikatoren sind bekanntlich empirische „Anzeichen", die auf die Existenz von theoretisch angenommenen Sachverhalten verweisen sollen; sie stehen für „etwas" ohne das „etwas" selber zu sein. Wir benutzen die Entwicklung von Vornamen als Indikator vor allem zur Messung von Prozessen kulturellen Wandels. Wir gehen davon aus, dass sich gleichsam im Mikrophänomen der Vergabe von Vornamen Makrokulturentwicklungen spiegeln und wir wollen diese Prozesse empirisch beschreiben und ursächlich erklären.

Auch in diesem Punkt folgen wir den Vorstellungen der Durkheim'schen Soziologie. Durkheim interessiert sich nicht in erster Linie für die Erklärung von Selbstmordraten an und für sich. Die Selbstmordrate dient ihm als Indikator zur Messung der Integrationsfähigkeit von Gesellschaften insgesamt und der Integrationsfähigkeit von modernen Gesellschaften im besonderen. Der Modernisierungsprozess wird von Durkheim als Prozess der Auflösung traditioneller Sinngebungsinstanzen verstanden. So interpretiert er die Reformation als die Auflösung des Deutungsmonopols der katholischen Kirche und als den Beginn eines Prozesses, der über die Entstehung von Individualreligionen hin zu Säkularisierungsprozessen führt. Als Folge dieser Entwicklung vermutet Durkheim, dass die Relevanz von religiösen Sinndeutungen nachlässt, die höhere Selbstmordrate der Protestanten im Vergleich zu den Katholiken ist für ihn nur ein Indikator für einen prozesshaft unterstellten Verlauf. Ähnlich verhält es sich mit seiner Interpretation der Entwicklung von Familie und Staat. Auch deren Bindungskraft verliert im Zeitverlauf an Bedeutung, die höhere Selbstmordrate von Singles und von Verheirateten ohne Kinder einerseits und von Staaten in Friedens- statt in Kriegszeiten bilden das konkrete empirische Anzeichen für einen allgemeiner unterstellten Wirkungszusammenhang.

Unser Ziel ist es, anhand der Vergabe von Vornamen kulturelle Modernisierungsprozesse für die letzten 100 Jahre sowohl empirisch zu beschreiben als auch durch Rekurs auf strukturelle Veränderungen zu erklären. Wir knüpfen damit an die kulturelle Indikatorenforschung an, wie sie vor allem von Georg Gerbner und von Karl Erik Rosengren entwickelt wurde (Gerbner 1969, 1973; Rosengren 1981, 1986, 1989; Melischek, Rosengren und Stappers 1984; Namenwirth und Weber 1987).[5] Die kulturelle Indikatorenforschung grenzt sich vor allem aus einem praktischen Grund gegenüber der Umfrageforschung ab. Die Umfrageforschung scheidet zur Analyse von Langzeitentwicklungen aus, da keine Informationen über einen langen Zeitraum zur Verfügung stehen und die

---

[5] Eine Forschungsgruppe um Karl Erik Rosengren hat sich in dem schwedischen Forschungsprogramm „CISSS" darum bemüht, die Kultur Schwedens historisch und für die Gegenwart zu untersuchen. So hat z. B. Eva Block (1984) versucht, den Wandel der Bedeutung verschiedener Werte wie Freiheit und Gleichheit in der schwedischen Kultur durch eine Analyse von Leitartikeln in fünf führenden schwedischen Tageszeitungen zu rekonstruieren. In Deutschland haben Studien von Karl-Wilhelm Grümer und Robert Helmrich (1994) und von Jürgen Gerhards und Astrid Melzer (1996) versucht, Säkularisierungsprozesse durch eine Analyse von Todesanzeigen zu rekonstruieren.

Daten nicht ex post erhoben werden können. Die Erhebung von Indikatoren, die über ein inhaltsanalytisches Instrumentarium erfasst werden, bildet die einzige praktikable Möglichkeit, um langfristige Prozesse des Kulturwandels beobachtbar zu machen.

Welches „Anzeichen" stellen Vornamen dar, für was stehen sie in dieser Studie oder technisch gesprochen: Was soll mit Vornamen „gemessen" werden bzw. welche theoretischen Konstrukte werden durch Vornamen operationalisiert? Wir untersuchen die Entwicklung von Vornamen vom Ende des 19. Jahrhunderts bis zum Ende des 20. Jahrhunderts. Entsprechend benutzen wir die Entwicklung der Vornamen als Indikator zur Messung von kulturellem Wandel. Die theoretischen Konstrukte, die wir mit Hilfe der Vornamen operationalisieren wollen, gewinnen wir weitgehend aus klassischen Theoremen kulturellen Wandels.

Religion bildete vormals sicherlich eine der zentralen Instanzen der Sinngebung und der Interpretationshilfe für alltägliche Phänomene. Wir starten entsprechend im Kapitel 3, nachdem wir im Kapitel 2 die Datengrundlage und die Methoden unserer Untersuchung erläutert haben, mit einer Analyse des Einflusses der Religion auf die Namensgebung. Theoretisch geleitet wird unsere Analyse des Einflusses der Religion auf die Namensgebung durch die bei vielen Autoren anzutreffende Vorstellung einer Zunahme von Säkularisierungsprozessen. Wir untersuchen also, ob und in welchem Maße sich in der Namensvergabe Säkularisierungsprozesse zeigen, ob diese für die Katholiken und Protestanten ähnlich nachzuweisen sind und wie man Prozesse der Säkularisierung erklären kann.

Neben christlichen Namen sind es die deutschen Namen, die die traditionellen Bezugspunkte in der Vergabe von Vornamen darstellen. Wir werden im Kapitel 4 die Entwicklung der deutschen Namen analysieren. Dabei gilt unser Augenmerk vor allem der Analyse des Zusammenhangs zwischen dem Wechsel politischer Regime und dem damit verbundenen Aufstieg und Niedergang des *Nationalismus* (Kaiserreich, Weimarer Republik, Nationalsozialismus, BRD bzw. DDR) und der Namensentwicklung. Welchen Einfluss hat der Aufstieg des Nationalismus im 19. Jahrhundert und seine Übersteigerung im Nationalsozialismus auf die Vergabe von Vornamen, und wie wirkt sich die Delegitimierung des Nationalismus in Deutschland nach 1945 auf die Vergabepraxis der Vornamen aus?

Verwandtschaft und Familie bilden die dritte traditionelle Ligatur der Einbindung und Sinnstiftung. Manche Autoren sehen in dem Bedeutungsverlust von Familie und Verwandtschaft eines der zentralen Merkmale kultureller Modernisierung; die Auflösung der Familie als Produktionseinheit und die Zunahme außerhäuslicher Berufsarbeit, was sich sozialstatistisch in einem Schrumpfungsprozess des primären Sektors bemerkbar macht, lässt die Familie bindungsloser werden. Wir untersuchen in Kapitel 5, ob und in welchem Maße sich in der Vergabe von Vornamen Prozesse der Auflösung von familiärer Traditionsgebundenheit finden lassen und fragen hier, wie auch in den anderen Kapiteln, wie man solche Prozesse erklären kann.

Religion, Nationalismus, Verwandtschaft und Familie bilden zusammen die traditionellen Ligaturen der Sinnstiftung und der Strukturierung des eigenen Handelns. Werden diese Bezugspunkte brüchig und verlieren an Bedeutung, dann, ja was dann? Ralf Dahrendorf vermutet, dass das Aufbrechen der traditionellen Ligaturen die Bedingung der Möglichkeit der Freisetzung des Individuums darstellt. Ulrich Beck, aber auch schon Georg Simmel, reden entsprechend von einem Prozess der Zunahme der Individualisierung. Wir wollen im Kapitel 6 der Frage nachgehen, ob es im Zeitverlauf in der Vergabe von Vornamen Prozesse der *Individualisierung* gegeben hat. Ulrich Beck setzt Prozesse der Individualisierung in Beziehung zu der *Auflösung von Klassen* und Schichten. Wir werden im Kapitel 6 entsprechend der Frage nachgehen, ob sich im Zeitverlauf die schichtspezifische Vergabe von Vornamen verändert hat.

Der Bedeutungsverlust der beiden traditionellen Kulturkreise, des deutschen und des christlichen, eröffnet die Gelegenheitsstruktur des Eindringens vormals fremder Namen. Wir werden im 7. Kapitel in einem ersten Schritt die Kulturkreise genauer analysieren, die nach dem Aufbrechen der traditionellen Ligaturen als Bezugspunkte für die Vergabe von Vornamen dienen. Wir interpretieren die Öffnung in der Vergabe von Vornamen gegenüber vormals fremden Kulturkreisen als *Transnationalisierungsprozess* und finden damit Anschluss an die Globalisierungsdebatte; wir werden zugleich zeigen, dass nur bestimmte vormals fremde Kulturkreise einflussreich werden. In einem zweiten Schritt versuchen wir die *Eigendynamik* der Vergabe von Vornamen zu rekonstruieren, nachdem die Vergabepraxis aus den traditionellen Ligaturen entlassen worden ist und die Vergabe von Vornamen zu einer Frage der Mode geworden ist. Welche Dynamik und Schnelligkeit weisen die Moden der Vornamen auf und nach welcher Logik erreichen manche Namen die Liste der TOP 10 der beliebtesten Vornamen?

Die verschiedenen, in unterschiedlichen Kapiteln abgehandelten Prozesse kultureller Modernisierung bilden zusammen ein Syndrom, sie hängen wechselseitig zusammen. Das Aufbrechen der Ligaturen Religion, Nationalismus und Verwandtschaft ermöglicht erst die Freisetzung des Individuums und damit Individualisierungs- und Globalisierungsprozesse.[6]

Im achten Kapitel werden wir schließlich auf *geschlechtsspezifische Unterschiede* in der Vergabe von Vornamen zu sprechen kommen. In welchem Maße wird über die Benutzung von Vornamen das Geschlecht von Personen klassifiziert und lässt sich diesbezüglich ein sozialer Wandel der Abnahme der Geschlechtseindeutigkeit von Vornamen feststellen? Greifen die Eltern je nach Geschlecht des Kindes auf unterschiedliche Namenskulturkreise zurück, sind damit geschlechtsspezifische Rollenvorstellungen verbunden und haben sich diese im Zeitverlauf der letzten 100 Jahre verändert? Abgerundet wird die Monographie durch eine Bilanz der Befunde.

---

6   Dass die verschiedenen Merkmale kultureller Modernisierung nicht nur theoretisch sondern auch empirisch zusammenhängen, zeigen Heiner Meulemann (1993) und Jan Peters, Albert Felling und P. Scheepers (1993). Peter Ester, Loek Halman und Ruud de Moor (1993) und Ronald Inglehart (1989) skizzieren in ihren Abhandlungen darüber hinausgehend den ursächlichen Zusammenhang zwischen strukturellen Prozessen der Modernisierung (technologische und ökonomische Faktoren) einerseits und kulturellen Modernisierungsprozessen andererseits.

gänzt. Wir haben sowohl die Bedeutung der Vornamen der Kinder als auch die der Eltern nach Kulturkreisen klassifiziert. Die Zuordnung nach Kulturkreisen erfolgte mit Hilfe zweier Namenhandbücher (Drosdowski 1974; Gerr 1985). Die Namenhandbücher geben jeweils den Ursprungskulturkreis des Namens an. Manche Namen sind von einem zweiten oder dritten Kulturkreis adaptiert worden. Katharina z. B. ist griechischen Ursprungs (Umdeutung des griechischen Frauennamens Aikateriné), findet dann aber mit der heiligen Katharina von Alexandria Eingang in das Christentum. Martin ist lateinischen Ursprungs (Bezugnahme auf den Kriegsgott Mars) und findet im Mittelalter mit dem heiligen Martin, Bischof von Tours, der nach der Legende seinen Mantel teilte, Eingang in die christlichen Namen. Wir haben bei den Namen, die mehreren Kulturkreisen angehören, zwar alle Kulturkreise erhoben, in unserer Datenauswertung aber den zeitlich letzten Kulturkreis ausgewählt, ausgehend von der Hypothese, dass dieser der relevantere Kulturkreis für die namengebenden Eltern war. Wir gehen also davon aus, dass die Eltern, die z. B. ihr Kind Katharina oder Martin genannt haben, eher von der heiligen Katharina oder dem Sankt Martin wussten als den griechischen oder lateinischen Ursprung des Namens kannten.

Zur Klassifikation der Berufe der Eltern haben wir ein Kategoriensystem benutzt, das sich zum einen an ein von Ralf Bohrhardt und Wolfgang Voges (1995) entwickeltes Klassifikationssystem anlehnt, zum anderen an ein Kategoriensystem, das von Hans-Peter Blossfeld (1985) entwickelt und in verschiedenen Untersuchungen des Max-Planck-Instituts für Bildungsforschung angewandt wurde.

Die Analyse des Geburtsregisters wird uns die Überprüfung von Entwicklungshypothesen über Namensgebungsprozesse ermöglichen; die Namen selbst stellen kulturelle Makroindikatoren dar. Über die Motivlagen der Eltern bei der Auswahl von Vornamen erhalten wir dadurch keinen Aufschluss. In Ergänzung zu der Erhebung der Vornamen haben wir zusätzlich eine kleine Befragung von Müttern in Entbindungsstationen von Krankenhäusern durchgeführt, um zumindest für die Gegenwart die Motivlagen der Vergabe von Vornamen bestimmen zu können und zu prüfen, ob sich kulturelle Wandlungen gleichsam hinter dem Rücken der Subjekte vollziehen oder ob sie diesen bewusst sind.

Wie ist die Sozialstruktur der beiden Ortschaften, deren Geburtsregister wir analysiert haben, beschaffen und wie haben sich die beiden Ortschaften in dem Analysezeitraum verändert?

Gerolstein ist eine Kleinstadt in der Eifel, ca. 100 Kilometer von Köln entfernt.[2] Gerolstein war und ist in erster Linie eine katholische Gemeinde. Die Bevölkerung in Gerolstein ist um 1995 zu über 82 % katholisch, zu 10 % protestantisch und zu etwa 7 % keiner oder einer anderen Religionsgemeinschaft angehörig. Gerolstein und Umgebung bildeten bis zur Jahrhundertwende ein rückständiges Gebiet: Weit von städtischen Zentren entfernt, weder durch ausgebaute Straßen, Flüsse oder die Eisenbahn gut erschlossen und angebunden, karge Böden, ein für die Landwirtschaft ungünstiges Klima und eine geringe Ausstattung mit Bodenschätzen bildeten die Ursachenfaktoren für diesen Tatbestand (vgl. Doering-Manteuffel 1995). Diese Situation begann sich erst mit dem Bau der Bahnstrecke zwischen Köln und Trier im Jahr 1871 zu ändern. Die Reichsbahn selbst wurde zum wichtigen Arbeitgeber, ermöglichte zudem das Pendeln zu den städtischen Zentren an Rhein und Ruhr, motivierte die nachfolgende Ansiedlung von Metallindustrie (drahtherstellende Industrie) und die Gründung der Gerolsteiner Mineralbrunnen. Die Drahtwarenfabrik Christian Oos wurde 1882 gegründet, der Flora-Brunnen 1883, der Gerolsteiner Sprudel wurde 1888 gegründet. Der weitere Ausbau der Eisenbahn in Richtung Prüm einerseits und Mayen/Koblenz andererseits verbesserte die Infrastruktur der Kommunikation und des Handels und ermöglichte eine weitere Ansiedlung von Industrien, vor allem aber konnte sich Gerolstein zu einem kleinen Handels- und Verkehrszentrum in einem durch Landwirtschaft dominierten, strukturschwachen Gebiet entwickeln. Diese im Vergleich zu anderen Regionen späte wirtschaftliche Entwicklung hatte Folgen für die demographische und sozialstrukturelle Entwicklung. Die Einwohnerzahl vergrößerte

---

2 Die meisten der folgenden Informationen sind einem Band über Gerolstein entnommen, der von der Stadt Gerolstein herausgeben wurde (vgl. Stadt Gerolstein 1986).

2.1 Datengrundlage und Methoden

sich von 950 im Jahr 1895 auf 1.564 im Jahr 1905 und 3.050 Ende der 1930er Jahre. Zugleich ging der Anteil der in der Landwirtschaft Beschäftigten langsam nach unten. 1909 wird folgerichtig ein Antrag auf Einrichtung einer höheren Knabenschule gestellt mit der Begründung, dass Gerolstein sich zwar eine zentrale Lage in der Eifel erarbeitet habe, die Beschäftigten der Bahn und Post aber abwandern würden, weil sie für ihre Kinder keine Ausbildungsmöglichkeiten sehen würden (vgl. Nowatschin 1986: 133) Während die Bevölkerung in der Stadt Gerolstein in erster Linie im Dienstleistungsbereich und bei dem Großunternehmen „Gerolsteiner Mineralbrunnen" beschäftigt war und ist, waren die Bürger in den umliegenden Dörfern, die mit zur Verbandsgemeinde gehören, in der Landwirtschaft beschäftigt. Gerolstein verfügt über ein Krankenhaus, das für einen Umkreis von ca. 20 Kilometer zuständig ist, so dass seit der stärkeren medizinischen Betreuung von Geburten in Krankenhäusern auch Niederkünfte von Müttern im Standesamt Gerolstein registriert werden, die nicht aus der Verbandsgemeinde, sondern aus dem Umkreis der Verbandsgemeinde stammen. Die Stadt selbst hat heute ca. 7.500, die Verbandsgemeinde ca. 15.000 Einwohner.

Die Sozialstruktur und Entwicklung von *Grimma* sieht anders aus (vgl. zum folgenden Stadtverwaltung Grimma 1999). Die Einwohner waren dominant protestantisch, ab 1949 dann zunehmend konfessionslos. Grimma war zu Beginn unserer Erhebungsperiode am Ende des 19. Jahrhunderts eine entwickelte Ackerbürgerstadt. Das Einkommen erwirtschafteten die Bürger einerseits aus der Landwirtschaft und aus Handwerkstätigkeiten. Grimma war aber auch eine Militär-, Schul- und Beamtenstadt mit einer Einwohnerzahl von 9.769 im Jahr 1895. Eine bekannte Schulstadt wurde Grimma bereits 1550, als in dem ehemaligen Mönchkloster die dritte sächsische Landesschule eingerichtet wurde, wo die Studenten für die Leipziger Landesuniversität ausgebildet wurden (vgl. Teiche, Naumann und Schwalbe 1999). 1799 verlegte Göschen seinen Verlag und seine Druckerei von Leipzig nach Grimma; ab 1813 gibt Göschen auch die erste Zeitung für Grimma heraus. Um 1900 gab es in Grimma zehn verschiedene Schulen. Garnisonsstadt war

Grimma seit 1663 (vgl. Teiche 1999). 1819 wurde nach den Befreiungskriegen gegen die napoleonische Besetzung ein Husarenregiment in Grimma stationiert mit immerhin 1.065 Mann. Grimma blieb auch zur Zeit der DDR Garnisonsstadt bis zum Abzug der sowjetischen Truppen im Jahr 1993. Eine Industrialisierung setzt in Grimma relativ spät ein (Teiche 1999a). 1867 gründete Henschel eine Maschinenbaufabrik, die um 1900 300 Beschäftigte hatte. Hinzu kamen eine Handschuhfabrik und eine Papierwarenfabrik. Vor allem die Tradition des Maschinenbaus wurde über das gesamte 20. Jahrhundert fortgesetzt und erhielt zur DDR-Zeit einen Aufschwung, insofern der VEB MAG vom Ministerrat zum Hauptauftragnehmer der DDR für Chemieanlagen erklärt wurde. U.a. dadurch vergrößerte sich die Stadt (neue Wohngebiete) und die Einwohnerzahl Grimmas. Grimma hat heute ca. 18.000 Einwohner.

2.2 Forschungskontext

Ich werde im Verlauf des Buchs immer wieder auf andere Studien aus dem Bereich der Namensforschung verweisen. Es mag aber sinnvoll sein, zu Beginn ein paar generelle Anmerkungen zur Literaturlage zu machen und die eigene Arbeit in den Forschungskontext einzuordnen. Forschungen zur Namensgebung sind als eine eigenständige wissenschaftliche Teildisziplin ausdifferenziert, die als Onomastik bezeichnet wird. Die Onomastik ist eingebunden in die moderne Sprachwissenschaft, wobei sich im wesentlichen drei Forschungsbereiche unterscheiden lassen (Debus 1995: 394ff.)[3]: 1. Forschungen zu Namen, die zu der Klasse der Anthroponymika gehören (Rufnamen, Vornamen, Familiennamen, Berufsnamen), 2. Forschungen zu Namen, die zu den sogenannten Toponymika gehören (Siedlungsnamen, Städtenamen, Gewässernamen, Flurnamen) und 3. Forschungen zu Namen, die zu der Gruppe der Varia (Institutionen, Fahrzeugen, Geräten [Waffen, Musikinstrumenten etc.], Waren etc.) gehören.

---

3   Einen sehr guten und aktuellen Überblick zum Stand der Forschung gibt Ernst Eichler et al. (1995, 1996).

Eine *soziologisch* orientierte Namensforschung (Sozioonomastik) hat sich erst spät und zögerlich entwickelt (Debus 1995: 345). Die Namensklasse, die in der Sozioonomastik bisher am besten untersucht worden ist, sind die Anthroponymika, und hier sowohl die Ruf- bzw. Vornamen als auch die Nach- oder Familiennamen. Es gibt im Bereich der Personennamenforschung eine Reihe von Abhandlungen bzw. Äußerungen in Abhandlungen, die sich mit den sozialen Aspekten der Vornamensgebung auseinandersetzen und Fragestellungen aufgreifen, die auch unserer Untersuchung zugrunde liegen. Dazu einige Beispiele, die keinen Anspruch auf Vollständigkeit erheben: a) Friedhelm Debus (1968) kommt in einer Abhandlung über soziologische Namensgeographie zu der Einschätzung, dass die moderne Namensgebung offenbar stärker von subjektiv-individuellen Motiven geleitet wird. Insgesamt kämen heute ausgesprochene Modenamen vor, wodurch die Rufnamengebung durch eine bisher unbekannte Vielfalt gekennzeichnet sei (Debus 1968: 316). In diesen Ausführungen klingt die These der Individualisierung der Namensgebung an, ohne dass Debus explizit auf das theoretische Konzept der Individualisierung Bezug nimmt. b) Der Zusammenhang zwischen Namensgebung und Schichtung ist ein weiterer Bereich, in dem in der Namensforschung Analysen vorgelegt wurden, die in die Nähe unserer Fragestellung kommen. So stellt Debus dar, dass sich die Ausbreitung der Namen von oben nach unten vollzogen habe, vom Adel über das städtische Patriziat und Bürgertum in die ländliche Umgebung. „Der soziale Mehrwert solcher Namen ist dafür offenbar entscheidend, sie gelten als vornehmer, besser; sie sind vorbildlich und werden deshalb nachgeahmt bzw. einfach übernommen" (Debus 1968: 317; vgl. auch Frank 1977; Naumann 1989). Die Erforschung des Zusammenhangs zwischen Schichtung bzw. Klasse einerseits und Namen andererseits spielte auch in der marxistischen Namensforschung eine wichtige Rolle (vgl. Walther 1973). c) Die Weitergabe von Vornamen von Familienmitgliedern an die Kinder ist in der onomastischen Literatur als Indikator für die Stärke verwandtschaftlicher Bindungen interpretiert worden (vgl. Seibicke 1996). Auch an diese Überlegungen werden wir anknüpfen. d) Eine recht gute

Operationalisierung zur Messung der Dynamik von Moden hat Winfried Seibicke (1991) vorgeschlagen. Das Tempo des Wechsels von Moden manifestiert sich in der Menge der Namen, die zwischen zwei Zeitpunkten aus der Liste der am häufigsten benutzten Namen durch neue Namen verdrängt werden; wir werden in unseren Analysen der Modedynamik eine ganz ähnliche Messung durchführen. e) Schließlich finden sich in der Literatur auch einige hervorragende Langzeitanalysen von Vornamen, beispielsweise die Studie von Michael Simon (1989), auf die wir aber im einzelnen bei der Darstellung unserer eigenen Befunde gesondert eingehen werden. Trotz der inspirierenden Ergebnisse der Onomastik weist diese häufig zwei Defizite auf. 1. Zwar finden sich in der Literatur der Onomastik zu vielen auch von uns gestellten Fragestellungen Hypothesen (z. B. zur Säkularisierung, Entverwandtschaftlichung und Individualisierung der Namengebung), diese werden jedoch zumeist ad hoc ohne eine explizit theoretische Anbindung eingeführt. Vor allem fehlt der Versuch, Trendverläufe von Vornamen nicht nur zu beschreiben sondern auch zu erklären. 2. Die Gütekriterien, Verfahren und Techniken empirischer Sozialforschung finden in der Onomastik in nur geringem Maße Verwendung; statistische Auswertungen fehlen meist, den Einsatz von Computern und entsprechenden Programmen zur Datenauswertung vermisst man. Wir werden auf die einzelnen, zum Teil hoch interessanten Befunde der Onomastik im Laufe der Darstellung unserer Ergebnisse immer wieder zurückkommen.

Forschungen zur Namengebung finden sich aber nicht nur in der Onomastik, sondern auch innerhalb der Geschichtswissenschaft – hier sind vor allem die Arbeiten von Michael Mitterauer (1988; 1993) und Stephen Wilson (1998) interessant – und innerhalb der Sozialwissenschaften bzw. der Soziologie. Einige der sozialwissenschaftlichen Arbeiten (Miller 1927; Rossi 1965; Taylor 1974; Lieberson 1984; Alford 1988; Lieberson und Bell 1992) bemühen sich, Schicht-, Geschlechts- und ethnische Unterschiede in der Namengebung zu rekonstruieren.[4] Jocelyne Streiff-Fenart (1990) hat die

---

4 Eine verwandtschaftliche Namenweitergabe ist von Alice S. Rossi (1965) analysiert worden. Im Weiteren sind hier auch die Untersuchungen von Dieter

Namen von französisch-makrebinischen Ehepaaren untersucht, um Prozesse der kulturellen Reproduktion zu analysieren. Susan Cotts Watkins und Andrew S. London (1994) haben die Namen von italienischen und jüdischen Einwanderern mit weißen Bürgern in den USA verglichen, um Prozesse der Transformation von sozialer Identität und von Assimilation zu beschreiben. Sasha Weitman (1987) hat die Vornamen von Kindern in Israel im Zeitraum 1882 bis 1980 analysiert und als Indikator für eine nationale und ethnische Orientierung der Eltern interpretiert. Die interessantesten Arbeiten zur Frage der Diffusion von Namen entlang der Klassenpyramide stammen von Rex Taylor (1974) und Stanley Lieberson und Eleonore Bell (1992). Viele der Studien, die die Entwicklung von Vornamen über einen längeren Zeitraum untersuchen, beziehen sich auf Zeitphasen, die vor der von uns analysierten Zeitphase liegen (Main 1996; Smith 1985).

Eine reiche Literatur zur Frage der Namensentwicklung gibt es in Frankreich. Jaques Dupaquier et al. (1987) haben die Entwicklung von Vornamen im 19. Jahrhundert analysiert. Philippe Besnard und Guy Desplanques (1986) haben die Vornamen in Frankreich von 1890 bis 1985 betrachtet. Philippe Besnard (1995) macht darauf aufmerksam, dass die meisten der französischen Studien Klassenunterschiede in der Namensverwendung analysieren.

Auf zwei jüngere, sozialwissenschaftliche Studien soll gesondert eingegangen werden. Michael Wolfsohn und Thomas Brechenmacher (1999) haben eine beeindruckende Monographie über die Entwicklung von Vornamen in den letzten 200 Jahren vorgelegt. Die Veränderung der Vornamen setzen sie in Beziehung zu den jeweiligen politischen Regimen und dessen Herrschaftsträgern einerseits und sozialstrukturellen Veränderungen der Gesellschaft

---

Buch (1974) und Dieter Buch und Klaus Kamp (1984) zu der Vergabe von Vornamen in einer Großstadt (Hamburg) zu nennen. Im Kontext dieser Untersuchungen sind einige der hier erwähnten Aspekte für einen Zeitraum von zehn Jahren (1973-1982) beschrieben worden. Dies betrifft insbesondere die Frage der Namenserneuerung, des Anteils fremdsprachiger Namen, der abnehmenden Konzentration der Vornamensvergabe sowie geschlechtsspezifischer Unterschiede.

andererseits, wobei die Bezugnahme auf das jeweilige politische System deutlich im Zentrum der Analyse steht. Entsprechend werden Veränderungen der Häufigkeit von Vornamen in erster Linie als Anzeichen der Akzeptanz und der Legitimität der jeweiligen politischen Herrschaft interpretiert, was nicht immer sehr überzeugend gelingt (vgl. Gerhards 1999). Die zweite Studie stammt von Stanley Lieberson (2000), der in den letzten Jahren mehrere hervorragende Aufsätze zur Vornamensgebung veröffentlicht hat. Lieberson (2000) hat Daten über die Entwicklung von Vornamen aus verschiedenen Ländern und Jahrhunderten zusammengetragen, was die Bildung und Analyse von Zeitreihen ermöglicht. Die Analysen von Vornamen dienen ihm aber nur als Beispiel, insofern das Ziel des Buches ein Allgemeineres ist, nämlich die Entwicklung einer empirisch geprüften Theorie der Mode. Das Buch von Lieberson ist nicht nur die jüngste Monographie im Bereich der soziologischen Namensforschung, es ist auch die bisher beste Arbeit in dem Feld. Wir werden an mehreren Stellen der folgenden Überlegungen auf die Thesen und Ergebnisse von Lieberson zurückkommen.

3. Das Aufbrechen religiöser Ligaturen: Säkularisierungsprozesse

3.1 Säkularisierungsprozesse in der Vergabe von Vornamen

Religion war und ist ein Zentralbestand der Kultur einer Gesellschaft und damit auch ein zentraler Gegenstandsbereich der Kultursoziologie, insofern die Ideensysteme der Religionen einen kräftigen Einfluss auf die Handlungen der in ein Religionssystem eingebetteten Menschen haben. Der Einfluss von Religion auf die Handlungen von Menschen manifestiert sich nicht allein in unmittelbar auf die Religion selbst bezogenen Handlungen – wie Beten oder Kirchgang –, sondern fand und findet seinen Niederschlag in außerreligiösen Verhaltensweisen, wie sie sich in kriegerischen Auseinandersetzungen oder terroristischen Attentaten manifestieren können oder aber auch in weniger spektakulären Handlungen wie politischen Wahlentscheidungen oder Wirtschaftsaktivitäten. Wir wollen in diesem Kapitel den Einfluss der Religion auf die Namensvergabe untersuchen, und da wir in erster Linie an Prozessen des kulturellen Wandels interessiert sind, fragen wir nach den Veränderungen des Einflusses der Religion auf die Namensgebung.

Zur theoretischen Beschreibung möglicher Veränderungen des Einflusses von Religion gibt es ein Theorie-, genauer: ein Begriffsangebot. Das Schlüsselwort lautet Säkularisierung. Wortgeschichtlich stammt der Begriff der Säkularisierung vom lateinischen Wort „saeculum" ab, das wiederum ursprünglich „Geschlecht", dann im übertragenen Sinne „Menschenalter" und „Weltzeitalter" bezeichnete; „Verweltlichung" scheint die wortgeschichtlich treffendste Übersetzung von Säkularisierung zu sein. Im Begriffsapparat der Sozialwissenschaften bezeichnet Säkularisierung einen angenommenen Wandel moderner Gesellschaften und zwar auf unterschiedlichen Ebenen (vgl. Lübbe 1965; Luckmann 1980; Zabel 1984). Peter L. Berger definiert Säkularisierung als „Prozeß, durch den Teile der Gesellschaft und Ausschnitte der Kultur aus der Herrschaft religiöser Institutionen und Symbole entlassen werden" (Berger 1973: 103). Berger unterscheidet dabei drei Dimensionen: a) Mit einer *gesellschaftlich-institutionellen* Säkularisierung bezeichnet man die institutionelle Trennung von Kirche und Gesellschaft im Allgemeinen, von Kirche und Staat im Besonderen. Diese fand ihren historisch ersten Ausdruck in den seit der Reformation zahlreich durchgeführten Säkularisationen von Kirchengütern, den verordneten Klosteraufhebungen und Klosterenteignungen und deren Überführung in weltlichen Besitz. Sie fand ihre Fortsetzung in der Zunahme der strukturellen Autonomie „verschiedener Segmente der Sozialstruktur" (Luckmann 1980: 168), der Teilsysteme moderner Gesellschaften gegenüber einer religiös-normativen Bevormundung. b) *Kulturelle Säkularisierung* bezeichnet einen Wandel der zentralen Deutungsmuster und Wertesysteme in Europa seit der Aufklärung, der darin besteht, dass die religiösen Interpretationen von Natur und Gesellschaft ihre Bedeutung verlieren. Von Karl Marx' religionskritischen Arbeiten über Wilhelm Diltheys Arbeiten über die abendländische Geistesgeschichte, Ernst Troeltschs und Max Webers religionssoziologische Studien bis hin zu den kultursoziologischen Schriften Friedrich H. Tenbrucks wird die kulturelle Säkularisierung als eines der zentralen Elemente der Kultur der Moderne angesehen. Kulturelle Säkularisierung bezeichnet aber nicht nur die Auflösung eines vormals transzendenten Deutungsmusters, sondern zugleich deren Ersetzung durch alternative, weltliche Deutungsangebote. Es sind vor allem die Wissenschaften gewesen, die weitgehend die Deutungsmacht der Kirchen übernommen haben. Sie haben die Götter vertrieben, den Himmel entvölkert und damit zur Rationalisierung der Weltsicht und zur „Entzauberung der Welt" beigetragen (vgl. Weber 1988: 564). Die Kultur der Moderne ist in weiten Teilen eine verwissenschaftlichte

Kultur (vgl. Tenbruck 1989: 126-142). c) Schließlich spricht Berger von einer *subjektiven Dimension der Säkularisierung*; diese bezieht sich auf das Bewusstsein der einzelnen Bürger und geht von der Vorstellung aus, dass eine zunehmende Anzahl von Menschen ohne religiöse Interpretationen auskommt.

Die Differenzierung der drei Dimensionen, die Peter L. Berger eingeführt hat, ist für unsere Fragestellung insofern recht hilfreich, weil sie es erlaubt, die Analysen genauer im Rahmen der Säkularisierungsdebatte zu platzieren. Wir untersuchen Prozesse der subjektiven Säkularisierung, insofern wir betrachten, ob und in welchem Maße die Eltern bei der Vergabe von Vornamen auf religiöse Bezugspunkte rekurrieren. Der Begriff der subjektiven Säkularisierung ist allerdings etwas unglücklich gewählt, weil er implizit unterstellt, dass die subjektive Entscheidung unabhängig sei von den kulturellen Rahmenbedingungen, in die die Individuen eingebettet sind. Insofern bevorzuge ich den Begriff der *subjektiv-kulturellen Säkularisierung*, weil dadurch deutlich wird, dass es sich um individuelle Entscheidungen handelt, die aber in einen Kontext von Kultur eingebettet sind.

Bevor wir uns der Analyse von Säkularisierungsprozessen in der Vergabe von Vornamen zuwenden, ist es sinnvoll, auf die seit einigen Jahren entbrannte Debatte über den Nutzen des Säkularisierungskonzeptes einzugehen. Es besteht in der Literatur Uneinigkeit darüber, ob und in welchem Maße es in der Entwicklung westlich-industrialisierter Gesellschaften überhaupt Säkularisierungsprozesse – im Sinne von subjektiv-kultureller Säkularisierung – gegeben hat (vgl. dazu den Überblick in Wohlrab-Sahr 2001). Dieser Zweifel an der Vorstellung, dass Modernisierungsprozesse mit Säkularisierungsprozessen verbunden sind, ist durch zwei Forschungsrichtungen und Befunde ausgelöst worden. Zum einen hat die neuere amerikanische ökonomische Religionssoziologie gezeigt, dass in den USA, einem der ökonomisch modernsten Länder, die Mitgliedschaft in religiösen Organisationen und die Teilnahme an deren Aktivitäten im Zeitverlauf nicht gefallen, sondern gestiegen ist (vgl. Stark 2000; Finke und Stark 1992). Dieser Befund wirft erhebliche Zweifel bezüglich der These auf, dass Modernisierungsprozesse automatisch zu Säkularisierungsprozessen führen.

Die Säkularisierungsthese ist aber noch von einer zweiten Theorierichtung unter Beschuss geraten. Thomas Luckmann (1991) vertritt die These, dass sich die Religion von einer sichtbaren zu einer unsichtbaren Religion gewandelt, es aber keine subjektiven Säkularisierungsprozesse gegeben habe. „Die Sozialstruktur ist säkularisiert, nicht aber das Individuum" (Luckmann 1980: 172). Während sich die sichtbare Religion durch Bezugnahmen auf kirchliche Formen der Religiosität auszeichnet, zeichnet sich die neuere Religiosität durch private Formen der Religiosität oder durch eine Konjunktur von Zivilreligionen aus. Es lässt sich eine Pluralisierung von religiösen Bewegungen und zivilreligiösen Bewegungen beobachten, denen es jenseits der großen Amtskirchen gelungen ist, sich zu etablieren und Anhänger für ihre Glaubensrichtung zu mobilisieren. Eine Auseinandersetzung mit diesen beiden Einwänden gegenüber der Säkularisierungshypothese ist insofern hilfreich, weil sie dazu beitragen kann, die eigene Fragestellung zu spezifizieren und die Aussagereichweite der getroffenen Aussagen zu begrenzen. Wenden wir uns zuerst der Beschreibung der amerikanischen Religiositätsentwicklung zu.

Die Entwicklung der amerikanischen Religiosität lehrt uns, dass man sehr genau die Kontextbedingungen spezifizieren muss, unter denen Säkularisierungsprozesse stattfinden können. Dies wird deutlich, wenn man die Erklärung betrachtet, die Rodney Stark (2000) für die unterschiedliche Entwicklung der Religiosität in Deutschland und den USA formuliert. Stark kritisiert an der Säkularisierungshypothese, dass sie sich zu sehr auf die Analyse der Veränderung der Nachfrageseite von Religion konzentriert habe. Ökonomische Wohlfahrt, Erhöhung des Bildungsniveaus und Verwissenschaftlichung der Weltsicht führe nicht automatisch zu einem nachlassenden Bedürfnis der Bürger nach religiöser Sinnstiftung. Stark formuliert eine ökonomische Theorie der Religionsentwicklung, die in erster Linie auf die Anbieterstruktur rekurriert.

Die deutsche Struktur des Religionsmarktes ist, so Stark, durch ein Oligopol von zwei Amtskirchen gekennzeichnet; die beiden Amtskirchen werden über die Kirchensteuer finanziert, die der Staat für die Kirchen eintreibt; die Priester bekommen feste Gehälter und haben faktisch einen Beamtenstatus. Die beiden Oligopole waren zudem erfolgreich in der Verhinderung der Etablierung von anderen Glaubensrichtungen, indem sie diese als Sekten diffamieren und dabei vom Staat unterstützt wurden. Diese über Jahrhunderte stabile Struktur hat dazu geführt, dass es keinen Wettbewerb zwischen den Kirchen um die Seelen der Gläubigen gegeben hat. Den Kirchen selbst fehlen die Anreize, sich um die Gläubigen zu kümmern, neue zu gewinnen und Mitglieder anderer Kirchen abzuwerben. Die Folge dieser oligopolistischen Struktur ist ein wachsendes Desinteresse der Gläubigen an den Kirchen und ihren Angeboten.

Ganz anders die Situation in den USA. Hier gibt es insgesamt 1.500 verschiedene Denominationen. Diese finanzieren sich über Spenden und nicht über staatlich eingetriebene Kirchensteuer; die Gründung neuer Kirchen und die Erreichung des Status, steuerfreie Organisation zu sein, ist einfach und öffentlich legitimiert. Die einzelnen Kirchen sind unmittelbar davon abhängig, ob es ihnen gelingt, Mitglieder zu werben und bei der Stange zu halten. Diese Wettbewerbsstruktur hat dazu geführt, dass die Religiosität in den USA nicht ab-, sondern zugenommen hat.

Welche Folgen haben der theoretische Ansatz von Rodney Stark und seine empirischen Befunde für die eigenen Analysen? Die „anbieterorientierten" Analysen und Interpretationen der Religiösitätsentwicklung sprechen nicht grundsätzlich gegen die eher „nachfrageorientierte" Säkularisierungshypothese; sie machen aber deutlich, dass man nur unter bestimmten Kontextbedingungen mit Säkularisierungsbedingungen rechnen kann. Sozialstrukturelle Veränderungen, die in der Literatur meist mit Modernisierungsbegriffen beschrieben werden, werden nur dann zu Säkularisierungsbedingungen führen, wenn sie nicht durch einen Wettbewerb der Religionsanbieter um die Seelen der Menschen konterkariert werden. Man muss also in der Formulierung von Hypothesen im Hinblick auf Säkularisierungsprozesse mit „ceteris paribus"-Klauseln arbeiten, die sich auf die Struktur des jeweiligen Religionsmarktes beziehen. Generell machen die Analysen von Stark dafür sensibel, neben den allgemeinen, sozialstrukturellen Rahmenbedingungen, die die Einstellungen der Bürger beeinflussen, auch die Akteure, in diesem Fall die Kirchen, mit in die Analysen einzubeziehen und deren Handlungsweisen und ihren Einfluss auf Säkularisierungsprozesse zu analysieren. Wir werden diese Überlegungen aufgreifen, wenn wir die unterschiedlichen Säkularisierungsentwicklungen von protestantischen und katholischen Gemeinden analysieren.

Wenden wir uns im zweiten Schritt der These von Thomas Luckmann zu, dass es nur einen Formwandel des Religiösen hin zu einer Pluralisierung, Privatisierung und Zunahme von zivilreligiösen Angeboten gegeben hat, aber keine Säkularisierungsprozesse. Diese These ist begrifflich durch sein Verständnis von Religion prädeterminiert. Entscheidend für eine begriffliche Fixierung des Begriffs einer subjektiv-kulturellen Säkularisierung ist, wie man Religion als den Objektbereich, auf den sich der Prozessbegriff Säkularisierung bezieht, definiert. Luckmann (1980: 176) bestimmt Religion als anthropologische Konstante menschlicher Existenz, die sich aus seiner exzentrischen Positionalität ergibt. Die Tatsache, dass der Mensch ein sinnverwendendes Wesen ist, das die Gegenwart in die Zukunft und in die Vergangenheit transzendieren kann, der Mensch damit kontingenzfähig ist, bestimmt ihn als ein religiöses Wesen. Daraus folgert Luckmann auch, dass es kein menschliches Leben und keine Gesellschaft ohne Religion gibt (vgl. Luckmann 1980: 177). Eine subjektiv-kulturelle Säkularisierung im Sinne des Bedeutungsverlusts von Religiosität wird damit aber definitorisch ausgeschlossen. Wenn man Religion auf diese Weise anthropologisch definiert, macht auch die Frage nach Säkularisierungsprozessen wenig Sinn.

Will man der Frage nach Säkularisierungsprozessen nachgehen, so müssen diese begrifflich überhaupt möglich sein. Wir gehen hier entsprechend von einer enger gefassten Religionsvorstellung aus. Religion bezieht sich zwar auf die Kontingenzproblematik, bezeichnet aber eine spezifische Lösungsform des Kontingenzproblems, nämlich die Interpretation der Immanenz durch Bezugnahme auf die Transzendenz. Von Religion sprechen wir dann, wenn die Welt- und Lebensdeutungen des Menschen auf die Existenz einer höheren Wirklichkeit, auf die Existenz einer Transzendenz bezogen sind (vgl. Eliade 1957). „In seiner allgemeinsten (soziologischen) Bedeutung bezeichnet Religion eine Bindung oder Orientierung von Menschen (meist Gruppen) an letzte, zumeist als überweltlich angesehene Gegebenheiten" (Homann 1994: 261). Diese allgemeine Religionsdefinition erhält ihre definitorische Spezifikation je nach der Ausdeutung des Transzendenzbezugs durch die spezifische Religion, die im Zentrum der Analyse steht.

Im Zentrum des durch das Christentum offerierten Deutungsmusters steht z. B. die Vorstellung eines allmächtigen Gottes, der Schöpfer der Natur und des Menschen in der Natur ist und der der Existenz des Menschen einen Sinn gibt. Das gesamte Gefüge der Natur mit der Erde als Mittelpunkt und dem Menschen als Krönung der Schöpfung (nur der Mensch kann mit Gott kommunizieren, Gott selbst ist Mensch geworden), wird als gottgewollte und von Gott geschaffene Ordnung interpretiert. Die Geschichte der Menschheit erhält ihren spezifischen teleologischen Sinn: Sie beginnt mit der Vertreibung aus dem Paradies und endet mit dem jüngsten Gericht und der Möglichkeit des Erreichens des Paradieses. Die Endlichkeit menschlicher Existenz, der Tod, mündet nicht im Nichts, sondern bildet die potentielle Übergangspassage in ein besseres Leben nach dem Tod und verliert damit die Bedrohlichkeit seiner Endgültigkeit (vgl. Nassehi und Weber 1989: 108ff.). Alle Ereignisse der Immanenz werden sinnvoll interpretierbar mit Verweis auf eine spezifisch ausgedeutete Transzendenz.

Definiert man den Kern von Religion durch das Merkmal des *Glaubens an die Transzendenz*, dann bezieht sich der Kern eines angenommenen Säkularisierungsprozesses auf die Annahme der Auflösung eines transzendenten Deutungsmusters. Kulturelle Säkularisierung bezeichnet dann den Prozess der Auflösung vormals religiöser, speziell christlicher Glaubensvorstellungen als verbindliches Kulturmuster. Beziehen sich die Menschen im Zeitverlauf immer weniger auf Jenseitsvorstellungen zur Deutung ihrer diesseitigen Existenz, dann kann man von kultureller Säkularisierung sprechen. Wir erwarten – und hier nehmen wir die Überlegungen von Rodney Stark auf –, dass unter Bedingungen eines oligopolistischen Religionsmarktes mit zwei fest institutionalisierten Amtskirchen und geringem Wettbewerb, sich in der Tat Prozesse der Säkularisierung beobachten lassen.

Was bedeutet Säkularisierung im Hinblick auf die Vergabe von Vornamen? Der Jenseitsbezug in der Vergabe von Vornamen erfolgt durch die Bezugnahme auf die Namen christlicher Heiliger. Die Kerngruppe der im Christentum als heilig angesehenen und verehrten Personen bildete sich aus den Märtyrern – Personen also, die ihr Leben für das Bekenntnis zu Christus eingesetzt hatten (vgl. Bieritz 1991). Neben den Märtyrern gab es die Bekenner, die für den Glauben nicht den Tod, wohl aber Verfolgung und Folter erlitten hatten. Der Kreis der Heiligen wurde nach der Christenverfolgung weiter ausgedehnt. Bedeutende Bischöfe und Kirchenlehrer bildeten eine dritte Gruppe, Asketen und Jungfrauen eine vierte Gruppe (vgl. Bieritz 1991: 218f.). Die jeweilige Heiligenverehrung fand am Tag des Todes des Märtyrers, des Blutzeugen Christi statt. Man versammelte sich am Grab des Heiligen, der Passionsweg des Geehrten wurde verlesen und das „Passa Christi", sein Hinübergang durch den Tod in das Leben, wurde gefeiert. Der Todestag des Märtyrers wurde nicht als Todestag, sondern als der Geburtstag zu einem neuen Leben gefeiert. Der Sinn der Heiligen war ein doppelter. Sie dienten zum einen als Vorbilder für den richtigen Einsatz für den Glauben und sollten zur Nachahmung (imitatio) anleiten. Sie konnten zum Zweiten als Mittelsleute zu Gott angerufen werden (invocatio), um eine Fürsprache bei Gott zu erbitten. Seit dem Mittelalter tritt die erste Bedeutung immer weiter in den Hintergrund, die Funktion der Anrufung und der Vermittlung zu Gott wird zur dominanten Funktion.

3.1 Säkularisierungsprozesse in der Vergabe von Vornamen

Die Vergabe von Vornamen mit Bezug auf die Heiligen hatte ebenfalls eine doppelte Funktion.[1] Zum einen sollten die Heiligen als Vorbild, zum anderen – und bedeutsamer – als transzendente Schutzpatrone und Vermittler zu Gott dienen. Die Verbindungslinie zwischen dem den Namen des Heiligen tragenden Kind und dem Heiligen wurde durch die Taufe hergestellt, dann aber alljährlich revitalisiert, indem der Namenstag des Kindes, der identisch war mit dem Todestag des Heiligen, gefeiert wurde. Wir sprechen im Hinblick auf die Analyse der Entwicklung von Vornamen dann von einem Säkularisierungsprozess, wenn der Anteil der Namen christlichen Ursprungs zurückgeht.[2]

Schaubild 3.1 weist die Entwicklung des Anteils christlicher Vornamen an der Gesamtmenge der Vornamen aus. Betrachtet man allein die Endpunkte der Entwicklung, dann sieht man, dass der Anteil der christlichen Vornamen in der Zeit von 1894 bis 1994 von ca. 50 % auf ca. 32 % abfällt. Dies ist ein dramatischer Wandel, der in der Richtung unserer Erwartung liegt.

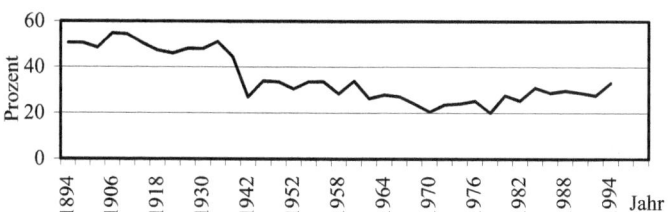

Schaubild 3.1 : Entwicklung des Anteils christlicher Vornamen

---

1   Die Vermittlungsfunktion der Heiligen zwischen dem Diesseits und dem Jenseits bezog sich aber nicht allein auf die Vornamensvergabe. Einzelne Stände, Berufsgruppen, Länder und Ortschaften hatten jeweils ihren Heiligen.
2   Dass heute der Geburtstag des Kindes und nicht mehr der Namenstag gefeiert wird, scheint uns ein weiteres Zeichen von Säkularisierungs- und Individualisierungsprozessen zu sein.

Die Bezugnahme auf die christlichen Namen und damit auf die heiligen Schutzpatrone der Transzendenz wird zunehmend bedeutungsloser. So gehörten 1894 Katharina, Anna, Maria, Magdalena und Elisabeth zu den gebräuchlichsten Mädchennamen, 1994 hingegen waren es Katharina, Laura, Sarah, Julia und Michelle.

Die empirischen Ergebnisse unterstützen also die vielfach formulierte Säkularisierungsthese. Der Verlauf zwischen dem Anfangs- und Endpunkt der Entwicklung ist aber nicht geradlinig. In der Zeit zwischen 1934 und 1942 findet gleichsam ein Säkularisierungsschub statt; wir kommen gleich darauf noch genauer zu sprechen. Weiterhin zeigt sich, dass ab 1980 der Anteil der christlichen Namen wieder zunimmt; dies wollen wir an dieser Stelle noch nicht interpretieren, sondern später bei der Analyse von Moden genauer betrachten. Nur soviel hier schon vorweg: Wir vermuten, dass die christlichen Namen ab diesem Zeitpunkt ihrer christlichen Bedeutung entkleidet sind und eher einem Trend der Generierung neuer Namen durch Moden unterliegen; dabei greifen die Akteure eben auch auf vormals alte Namen zurück.

Worin könnten die Ursachen des aber für beide Kirchen feststellbaren Prozesses der Säkularisierung liegen? In der Literatur werden Prozesse der Säkularisierung häufig mit Prozessen der Modernisierung erklärt und dies nicht nur theoretisch, sondern auch empirisch (vgl. Jagodzinski 1995; Jagodzinski und Dobbelaere 1995). Dabei spielen zwei Faktoren eine besondere Rolle. Die Entwicklung der ökonomischen und lebenserhaltenden Verhältnisse, in die die einzelnen Bürger eingebettet sind und die Entwicklung der Bildung der einzelnen Menschen.

Die These, dass das Ausmaß der Bildung in einem kausalen Zusammenhang mit der Säkularisierungsneigung steht, ist in Ansätzen bereits von Emile Durkheim formuliert worden. Durkheim (1983: 177) hat in seiner Selbstmordstudie den Zusammenhang zwischen Bildung und Protestantismus analysiert. Bildung erhöht die Möglichkeit der Selbstreflexion und die Wahrscheinlichkeit einer wissenschaftlichen Weltsicht. Mit wachsender Bildung steigt die Wahrscheinlichkeit, dass Traditionsbestände nicht als gegeben hingenommen, sondern auf ihre Funktionsweise hin befragt werden und eventuell mit ihnen gebrochen wird, so die Hypothese. Nun hat sich die Bildung der Bevölkerung im Verlauf des 20. Jahrhunderts in dreifacher Hinsicht verändert: Zum einen hat sich der Prozess der Inklusion aller Bevölkerungsgruppen in das Bildungssystem weiter verstetigt, die Analphabetenrate und der Anteil derer, die keine Schule besucht haben, ist zu einer marginalen Größe geworden. Zum Zweiten hat sich die Verweildauer in den Bildungsinstitutionen kontinuierlich ausgedehnt und drittens – damit zusammenhängend – hat der Anteil der Bevölkerung, der höhere Bildungsinstitutionen besucht, kontinuierlich zugenommen. So hat sich z. B. der Anteil derer, die an Universitäten studieren, seit dem 19. Jahrhundert enorm erweitert. Waren es 1872 noch 10 Studenten von 10.000 männlichen Einwohnern, die an einer Universität studierten, so waren es 1912 schon 21, 1950 26, 1960 45, 1970 69 und 1982 154 Studenten von 10.000 Einwohnern (vgl. Hohorst, Kocka, Ritter 1975: 161; Petzina, Abelshauser und Faust 1978: 169; Rytlewski und Opp de Hipt 1987: 220f.). Wir vermuten, dass diese Ausdehnung, Verlängerung und Vertiefung von Bildung die Bereitschaft, sich an den Vorgaben der Religionen zu orientieren, negativ beeinflusst hat und sich entsprechend in der Vergabe von Vornamen in der Weise ausdrückt, dass der Rückgriff auf christliche Traditionsbestände im Zeitverlauf nachlässt.

Die zweite modernisierungstheoretische Vorstellung, dass die Bedingungen, die die Lebensqualität des Menschen bestimmen, einen Einfluss auf Säkularisierungsprozesse haben, geht auf die von Karl Marx und Friedrich Engels entwickelte Religionssoziologie zurück, in die wiederum die Religionsvorstellungen von Friedrich Feuerbach eingeflossen sind. Die Entstehung und Persistenz von Religionen erklären die Autoren mit Rekurs auf die faktischen irdischen Verhältnisse: „Nun ist alle Religion nichts anderes als die phantastische Widerspiegelung in den Köpfen der Menschen, derjenigen äußeren Mächte, die ihr alltägliches Dasein beherrschen, eine Widerspiegelung, in der die irdischen Mächte die Form von überirdischen annehmen" (Engels 1973: 294). Die Ursache für die Produktion von „Phantasieprodukten" (wie die der Religion) sehen Marx und Engels in der Bedrohung des Menschen durch die Verhältnisse, in denen sie leben. Religion ist gleichsam eine Kompensation für die Widrigkeiten, die die Menschen in der Welt und in ihrem Leben erfahren müssen. Diese Widrigkeiten sind doppelter Natur. Sie bestehen zum einen aus den Unwegsamkeiten und Bedrohungen der Natur, z. B. aus Pest und Naturkatastrophen. Sie bestehen zum Zweiten aus den Unwegsamkeiten der Gesellschaft, in der die Menschen leben; zur Bestimmung der gesellschaftlichen Widrigkeiten rekurrieren die Autoren vor allem auf die ökonomischen Bedingungen der Existenzsicherung.[3] Um natürliche und gesellschaftliche Bedrohungen aushalten zu können, haben die Menschen Religionen erfunden. Religionen interpretieren das Elend der Welt und führen es auf übernatürliche Kräfte zurück: „Das religiöse Elend ist in einem der Ausdruck des wirklichen Elends und in einem die Protestaktion gegen das wirkliche Elend. Die Religion ist der Seufzer der bedrängten Kreatur, das Gemüt einer herzlosen Welt, wie sie der Geist geistloser Zustände ist. Sie ist das Opium für das Volk. Die Aufhebung der Religion als des illusorischen Glückes des Volkes ist die Forderung seines wirklichen Glücks" (Marx 1972: 378).

Mit der letzten Bemerkung deutet Marx zugleich die Bedingung an, unter der die Religion an Bindungskraft und Überzeugungskraft für die Menschen verlieren wird: Je mehr das wirkliche Glück auf Erden verwirklicht wird, desto geringer ist der Bedarf des Menschen an Religion. Irdisches Glück meint bei Marx meist Sicherung der Lebensbedingungen und ökonomische Wohlfahrt.

---

3 Dass die ökonomischen Bedingungen von Marx und Engels wiederum über den Produktionsmittelbesitz und damit über die Klassenverhältnisse bestimmt werden, vernachlässige ich; insofern handelt es sich hier um eine sehr „großzügige" Interpretation der Marxistischen Religionssoziologie.

Man kann diesen vermuteten Zusammenhang in eine Hypothese übersetzen: Je geringer die existentielle und materielle Not bzw. je höher der Wohlstand, desto geringer ist der Grad der Religiosität. Die Entwicklungen im 20. Jahrhundert lassen sich nun in der Tat in Richtung einer Verbesserung der Lebensbedingungen der Menschen interpretieren. Dies manifestiert sich in dem, was Arthur E. Imhof (1994) einerseits mit „die gewonnenen Jahre" und andererseits mit „die besseren Jahren" bezeichnet. Die Lebenserwartung hat sich von der Mitte des 19. Jahrhunderts bis zum Ende des 20. Jahrhunderts dramatisch verbessert. Betrug die Lebenserwartung in Deutschland 1855 noch 37,2 Jahre, so lag sie 1985 bei 74,6 Jahren, eine Verdopplung in einer sehr kurzen Zeitspanne (vgl. Imhof 1994). Die Ursachen für diesen dramatischen Wandel in Richtung einer Verbesserung sind sehr vielfältig und lassen sich hier nicht im Einzelnen rekonstruieren (vgl. Imhof 1994: 67). Die gewonnenen Jahre sind aber zugleich auch bessere Jahre geworden. Zum anderen haben sich in dem von uns analysierten Zeitraum die sozialen Sicherungssysteme entwickelt. Der Anteil der Menschen, die renten-, kranken- und arbeitslosenversichert sind, hat sich kontinuierlich erhöht. Damit sind wichtige Risiken menschlicher Existenz sozialstaatlich abgefedert worden; wir werden die empirischen Befunde in dem Kapitel, in dem wir Entverwandtschaftlichungsprozesse in der Vergabe von Vornamen analysieren, genauer darstellen. Zum Zweiten haben die Arbeitsbelastungen insofern nachgelassen, als sich das Verhältnis von Arbeitszeit und Freizeit in der Weise verändert hat, dass die Jahres- und Wochenarbeitszeit gesunken, der Anteil an Freizeit hingegen angestiegen ist. Arthur E. Imhof (1994: 82ff.) hat für drei Zeitpunkte (1900, 1980 und 2000) eine Lebenszeitbudgetrechnung durchgeführt, in die einerseits die unterschiedliche Lebenserwartung zu den drei Zeitpunkten, andererseits die Verteilung der Lebenszeit auf die drei Bereiche „Lebensnotwendige Zeit" – damit sind Aktivitäten wie Schlafen, Essen Trinken Körperhygiene gemeint – „Lebensarbeitszeit" und „Freizeit" eingegangen sind. Der Anteil an Freizeit ist dabei im Zeitverlauf dramatisch angestiegen: „Das Anschwellen der Freizeit von 110.000 Stunden um 1900 (25 % des Lebenszeitbudgets) auf 280.000 Stunden um 1980 (46 %) und 370.000 Stunden in Zukunft (53 %) beruht zum großen Teil auf dem Zusammenschmelzen der Arbeitszeit. Um 1900 macht sie noch 34 % des Lebenszeitbudgets aus, um 1980 12 %, in Zukunft dürften es kaum noch mehr als 6 % sein. Die Reduktion betrifft sowohl die Arbeitsstunden pro Tag, die Arbeitstage pro Woche, die Arbeitswochen pro Jahr als auch die Arbeitsjahre im Lebensverlauf. Wir haben sowohl mehr Freizeit im Berufsleben als auch mehr Jahre im Ruhestand" (Imhof 1994: 83).

Schließlich hat sich auch das verfügbare Einkommen der Menschen im 20. Jahrhundert erhöht, so dass die individuelle ökonomische Wohlfahrt gestiegen ist. Allerdings ist es empirisch etwas schwierig, genau zu bestimmen in welchem Ausmaß sich das Einkommen verbessert hat. Für die Zeit von 1871 bis 1914 findet man statistische Informationen über die Entwicklung des Verdiensts von Arbeitnehmern in Industrie, Handel und Verkehr (Hohorst, Kocka, Ritter 1975: 107). Berechnet wurde der reale durchschnittliche Jahresverdienst. Real meint, dass der Index der Lebenshaltungskosten bei der Bestimmung des Verdiensts berücksichtigt wurde. Der reale durchschnittliche Verdienst ist von 1871 bis 1913 um 78,5 % gestiegen. Nicht ganz vergleichbar sind die Informationen über die nachfolgenden Zeitphasen. Für die Zeit 1913/14 bis 1944 findet man empirische Informationen über die Reallöhne von Arbeitern (Petzina, Abelshauser und Faust 1978: 98). Real meint auch hier die Berücksichtigung der Lebenshaltungsentwicklung. Die Reallöhne haben sich in diesem Zeitraum um 13,9 % gesteigert (1913/14: 93; 1944: 106). Für die Zeit 1950 bis 1980 ist ebenfalls die Entwicklung der Reallöhne der Arbeiter in der Industrie empirisch rekonstruiert worden (Rytlewski und Opp de Hipt 1987: 119). Setzt man hier 1976 = 100, dann ergeben sich folgende Werte: 1950: 31,4; 1980: 108,6, dies ist eine Steigerung um 245 %. Man kann vermuten, dass sich die Einkommen auch für andere Berufsgruppen in der Tendenz in der Zeit 1870 bis 1980 in ähnlicher Richtung entwickelt haben werden (vgl. dazu Pierenkemper 1987).

Insgesamt hat sich also das Einkommen in der Zeit von 1870 bis 1980 vervielfacht.

Den Modernisierungsprozess kann man insgesamt als einen Prozess der zunehmenden Produktion von Sicherheit der grundlegenden Lebensbedingungen der Menschen und der Steigerung von Wohlstand und Freizeit begreifen. Wir vermuten, dass dieser Prozess einen negativen Effekt auf den Bedarf nach und die Bindung an Religionssysteme hat und damit zur Säkularisierung beigetragen hat.[4] Der Prozess einer allgemeinen Säkularisierung spiegelt sich dann auch in einer Säkularisierung der Vornamen wieder.

Modernisierungstheorien können aber die Entwicklung der christlichen Vornamen im Zeitverlauf nicht hinreichend erklären. Wie Schaubild 3.1 gezeigt hat, ist der Prozess der Säkularisierung der Vornamen nicht geradlinig. In der Zeit zwischen 1934 und 1942 findet ein Säkularisierungsschub statt. Wir werden im nächsten Kapitel die Entwicklung der deutschen Vornamen genauer analysieren; diese Analyse wird uns zeigen, dass im gleichen Zeitraum, in dem der Anteil der christlichen Vornamen zurückgegangen ist, der Anteil der deutschen Vornamen gestiegen ist. Das Wachstum des Anteils der deutschen Vornamen geht auf den Einfluss des Nationalismus und des politischen Regimes des Nationalsozialismus zurück (vgl. Gerhards und Melzer 1996). Die religiöse Ausrichtung eines politischen Regimes definiert die Kosten und die Anreize eines religiösen Bekenntnisses der Bürger und beeinflusst damit Säkularisierungsprozesse. Politische Regime, die die Religionsfreiheit einschränken und/oder selbst alternative ideologische Deutungsangebote, wie den Nationalismus, zur Religion anbieten, werden, wenn sie erfolgreich sind, Säkularisierungsprozesse eher beschleunigen (vgl. Berger 1973: 106), liberale Regime werden einen neutralen Effekt haben, Regime mit einer religiösen Affinität werden auf Säkularisierungsprozesse eher hemmend wirken.

---

4 Wolfgang Jagodzinski (1995) kann diesen Zusammenhang im Ländervergleich auch empirisch nachweisen.

Der Nationalsozialismus war nun zum einen ein antiklerikales Regime und offerierte zum anderen mit seiner deutschnationalen Ideologie ein alternatives Ideensystem der Weltinterpretation, das von den Bürgern in hohem Maße akzeptiert wurde. Kurt Nowak (1995) zeigt, dass dem Nationalsozialismus eine deutliche Absenkung des Niveaus der Konfessionskultur und der Kirchenbindung gelang und dies auf verschiedenen Wegen: durch Zurückdrängen der Bekenntnisschulen durch sogenannte Gemeinschaftsschulen, durch Druck auf die Eltern, die Kinder vom Religionsunterricht fernzuhalten, durch den Aufbau von Hitlerjugend und dem Bund Deutscher Mädel als Konkurrenz zu den religiösen Jugendgruppen und durch Schikanen gegenüber konfessionellen Vereinen. Der Verdrängungswettbewerb zwischen nationalsozialistischer Ideologie einerseits und christlichen Interpretationsmustern andererseits manifestierte sich im Alltag auf vielfältige Weise. Auf dem folgenden Foto ist die Parallelität der beiden Deutungsangebote recht gut dargestellt: Jesus am Kreuz und die Hakenkreuzfahnen des Nationalsozialismus befinden sich nebeneinander. Das Foto ist zum 1. Mai 1939 in Pelm, einer zur Gemeinde Gerolstein gehörenden Ortschaft aufgenommen worden.[5]

---

5   Das Foto ist eine Leihgabe von Fritz Klasen.

3.1 Säkularisierungsprozesse in der Vergabe von Vornamen

Die beiden folgenden Fotografien bringen hingegen den Verlauf des Verdrängungswettbewerbs zwischen katholischer Religion und Nationalsozialismus zum Ausdruck. Während vor 1933 die Repräsentanz christlicher Symbolik im Klassenzimmer üblich war – hier das Kreuz und eine Mariendarstellung –, wird diese in der Folgezeit ersetzt. Wenige Jahre später sind das Kreuz und die Mariendarstellung entfernt und durch ein Foto des Führers Adolf Hitler ersetzt worden.

60   3. Das Aufbrechen religiöser Ligaturen: Säkularisierungsprozesse

Eine ähnliche Entwicklung wie auf den beiden Fotos dargestellt, findet man im Bereich der Vornamen: Die christlichen Namen werden durch die deutschen Namen verdrängt.[6] Der nationalsozialistische Erfolg der Konstruktion einer deutschen Tradition und Geschichte war offensichtlich bis in den privatesten Bereich der Familie durchschlagend – so zumindest interpretieren wir das rapide Anwachsen deutscher Namen ab 1934 auf Kosten der christlichen Namen.

Der Befund, dass Säkularisierungsprozesse durch das jeweilige politische Regime beschleunigt werden können, verweist auf und unterstützt Ergebnisse aus der politischen Soziologie, die unter dem Schlagwort „Bringing the State back in" (vgl. Skocpol 1979; Evans, Rueschemeyer und Skocpol 1985) Skepsis gegenüber generalisierten gesellschaftlichen Trends formuliert und statt dessen den spezifischen Einfluss von Staaten auf Gesellschafts- und Kulturentwicklungen betont hat.

---

6   Das erste Foto ist eine Leihgabe von Margot Haring aus Wassertiesch, das zweite Foto von Norbert Ledner aus Morbach.

Wir können damit die Ergebnisse dieses Kapitels zusammenfassen: Im Verlauf des 20. Jahrhunderts zeigen sich in der Vergabe von Vornamen deutliche Prozesse der Säkularisierung. Der Anteil der christlichen Namen, der sich aus den Namen der Bibel und aus Namen der Heiligen zusammensetzt, ist im Zeitverlauf rückläufig. Wir führen den Prozess der Säkularisierung auf zwei Ursachen zurück: Zum einen auf Modernisierungsprozesse, die die Wohlfahrt und Absicherung der Menschen merklich verbessert und den Bildungsgrad erhöht haben, und damit den Bedarf an religiöser Orientierung reduziert und die Kritik an gottgegebenen Vorschriften erhöht haben; zum anderen auf die partiell erfolgreiche Verdrängung eines christlichen Deutungsmusters durch die Ideologie des Nationalismus. Dabei hat die hier formulierte Erklärung den Status einer Plausibilitätsskizze. Säkularisierungsprozesse auf der einen Seite und Modernisierungsprozesse, die Konjunktur nationalistischer Ideologien und die Etablierung eines antiklerikalen Regimes auf der anderen Seite korrelieren miteinander. Unsere Analysen erlauben es aber nicht, den Kausalzusammenhang dieser Korrelation empirisch zu prüfen.

3.2 Unterschiede zwischen protestantischen und katholischen Gemeinden

Wir hatten in der empirischen Analyse im letzten Kapitel die Entwicklung der christlichen Vornamen in zwei Gemeinden mit unterschiedlicher konfessioneller Orientierung zusammengefasst. Die Ideengehalte der beiden Religionen und auch die Politik der Kirchen der beiden Religionen unterscheiden sich aber voneinander und dies auch im Hinblick auf die spezifischen Vorgaben, die mit der Namengebung verbunden sind. Die Orientierung bei der Vergabe von Vornamen an Heiligen ist ein Prozess, der im 10. und 11. Jahrhundert beginnt. Ab diesem Zeitpunkt wird die europäische Namenswelt durchgehend christlich geprägt (Kohlheim 1996). Dieser Prozess geht einher mit einer zunehmenden Heiligen- und Reliquienverehrung, die sich auch in der Tatsache spiegelt, dass jede Kirche ihren Schutzheiligen (patronus) erhielt und auch die Stände und Berufsgruppen sich unter die Obhut eines bestimmten Heiligen stellten. Die spätmittelalterliche Heiligenverehrung mit der Anhäufung von Reliquien, der Zunahme von Wallfahrten und des Ablasswesens nahm ein Ausmaß an, das „dem Bereich des Magischen und des Aberglaubens mehr verhaftet war als dem Religiösen" (Hausberger 1994: 653). Die Reformation bedeutete auch im Hinblick auf die Heiligenverehrung und als Folge in der Vergabepraxis der Vornamen eine tiefgreifende Zäsur. Der lutherische Protestantismus wandte sich in erster Linie gegen das Erlösungsmonopol der mittelalterlichen katholischen Kirche: Jeder Einzelne kann sein Heil durch den Glauben selbst empfangen; das individuelle Verhältnis zu Christus ist allein maßgeblich, die Heilsanstalt der Kirche als Vermittler zu Gott wird damit sekundär. Mit dieser theologischen Grundorientierung ist eine Vielzahl von Folgerungen verbunden. Sie impliziert eine Kritik an der hierarchischen Organisationsform, am Bußsakrament und dem Ablasswesen und an der Vielzahl von Praktiken und Ritualen der katholischen Kirche. Umgekehrt betont der Protestantismus die individuelle Entscheidung jedes Einzelnen und betont die Notwendigkeit der direkten Auseinandersetzung mit der Heiligen Schrift, weil nur das Wort Gottes die alleinige Offenbarungsquelle darstellt. Der Protestantismus präferiert zudem eine Organisationsform von Kirche, die eine geringer hierarchisch gebaute Struktur aufweist, die Einzelgemeinden als Grundform des Kirchenlebens in ihrer Wichtigkeit und Selbstständigkeit betont und zudem eine Mitbeteiligung der Laien in der Kirchenleitung akzentuiert. Ebenfalls eingebaut in die reformatorische Grundorientierung ist eine Einstellung zu den Heiligen. Der reformatorische Grundsatz „solus Christus et sola fide" hatte unmittelbare Folgen für die Heiligenverehrung. Unter dem Eindruck auch der abergläubischen Heiligenverehrung wurde der Fokus des Glaubens zurückverlegt auf die Bibel und Christus. Die Anrufung von Heiligen wurde von Luther gänzlich verworfen, wie die folgenden Zeilen zeigen: „Anrufung der Heiligen ist auch der endchristlichen Missbräuche einer und streitet wieder den ersten

Hauptartikel und tilget die Erkenntnis Christi. Ist auch nicht geboten noch geraten, hat auch kein Exempel der Schrift, und haben's alles tausendmal besser an Christo" (zitiert in Schulz 1994: 665). Die Bibel kennt letztendlich nur einen Heiligen: Christus. Die Anrufung von Heiligen kommt in dieser Perspektive einer Verleugnung seiner alleinigen Mittlerrolle gleich. Luther sah die Gefahr, dass die übliche Heiligenverehrung vom eigentlichen Glauben ablenke. Die protestantische Perspektive auf die Heiligenverehrung wird im Augsburger Bekenntnis von 1530 festgehalten: Dabei handelt es sich um das Bekenntnis, das Philipp Melanchthon für den Reichstag zu Augsburg verfasste und am 25. Juni 1530 vor dem Reichstag und Kaiser verlas. Es besteht aus 28 Artikeln, von denen die ersten 21 die Lehre Martin Luthers darlegen. Die restlichen Artikel befassen sich mit den Missbräuchen in der katholischen Kirche. Im Artikel 21 wird auf die Heiligenverehrung Bezug genommen: „Vom Heiligendienst wird von den Unseren so gelehrt, dass man der Heiligen gedenken soll, damit wir unseren Glauben stärken, wenn wir sehen, wie ihnen Gnade widerfahren und auch wie ihnen durch den Glauben geholfen worden ist; außerdem soll man sich an ihren guten Werken ein Beispiel nehmen, ein jeder in seinem Beruf ... Aus der Heiligen Schrift kann man aber nicht beweisen, dass man die Heiligen anrufen oder Hilfe bei ihnen suchen soll. ‚Denn es ist nur ein einziger Versöhner und Mittler gesetzt zwischen Gott und den Menschen, Jesus Christus.' (1. Timotheusbrief 2,5)."

Mit der Reformation waren damit zumindest theoretisch die Weichen für eine andere Vergabepraxis der Vornamen für diejenigen gestellt, die protestantischen Glaubens waren. In welchem Ausmaß und in welchem Tempo die theologisch andere Weichenstellung das faktische Verhalten der Gläubigen in der Vergabe von Vornamen beeinflusst hat, ist in der Literatur strittig. Volker Kohlheim (1996) berichtet, dass sich nach der Reformation die Praktiken der Vergabe von Rufnamen in den protestantischen Gebieten veränderten; der Rekurs auf biblische Namen nimmt zu, während die Bezugnahmen auf die Heiligen seltener werden (Kohlheim 1996: 1054). Christian Grethlein (1996: 756) betont hingegen, dass mit der Reformation ein Wendepunkt eingeleitet wurde, der sich zum Teil aber erst in der Mitte des 18. Jahrhunderts im faktischen Verhalten in der Namensvergabe bemerkbar macht.

Die katholische Kirche hat auf die Reformation bekanntlich mit der Gegenreformation geantwortet und dies auch sehr konkret im Hinblick auf die Heiligenverehrung und die Vergabe von Vornamen entlang der Vorbilder der Heiligen. Auf dem Konzil von Trient wurde 1563 das „Decretum de invocatione, veneratione et reliquiis Sanctorum, et sacris imaginibus" verabschiedet. Die Position der Reformatoren, die Heiligenverehrung stehe im Widerspruch zum Wort Gottes und beeinträchtige die Ehrerbietung für Gott, wird zurückgewiesen. Es wird als gut und nützlich angesehen, die Heiligen demütig anzurufen und ihren Beistand zu erflehen, um so von Gott Beistand zu erlangen (vgl. Hausberger 1994: 654). Im Hinblick auf die Vergabe von Vornamen schreibt das Konzil ganz ausdrücklich die Orientierung an Heiligennamen vor. Im „Catechismus Romanus" von 1566 heißt es entsprechend: „Endlich erhält der Täufling auch einen Taufnamen. Es soll dazu der Name eines Heiligen genommen werden, der wegen hervorragender Frömmigkeit und Gottesfurcht der Ehre der Altäre gewürdigt wurde. Diese Namensverwandtschaft wird dem Täufling leicht ein Ansporn zur Nachahmung in Tugend und Heiligkeit sein. Und wie er ihn nachzuahmen sich bestrebt, so soll er auch zu ihm beten und vertrauensvoll von ihm Schutz zum Heil der Seele und des Leibes erwarten. Es ist somit zu tadeln, wenn man für die Kinder heidnische Namen von ganz verkommenen Menschen aussucht, um sie als Taufnamen zu geben – wohl ein Zeichen dafür, wie gering man gediegenes christliches Leben einschätzt, wo ein solches Gefallen an diesen anrüchigen Gestalten herrscht, dass man so unheilige Namen fortwährend um christliche Ohren schwirren lassen will" (Gatterer 1941: 70). Die Fortführung, ja Stärkung der Tradition, sich bei der Namensvergabe an den Namen der Heiligen zu orientieren, war damit die für die katholischen Gläubigen von der Amtskirche vorgeschriebene Handlungsorientierung.

3.2 Unterschiede zwischen protestantischen und katholischen Gemeinden

Diese *ideelle* Steuerung wurde durch eine starke Einbindung der katholischen Gläubigen in die Kirche und die Durchdringung von Kirche und Alltagsleben *strukturell* abgesichert. Dies gilt vor allem für die Zeit, die unserem Analysezeitraum vorgelagert ist, für das 19. Jahrhundert. Die katholische Kirche entwickelte sich in dieser Zeit in zwei Richtungen. Einerseits gelang es dem Papst, die zentralistischen Strukturen der Kirche auszubauen und seine eigene Autoritätsrolle zu stärken. Ziel der Kirchenpolitik war es, dem Modernisierungs- und Säkularisierungsprozess einen unüberwindlichen Damm entgegenzusetzen (Wehler 1995: 387). Zugleich erlebte die katholische Volksfrömmigkeit einen neuen und kraftvollen Entwicklungsschub. Die Teilnahme an Prozessionen, Dorfumzügen und Heiligenfesten, bei denen der Namenspatron gefeiert wurde, nahm zu; überall kam es zu Neugründungen von katholischen Vereinen, die Orden gewannen neuen Zulauf. Diese Entwicklung der Volksfrömmigkeit setzt sich nach 1871 weiter fort (Wehler 1995: 1189) und sorgte vor allem auf dem Lande für eine starke Einbindung der Bevölkerung in die katholisch-christlichen Praktiken.

Wir sehen also, dass es im Hinblick auf die Vergabe von Vornamen sowohl theologisch-ideologische als auch praktisch-institutionelle Unterschiede zwischen den beiden Konfessionen gegeben hat; wir vermuten entsprechend, dass sich die Entwicklung von Säkularisierungsprozessen am Beispiel der Vornamen auf einem recht unterschiedlichen Niveau vollzogen haben wird.

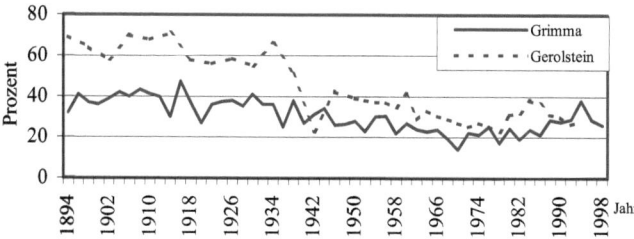

Schaubild 3.2 : Entwicklung des Anteils christlicher Vornamen in Grimma und Gerolstein

Schaubild 3.2 gibt den Verlauf des Anteils von christlichen Namen für die beiden Gemeinden Grimma (protestantisch) und Gerolstein (katholisch) getrennt wieder. In der Tat zeigt sich ganz im Sinne der theoretischen Erwartung, dass am Ende des 19. Jahrhunderts der Anteil der christlichen Vornamen im katholischen Gerolstein bei 70 %, im protestantischen Grimma hingegen bei ca. 40 % lag. Die seit der Reformation ideologisch vorbereitete Zweiteilung in eine katholische Volksfrömmigkeit und Heiligenverehrung einerseits und eine protestantische, eher weltlich orientierte Ideologie andererseits, waren also offensichtlich recht erfolgreich in der Prägung der Entscheidungshandlungen der Bürger bei der Auswahl der Namen für ihre Kinder. Für beide Gemeinden lässt sich im Zeitverlauf ein Abwärtstrend des Anteils an christlichen Namen beobachten, der ca. 1980 endet. Bis dahin finden wir für beide Religionsgemeinschaften einen Trend der Säkularisierung, der bei den Katholiken auf einem höheren Niveau ansetzt und rapider verläuft als bei den Protestanten. Der Säkularisierungsschub, der im katholischen Gerolstein ab 1934 erfolgte, ist auf die Zunahme der deutschen Namen in diesem Zeitraum zurückzuführen. Ich werde darauf bei der Analyse der deutschen Namen im nächsten Kapitel noch genauer zu sprechen kommen.

Gerolstein und Grimma sind beide kleinstädtische Gemeinden. Die Daten von Michael Simon ermöglichen es, unsere Befunde in einem Punkt etwas zu spezifizieren. Wir gehen davon aus, dass die Religionsbindung auf dem Land stärker war als in der Stadt. Dies ist zum einen durch den geringeren Grad der Modernisierung des Landes im Vergleich zur Stadt bedingt, was sich u. a. auch im höheren Anteil der in der Landwirtschaft Beschäftigten ausdrückt. Dies hängt zum Zweiten mit dem Sachverhalt zusammen, dass die kirchlichen Kontrollmöglichkeiten von Religiosität in einer überschaubaren Gemeinde günstiger sind als in einer heterogen zusammengesetzten Stadt. Wir vermuten deswegen, dass Prozesse der Säkularisierung in den Städten früher greifen als auf dem Land. Vergleicht man die Entwicklung der christlichen Namen in der katholischen Stadt Münster mit der Entwicklung der christlichen Namen in der katholischen Landgemeinde Ostbevern, dann wird diese Vermutung bestätigt. Der Anteil der christlichen Namen in Münster liegt ca. 12 % unter dem der Landgemeinde Ostbevern (Daten werden graphisch nicht ausgewiesen).

Kommen wir aber auf den Unterschied im Ausmaß der Verwendung von christlichen Namen in der katholischen Gemeinde Gerolstein und der protestantischen Gemeinde Grimma zurück. Die Unterschiede zwischen den beiden Religionen mahnen zur Vorsicht bei der Formulierung von allgemeinen Säkularisierungshypothesen, die die spezifischen kulturellen Orientierungen und Handlungsweisen der „Anbieter" von Religion nicht berücksichtigen, ein Argument, das ja in generalisierter Variante von der neueren amerikanischen Religionssoziologie formuliert wurde. Die unterschiedlichen kulturellen Orientierungen, die dann auch die Namensvergabe beeinflusst haben, wurden mit der Reformation gelegt. Die protestantische Kirche betont die Bedeutung des unmittelbaren Verhältnisses des Menschen zu Gott (ohne Vermittlerinstitutionen). Allein durch und mit der Bibel soll sich das Verhältnis des Menschen zu Gott herstellen. Emile Durkheim hatte den Protestantismus entsprechend auch als erste Form einer Individualreligion bezeichnet. Aus diesem Gedanken des unmittelbaren Verhältnisses des Menschen zu Gott ist auch die Kritik des Protestantismus an den Vermittlungsinstitutionen der katholischen Kirche abgeleitet; die Kritik an der Heiligenverehrung ist Bestandteil dieser Vorstellung und wird übersetzt in eine Handlungsanleitung: Die Auswahl der Namen der Kinder nicht an den Heiligennamen zu orientieren. Die Gegenreformation hat genau darauf geantwortet und die Orientierung an den Heiligen zu einem verbindlichen Prinzip erklärt. Die unterschiedlichen Optionen, die die katholische Kirche einerseits und die protestantische Kirche andererseits im Umgang mit den Heiligen seit der Reformation ergriffen haben, haben die Unterschiede in der Namensvergabe in der Folgezeit deutlich geprägt.

Dies allein reicht aber noch nicht zu einer Erklärung der Unterschiede in der Namensvergabe zwischen protestantischen und katholischen Gemeinden aus; denn in dem Zeitraum zwischen Reformation und dem Zeitpunkt, zu dem unsere Datenerhebung beginnt (1894), ist die Namensentwicklung in protestantischen und katholischen Gebieten unterschiedlich verlaufen. Wir können dies mit unseren Daten nicht nachzeichnen, können aber die von Michael Simon erhobenen Informationen aus den Kirchenbüchern sekundär analysieren. Dies ermöglicht, unsere Befunde, die sich auf das 20. Jahrhundert beziehen, in einen größeren historischen Kontext zu platzieren. Vergleicht man die beiden u. a. von Simon erhobenen Namensentwicklungen der katholischen Landgemeinde Ostbevern mit der protestantischen Gemeinde Versmoldt, dann sieht man, dass der Säkularisierungsprozess kein linearer war. Während der Anteil der christlichen Namen in der katholischen Gemeinde von 1780 bis 1900 sogar um einige wenige Prozentpunkte ansteigt,[7] fällt der Anteil der christlichen Namen in der protestantischen Gemeinde im gleichen Zeitraum dramatisch ab.

Ab 1900 haben wir es dann – wie im letzten Schaubild gezeigt – in beiden Gemeinden mit einem ähnlichen Entwicklungsverlauf der Säkularisierung zu tun, wenn auch auf unterschiedlichem Niveau.

---

7   Den Anstieg der christlichen Namen kann man in einen ursächlichen Zusammenhang mit dem Erstarken einer katholischen Volksfrömmigkeitsbewegung bringen (vgl. dazu Sperber 1984). Wir werden dies im nächsten Kapitel genauer erläutern.

3.2 Unterschiede zwischen protestantischen und katholischen Gemeinden

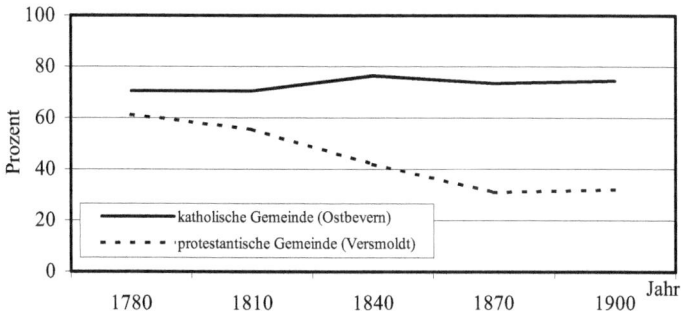

Schaubild 3.3: Entwicklung des Anteils christlicher Vornamen in einer katholischen und in einer protestantischen Gemeinde (1790-1900)

Die Entwicklung des Anteils der protestantischen Namen lässt sich damit nicht allein auf die kulturellen Dispositionen zurückführen, die mit der Reformation und Gegenreformation gelegt wurden; denn diese liegen zeitlich früher als die Abwendung der Protestanten von den christlichen Namen ansetzt. Man muss zusätzlich eine spezifische Politik der protestantischen Kirche beachten, die eine durch die Reformation definierte kulturelle Disposition der protestantischen Kirche aufgreift und den Trend der Abkehr von den christlichen Namen verstärkt; und diese setzt am Ende des 18. Jahrhunderts ein und zieht sich über das gesamte 19 Jahrhundert bis hinein in das 20. Jahrhundert. Die protestantische Kirche hat sich in diesem Zeitraum zunehmend dem Staat zugewandt, ist dann mit Preußen eine enge Verbindung eingegangen, die am Ende des 19. Jahrhunderts in einer Fusion der protestantischen Glaubenslehre mit der politischen Ideologie des Nationalismus mündete und zur Idee des Nationalprotestantismus geführt hat. In der Vergabepraxis von Vornamen macht sich dieser Prozess in einer Zunahme der deutschen Namen auf Kosten der christlichen Namen bemerkbar. Aber dies leitet schon zum nächsten Kapitel über, in dem wir die Entwicklung der deutschen Namen analysieren wollen und auf das Verhältnis von deutschen und christlichen Namen noch ausführlicher zu sprechen kommen.

Wir haben in diesem Kapitel gesehen, dass sich im Verlauf des 20. Jahrhunderts in der Vergabe von Vornamen deutliche Prozesse der Säkularisierung zeigen. Der Anteil der christlichen Namen, der sich aus den Namen der Bibel und aus Namen der Heiligen zusammensetzt, ist im Zeitverlauf rückläufig. Eine Erklärung dieses Phänomens muss das Zusammenspiel mehrerer Ursachen berücksichtigen. Zum einen haben Modernisierungsprozesse, die die Wohlfahrt und Absicherung der Menschen merklich verbessert und den Bildungsgrad erhöht haben, sicherlich den Bedarf auf der „Nachfrageseite" nach religiöser Orientierung reduziert und die Kritik an gottgegebenen Vorschriften erhöht. Zugleich muss man aber die Deutungsmuster und Strategien der religiösen Anbieter und deren säkularen Konkurrenten mit im Blick haben, wenn man Säkularisierungsprozesse begreifen will. Die Unterschiede in der Vergabe von christlichen Vornamen bei Protestanten und Katholiken kann man nur erklären, wenn man zum einen die durch Reformation und Gegenreformation etablierten unterschiedlichen Deutungsmuster und zum anderen die von den Kirchen betriebene Politik berücksichtigt. Schließlich hat die Entwicklung der christlichen Namen ab 1933 gezeigt, dass es allein nicht ausreichend ist, die Angebote der religiösen Anbieter zu berücksichtigen, sondern dass man zusätzlich die Strategien von konkurrierenden säkularen Deutungsunternehmern berücksichtigt muss: Der Schwund an christlichen Namen ab 1933 ist offensichtlich ein Erfolg der nationalsozialistischen Ideologie, der es gelungen ist, die Menschen davon zu überzeugen, eher deutsche als christliche Namen zu vergeben.

4. Politischer Regimewechsel und der Aufstieg und Fall der deutschen Vornamen

Kurt, Ernst, Friedrich, Heinrich, Karl, Herrmann, Otto und Wilhelm sind typische und häufig vorkommende deutsche männliche Namen. Edeltraud, Ulrike, Friederike, Sieglinde, Dörte, Margit und Gisela sind häufig vorkommende deutsche weibliche Vornamen. Wir wollen den Verlauf dieser und anderer deutscher Namen im Folgenden genauer analysieren. Bereits im letzten Kapitel, in dem die Entwicklung der christlichen Namen rekonstruiert wurde, habe ich mehrfach auf die Entwicklung der deutschen Namen Bezug genommen. Da die nach Kulturkreisen sortierte Klassifikation zusammen immer 100 % ergibt, ist die Zunahme von Namen aus einem Kulturkreis immer mit der Abnahme von Namen aus anderen Kulturkreisen verbunden. Wie sich christliche und deutsche Namen im Zeitverlauf zueinander verhalten, werden wir gleich genauer analysieren. Addiert man die deutschen und christlichen Namen, dann wird schnell deutlich, dass der deutsche und der christliche Kulturkreis die beiden traditionellen Ligaturen für die Vergabe von Vornamen bildeten. Schaubild 4.1 zeigt uns die Entwicklung des Anteils von deutschen und christlichen Namen im Zeitverlauf.

Am Ende des 19. Jahrhunderts waren ca. 85 % der vergebenen Namen in einem Jahr deutsche oder christliche Namen. Namen aus anderen Kulturkreisen – wie französische oder angloamerikanische Namen – spielten quantitativ kaum eine Rolle. Die Namensvergabe war damit in hohem Maße kulturell geschlossen und beschränkte sich auf die beiden traditionellen Kulturkreise. Dieser hohe Anteil an christlichen und deutschen Namen blieb bis zur Gründung der Bundesrepublik bzw. der DDR relativ stabil.

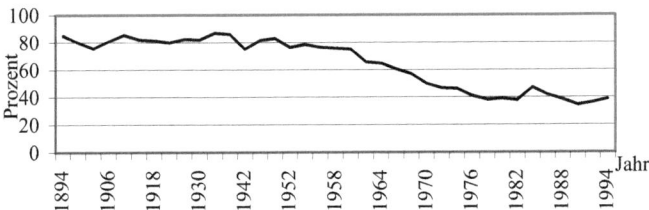

Schaubild 4.1: Enttraditionalisierung (Entwicklung des Anteils von deutschen und christlichen Namen)

Dann verändert sich der Verlauf rapide und zwar in der Weise, dass nun zunehmend Namen aus anderen Kulturkreisen benutzt werden. Eine Öffnung Deutschlands nach außen fand also erst nach dem 2. Weltkrieg statt. Auf welche ausländischen Kulturkreise dann Bezug genommen wurde, werden wir später genauer analysieren (vgl. Kapitel 7).

Betrachten wir im Folgenden die Entwicklung der deutschen Namen etwas genauer. Schaubild 4.2 gibt die Entwicklung der deutschen Namen im Zeitverlauf wieder.

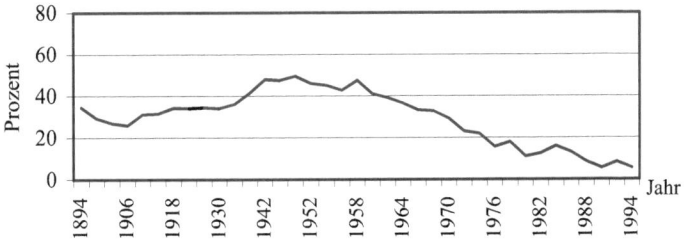

Schaubild 4.2: Entwicklung des Anteils deutscher Namen

Der Anteil der deutschen Namen steigt (nach einem kurzen Abstieg ganz zu Beginn unseres Erhebungszeitraums) von ca. 30 % bis zum Ende des 2. Weltkriegs bzw. zur Gründung der beiden deutschen Staaten auf ca. 50 % an, um dann kontinuierlich an Bedeutung zu verlieren und 1994 auf ca. 5 % abzusinken. Der Anstieg des Anteils der deutschen Namen zu Beginn des Jahrhunderts ist zudem durch eine besondere Steigerungsrate in der Zeit 1933 bis 1942 gekennzeichnet.

Bevor wir die Ursachen dieser Entwicklung interpretieren, ist es sinnvoll, den Verlauf der deutschen Namen historisch weiter zu kontextualisieren. Unsere eigene Datenerhebung beginnt erst 1894. Wir haben aber, wie weiter unten erläutert, die von Michael Simon (1989) erhobenen Daten über die Namensentwicklung in drei westfälischen Ortschaften zu einem Datensatz umgewandelt und können entsprechend die eigenen Analysen in einen größeren historischen Verlauf einordnen. Tut man dies im Hinblick auf die Entwicklung der deutschen Namen, dann sieht man, dass die Zunahme der deutschen Namen bereits zu Beginn des 19. Jahrhunderts ansetzt. Die Steigerung der Zunahme der deutschen Namen erfolgt bis zum 1. Weltkrieg kontinuierlich und erfährt in der Nachfolgezeit einen besonderen Anstieg, um dann mit der Gründung der beiden deutschen Staaten wieder abzuflachen. Die Zunahme der deutschen Namen ist also kein Phänomen, das mit der Machtübernahme der Nationalsozialisten ansetzt, sondern bereits lange im 19. Jahrhundert vorbereitet war. Dieser Verlauf verweist auf die möglichen Ursachen der Zunahme deutscher Vornamen.

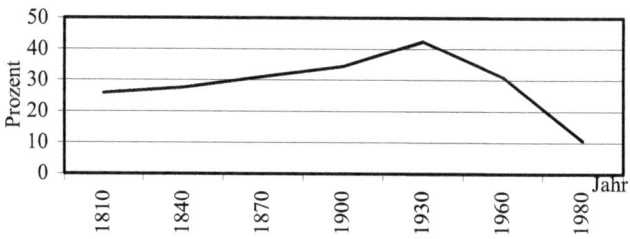

Schaubild 4.3: Entwicklung des Anteils deutscher Namen

Die Entwicklung der deutschen Namen geht ganz offensichtlich einher mit der deutschen Nationenbildung. „Eine politische Nation entsteht mit der Bildung von Nationalbewusstsein innerhalb einer Bevölkerung. Wir verstehen darunter den Prozess einer kollektiven politischen Bewusstwerdung, in dem Mitglieder eines Volkes (Ethnie) bzw. Bewohner eines Territoriums entdecken, dass sie gemeinsame Traditionen und Interessen haben" (Dann 1996: 14).

Es fehlt hier der Raum, die verschiedenen Etappen der Bildung eines deutschen Nationalbewusstseins im 19. Jahrhundert genau nachzuzeichnen. Während in der ersten Phase vom Ende des 18. Jahrhunderts bis zu Beginn des 19. Jahrhunderts es sich beim Nationalismus vor allem um ein Eliten- und Intellektuellenphänomen gehandelt hat, wurde daraus ab den 20er Jahren des 19. Jahrhunderts ein Massenphänomen.[1] Dem weit ausgedehnten Vereinswesen mit Burschenschaftlern, Turnern und Sängern gelang es zunehmend, weitere Bevölkerungsteile für die Idee der Nation zu begeistern. Nationale Treffen und Feste, nationale Literatur und Theater sorgten für eine nationale Mobilisierung und zu einer Erzeugung eines Bewusstseins der Gemeinsamkeit, auch wenn dieses noch nicht in die Vorstellung einer gemeinsamen politischen Nation übersetzt wurde (Breuilly 1999). Der Bezugspunkt der Definition von Gemeinsamkeit war dabei zum Teil recht unterschiedlich. Die Idee der Volksnation bezog sich auf die Vorstellung einer gemeinsamen Abstammung der Mitglieder einer Gemeinschaft; Kulturnation bezog sich auf die Vorstellung, dass diejenigen, die eine gemeinsame Sprache sprechen und andere kulturelle gemeinsame Traditionen haben, eine Gemeinschaft bilden, während die Idee der Staatsnation ihre Integrationskraft aus der Vergemeinschaftung der Bürger in den Herrschaftsverband des Staates ableitete (Wehler 1995: 938-946).

Mit der Reichsgründung von 1871 beginnt ein Prozess der Radikalisierung und vor allem Politisierung des Nationalismus in Deutschland. Ab diesem Zeitpunkt waren die politischen Bedin-

---

[1] Diese These ist nicht unumstritten. John Breuilly (1999) versucht zu begründen, dass der politische Nationalismus in Deutschland als Massenphänomen erst in der zweiten Hälfte des 19. Jahrhunderts bedeutsam geworden ist. Dies muss aber nicht unbedingt unseren Befunden wiedersprechen, insofern Breuilly sich vor allem mit der Politisierung des Nationalismus als politische Strategie beschäftigt.

gungen gegeben, der Idee der deutschen Volksnation und der Kulturnation die Vorstellung einer Staatsnation anbei zu stellen und in Richtung eines reichsdeutschen Nationalismus zu synthetisieren und zuzuspitzen (Wehler 1995: 938-946). Die Massenvereine der Sänger, Turner und Schützen betrachteten das von Preußen beherrschte Reich als ihren Nationalstaat. Der Krieg von 1870/71 war der konstituierende Akt; der Siegestag wurde in der Folge als Sedanstag zum Nationalfeiertag. Die Armee wurde als Schule der Nation geachtet, die Bildung von Kriegsvereinen und die Errichtung von Kriegsdenkmälern allen Ortens dienten der Symbolisierung der neuen Nation (Dann 1996: 186f.).

Die Geschichtsschreibung hat gezeigt, dass der deutsche Nationalismus durch ein Übergewicht von Vorstellungen einer Volks- und Kulturnation gekennzeichnet war und ungebunden blieb an eine Verfassungsvorstellung. Genau diese Indifferenz gegenüber unterschiedlichen Verfassungen machte den deutschen Nationalismus leichter mit unterschiedlichen politischen Systemen – Kaiserreich, Weimarer Republik und „Drittes Reich" – kompatibel (Wehler 1995: 952). Mit dem 1. Weltkrieg erhält der Nationalismus eine weitere Zuspitzung. Auch die eher national-skeptischen Gruppierungen wie die Sozialdemokraten wurden mit dem Beginn des 1. Weltkriegs von der nationalistischen Bewegung ergriffen; die Fraktion der SPD befürwortete das Kriegsermächtigungsgesetz und die Bewilligung der Kriegskredite einstimmig.

Die Konstruktion einer Nation beinhaltet meist auch die Konstruktion einer gemeinsamen Geschichte und Vergangenheit. Der status quo wird ex post teleologisch interpretiert als gleichsam automatische Folge eines historischen Prozesses. Die borussische Schule der Geschichtsschreibung mit Droysen, Mommsen, Sybel u. a. waren nach der Interpretation Hans-Ulrich Wehlers die Akteure, die eine auf Preußen hinauslaufende Integrationsgeschichte einer Nation schrieben, die zugleich weit über den Kreis der Wissenschaftler wirkungsmächtig war. Mit der Konstruktion einer gemeinsamen Geschichte waren und sind zugleich Namen verbunden, die Geschichte gestaltet haben. Die Forcierung eines deutschen Nationalbewusstseins geht einher mit der Konstruktion einer

Personengeschichte, die ursächlich für das Erstarken der Nation verantwortlich gemacht wird. „Von Herrmann dem Deutschen über Karl den Großen, Luther und Friedrich den Großen wurde der Fortschritt ihrer Entwicklung bis hin zur Erfüllung im Reich von 1871, im neuen Kaisertum und in Bismarcks Leistungen als prädestinierter Aufstieg stilisiert" (Wehler 1995: 951).[2]

Genau diese Namen der als Ahnen der deutschen Geschichte definierten Personen dienten auch als Vorbilder zur Vergabe von Vornamen an Neugeborene. Die Kontinuität des Prozesses bis 1949 zeigt sich in der Entwicklung der deutschen Namen in den beiden Schaubildern 4.2 und 4.3; die Konjunktur der deutschen Vornamen beginnt im 19. Jahrhundert und endet erst 1949 (vgl. auch Wolffsohn und Brechenmacher 1999).

Der Nationalsozialismus knüpft hier – wie in anderen Bereichen – an diese Traditionslinie an und treibt sie zugleich auf die Spitze. Eine Nationalisierung der Massen bildete das Ziel, das durch Propaganda und einen strikten, alle gesellschaftlichen Bereiche durchdringenden Organisationsaufbau erreicht werden sollte und erreicht wurde. Der Begriff der Nation wurde volksnational und rassistisch fundiert, die Abgrenzung und Schließung gegenüber anderen Nationen und Völkern forciert. Der Erfolg der deutschnationalen Ideologie der Nationalsozialisten zeigt sich in einem weiteren und kräftigen Anstieg der deutschen Namen ab 1933. Zugleich war diese Entwicklung vorbereitet durch die Entwicklungen seit dem 19. Jahrhundert, vor allem seit dem 1. Weltkrieg. Dabei wirkte der Nationalsozialismus auf die Namensvergabe nicht nur durch die Erzeugung eines deutschnationalen Klimas, an dem sich die Eltern in der Auswahl der Kindernamen orientierten, sondern auch durch konkrete Politiken. Im Runderlass vom 14.04.1937 wurde dazu aufgefordert, „deutsche Volksgenossen" mit deutschen Vornamen zu benennen (vgl. Grethlein 1994: 757). Orientierung konnte man dabei in Ratgebern finden (Fahrenkrog

---

2 Preußentum und deutscher Nationalismus kann man natürlich nicht gleichsetzen. Im Hinblick auf die Vornamen scheint der Unterschied einer „invention of tradition" aber nicht bedeutsam zu sein.

1939). In einem Gesetz von 1938 wurde Juden nur noch erlaubt, jüdische Namen zu benutzen; zudem mussten alle jüdischen Männer mit einem deutschen Vornamen ihrem Namen „Israel" hinzufügen und alle jüdischen Frauen mit deutschen Vornamen mussten ihren Namen mit „Sara" ergänzen (vgl. Grethlein 1994: 757), damit sie eindeutig nach außen als Juden zu erkennen waren. Jüdische Namen waren aber schon vorher stigmatisiert. Dietz Bering (1992) kann dies in seiner Studie an der Entwicklung der Namensänderungsanträgen, die von Juden gestellt wurden, nachzeichnen, indem er die häufigsten der sogenannten Fluchtnamen (Namen, deren Änderung beantragt wurde) und die häufigsten Zielnamen (Namen, die gewünscht wurden) rekonstruiert (vgl. auch Beck-Gernsheim 2002).

Der Anteil der jüdisch-hebräischen Namen in den beiden von uns erhobenen Orten ist insgesamt nicht besonders hoch, so dass wir bei der Analyse der Entwicklung dieser Namen die verschiedenen Erhebungszeitpunkte zu Zeitintervallen aggregiert haben. Schaubild 4.4 gibt die Entwicklung dieser Namensgruppe im Zeitverlauf wieder.

Ähnlich wie die Konjunktur deutscher Namen nicht mit dem Nationalsozialismus einsetzt, beginnt der Abschwung der jüdisch-hebräischen Namen bereits viel früher und verläuft dann kontinuierlich abwärts bis in die 60 Jahre des 20. Jahrhunderts. Die Konjunktur von jüdischen Namen am Ende des 20. Jahrhunderts erfolgt dann im Trend einer Mode, im Verlauf derer immer häufiger auf vormals fremde Kulturkreise zurückgegriffen wird. Die Eltern mit hochqualifizierten Berufen greifen dabei überdurchschnittlich häufig auf die jüdisch-hebräischen Namen zurück. Wir werden dies an späterer Stelle noch genauer analysieren.

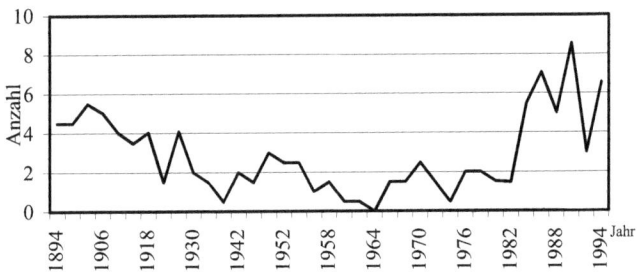

Schaubild 4.4: Entwicklung des Anteils jüdisch-hebräischer Namen

Wir interpretieren also die überdurchschnittliche Verwendung der deutschen Namen wie auch umgekehrt den Abschwung der jüdischen Namen als Folge eines erfolgreichen Nationalismus, der seit Beginn des 19. Jahrhunderts voranschreitet, mit der Reichsgründung, dem 1. Weltkrieg und der nationalsozialistischen Machtergreifung eine jeweilige Zuspitzung erfahren hat und damit die Gelegenheitsstruktur auch für die Vergabe von Vornamen definiert hat. Der Nationalismus und die Konstruktion einer deutschen Tradition und Geschichte waren offensichtlich bis in den privatesten Bereich der Familie durchschlagend – so zumindest interpretieren wir das rapide Anwachsen deutscher Namen.

Die Delegitimierung des Nationalismus und damit auch der deutschen Traditionsbestände setzt mit dem Kriegsverlust und dem Niedergang des Nationalsozialismus ein. Sowohl die Gründung der Bundesrepublik als auch der DDR waren bestimmt durch die Idee der Verhinderung einer erneuten „deutschen Katastrophe". Die Bundesrepublik begriff sich als Rechtsnachfolger des Deutschen Reiches und damit auch als Schuldiger und Erbe des Nationalsozialismus (vgl. Lepsius 1989). Der Nationalsozialismus wurde normativ internalisiert, wie M. Rainer Lepsius dies formuliert, und diente als negative Legitimationsbasis des neuen Regimes. Die DDR bezog sich in ihrer Identitätskonstruktion auf den antifaschistischen Widerstand, externalisierte zwar die Schuld am Nationalsozialismus auf die BRD, war aber zugleich anti-national ausgerichtet und suchte ihre Legitimation im sozialistischen Internationalismus. Für beide Nachfolgestaaten des deutschen Reiches war damit die Delegitimierung aller nationalen Identitätsmerkmale konstitutiv. Der Zusammenbruch des Nationalsozialismus, die von ihm im Auftrag der Nation begangenen Verbrechen nach innen und nach außen hat die Idee des Nationalismus in Deutschland in beiden deutschen Staaten diskreditiert.

Interessant ist nun, dass sich dieser Wechsel auch in der Vergabe der Vornamen widerspiegelt. Der Anteil der deutschen Namen in der Zeit nach dem Zweiten Weltkrieg ist deutlich rückläufig. Dass sich der Anteil deutscher Namen nach 1945 nicht abrupt, sondern erst langsam und dann ab den 60er Jahren beschleunigt verringert, weist eine interessante Parallele mit Ergebnissen der Analyse der Entwicklung der politischen Kultur der Bundesrepublik auf, die den langsam nachlassenden Einfluss der Prägekraft des Nationalsozialismus auf die politischen Einstellungen aufgezeigt hat (vgl. Conradt 1980).

Diese allgemeinen Befunde über den Anstieg und den Abfall der deutschen Namen gelten aber für die verschiedenen Bevölkerungsgruppen in einem unterschiedlichen Maße. Unsere Daten erlauben es, dies für die beiden Konfessionen empirisch zu prüfen. Wir hatten im letzten Kapitel gesehen, wie Prozesse der Säkularisierung für die Protestanten und Katholiken in einem recht unterschiedlichen Maße wirksam werden. Ähnlich verhält es sich mit der Entwicklung der deutschen Namen bei den beiden Religionsgemeinschaften. Dabei ist es sinnvoll, auch bei der Analyse des Anteils der deutschen Namen bei Protestanten und Katholiken die 100 Jahre unserer Zeitreihe zu kontextualisieren und zusätzlich die Daten von Michael Simon zu berücksichtigen. Dazu haben wir die drei katholischen Gemeinden und die beiden protestantischen Gemeinden aus der Untersuchung von Simon und aus unserer eigenen Erhebung zusammengefasst. Schaubild 4.5 gibt die Entwicklung der deutschen Namen in den katholischen und den protestantischen Gemeinden vom Beginn des 19. Jahrhunderts bis zum Ende des 20. Jahrhunderts wieder.

80   4. Politischer Regierungswechsel und der Aufstieg und Fall von Vornamen

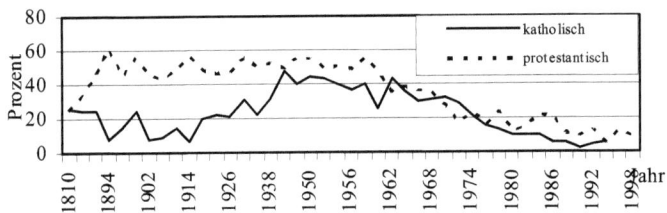

Schaubild 4.5 : Entwicklung des Anteils deutscher Namen in katholischen und protestantischen Gemeinden

Interpretieren wir zuerst den Verlauf nach dem 2. Weltkrieg. Das Schaubild 4.5 zeigt, dass die Abkehr von den deutschen Namen für die protestantischen und katholischen Gemeinden gleichzeitig ansetzt und parallel verläuft. Wir hatten dies bereits auf die Delegitimierung des Nationalismus und deutscher Traditionsbestände, die mit dem Kriegsverlust und der Gründung der Bundesrepublik und der DDR beginnt, zurückgeführt. Protestantische und katholische Gemeinden unterscheiden sich aber im Zeitpunkt des Aufschwungs deutscher Namen. Der Anteil der deutschen Namen in den protestantischen Gemeinden lag zu Beginn des 20. Jahrhunderts bereits über 50 %, während der Anteil der deutschen Namen in den katholischen Gemeinden erst mit dem ersten Weltkrieg und dann vor allem in der Zeit nach 1933 ansteigt. Der Anstieg des Anteils der deutschen Namen seit dem 1. Weltkrieg bis zum Ende des 2. Weltkriegs insgesamt geht fast ausschließlich auf die Entwicklung der deutschen Namen in den katholischen Gemeinden zurück.

Die Orientierung an den deutschen Namen setzt in den protestantischen Gemeinden viel früher ein; sie beginnt zu Anfang des 19. Jahrhunderts. Diese unterschiedlichen Entwicklungsverläufe in der Bezugnahme auf die deutschen Namen sind erklärungsbedürftig. Auf der Suche nach einer Klärung des Rätsels wird man fündig, wenn man die unterschiedliche Affinität der protestantischen und katholischen Kirche zum Nationalismus näher betrachtet. Wir rekurrieren bei dem Versuch der Erklärung der Unterschiede zwischen den beiden Religionsgemeinschaften auch hier, wie im letzten Kapitel, auf die Ideologien und Strategien der beiden Kirchen, die mit ihrer jeweiligen Politik die Weichen für die Orientierung ihrer Mitglieder gestellt und damit auch die Namensvergabe beeinflusst haben. Von einigen Historikern wird der Nationalismus als eine säkulare Religion interpretiert. Diese konnte bei den Konkurrenten an Glaubensanbietern, der katholischen und protestantischen Kirche, im unterschiedlichen Maße Terrain gewinnen, je nachdem wie sich die beiden christlichen Religionen zu der neuen politischen Religion verhielten.

Die Tatsache, dass Protestanten in höherem Maße deutsche Namen verwenden als Katholiken, erklärt sich aus der besonderen Affinität des Protestantismus zu den Ideen des Nationalismus und vor allem zur preußisch bestimmten Nationalstaatsbildung. Die Staatsnähe des Protestantismus ist mit der Einrichtung des fürstlichen Summepiskopats institutionell vorbereitet und abgesichert gewesen. Die Fürsten hatten die Staatsleitung und das oberste evangelische Bischofsamt in Personalunion inne. In der Person des preußischen Königs liefen die Stränge zusammen (Wallmann 1985: 199ff.), auf ihn mussten die Pfarrer und die Universitätstheologen auch ihren Amtseid leisten (Wehler 1995: 1173).

Dieser institutionelle Gleichklang fand seine Entsprechung in einem ideologischen Zusammenwachsen von Protestantismus und Nationalismus. Der Nationalstaat wurde als Vollendung der "deutschen Mission" des evangelischen Preußens interpretiert (Wehler 1995: 379). Der Protestantenverein feierte sein Siegesfest unter der Losung von "Luther zu Bismarck". Der Deutsch-Französische Krieg wurde als Religionskrieg zwischen Protestanten und Katholiken interpretiert. „Der Hohenzollernbereich galt als Ergebnis göttlichen Welt- und Geschichtswillens, dem die evangelische Christenheit zu folgen habe" (Wehler 1995: 383). Damit wurde der Weg zu einem Nationalprotestantismus eingeschlagen, eine Fusion der protestantischen Glaubenslehre mit der konkurrierenden politischen Religion des Nationalismus. Diese ideologische Verbindung spiegelt sich auf der Ebene der Vergabepraxis der Vornamen insofern wieder, als die Eltern aus protestantischen Gemeinden zunehmend weniger auf christliche Namen und zunehmend mehr auf deutsche Namen zurückgreifen. Michael Simon (1989: 168) zeigt in seiner Gegenüberstellung von katholischen und protestantischen Gemeinden, dass die Hohenzollernnamen Friedrich und Wilhelm mit dem Beginn des 19. Jahrhunderts bei den Protestanten zu den beliebtesten Namen aufstiegen, während die Katholiken von diesem Trend völlig unberührt blieben.

Die Verbindung von Nationalismus und Protestantismus erschwerte zugleich die Integration der Katholiken – sie waren Nationsgenossen zweiter Klasse (Wehler 1995: 959). Hinzu kamen Entwicklungen der katholischen Kirche selbst, die das katholische Milieu im 19. Jahrhundert eher verfestigte und indifferent gegenüber der Ideologie des Nationalismus machte. Die katholische Kirche entwickelte sich nach der Säkularisation von 1803 in zwei Richtungen. Einerseits gelang es dem Papst, die zentralistischen Strukturen der Kirche auszubauen und seine eigene Autoritätsrolle zu stärken. Vor allem Pius IX hatte von 1846 bis 1878 eine lange Amtszeit, um sein Pontifikat auszubauen und hat diese Zeit auch geschickt genutzt, die Machtstrukturen zu zentralisieren. Im Alleingang ohne Konzil wurde 1854 das Dogma von der unbefleckten Empfängnis und 1869/70 auf dem I. Vatikanischen Konzil die Unfehlbarkeit des Papstes verkündet (Wallmann 1985: 249). Das Papsttum nahm eine immer absolutistischere Struktur an, gespeist von der Zielvorstellung, Modernisierungs- und Säkularisierungsprozessen einen unüberwindlichen Damm entgegenzusetzen. Zugleich erlebte die katholische Volksfrömmigkeit einen neuen und kraftvollen Entwicklungsschub und dies vor allem ab der Mitte des 19. Jahrhunderts (vgl. dazu Sperber 1984). Der enorme Erfolg der Trierer Wallfahrt von 1844 zum Heiligen Rock galt hier als Initialzündung.[3] Die Teilnahme an Prozessionen, Dorfumzügen und Heiligenfesten, bei denen der Namenspatron gefeiert wurde, nahmen kräftig zu. Überall kam es zu Neugründungen von katholischen Vereinen und die Orden gewannen neuen Zulauf. Insofern kann man sagen, dass das katholische Milieu im 19. Jahrhundert

---

3 Der Heilige Rock war als ein Kleidungsstück Christi anerkannt. Der Trierer Bischof hatte zu der Prozession eingeladen und mobilisiert; 500.000 waren dem Aufruf gefolgt.

von oben wie von unten integriert wurde; die Frontstellung gegenüber dem Protestantismus gipfelnd im Kulturkampf tat sein übriges dazu. Diese Konstellation machte das katholische Milieu lange Zeit indifferent gegenüber dem Nationalismus. Erst mit dem Ende des langen 19. Jahrhunderts und dem Beginn des 1. Weltkriegs scheint der Damm gebrochen zu sein. Ab diesem Zeitpunkt und unter den Bedingungen des Krieges nimmt auch der Anteil der deutschen Namen bei den Katholiken zu, um dann ab 1933 bis 1945 auf eine Quote anzusteigen, die bis dahin nur für protestantische Gemeinden typisch war.

In Gerolstein kommt noch ein besonderes Ereignis hinzu, dass auf folgendem Foto festgehalten ist. Es zeigt Kaiser Wilhelm 1913 bei der Einweihung der Erlöserkirche.[4] Die Tatsache, dass der Kaiser sich selbst die Ehre gab, der Einweihung der protestantischen Kirche beizuwohnen, hatte Auswirkungen auf die Namensgebung, insofern der Name Wilhelm in der Beliebtheitsskala anstieg. Die Verquickung von protestantischer Kirche und Staat zeigt sich zudem sehr schön in der aus einem Mosaik bestehenden Kirchenkuppel: Dort sind die Portraits von Friedrich Barbarossa, Pippin I., Karl dem Großen und Wilhelm I. einerseits, von Martin Luther, Philipp Melanchton, Bonifazius und Willibrod andererseits abgebildet.

---

4 Das Foto ist von J. Becker aus Wittlich aufgenommen worden und dem Band der Stadt Gerolstein (1986: 119) entnommen.

Fassen wir die Ergebnisse dieses Kapitels zusammen: Die deutschen und die christlichen Namen bilden traditionell die beiden kulturellen Bezugspunkte in der Vergabe von Vornamen. Zu Beginn des 20. Jahrhunderts beziehen sich noch über 80 % der Vornamen auf diese beiden Quellen. Die Entwicklung der deutschen Vornamen zeigt einen umgekehrt U-kurvenförmigen Verlauf: Der Anteil der deutschen Namen nimmt seit dem Beginn des 19. Jahrhunderts zu und steigt bis zu einer Quote von 50 %, um dann nach dem 2. Weltkrieg abzuflachen und am Ende unserer Erhebungsperiode auf eine Quote von 5 % abzusinken. Für die beiden Religionsgemeinschaften der Protestanten und Katholiken ist dieser Konjunkturzyklus deutscher Namen insofern unterschiedlich, als der Aufschwung der deutschen Namen bei den Protestanten bereits zu Beginn des 19. Jahrhunderts einsetzt, bei den Katholiken erst mit dem 1. Weltkrieg.

Wir haben den Anstieg wie auch den Abstieg deutscher Namen mit dem Aufschwung und dann nach 1945 mit der Delegitimierung des Nationalismus in einen ursächlichen Zusammenhang gebracht. Die Konstruktion einer Nation beinhaltet meist auch die Konstruktion einer gemeinsamen Geschichte, die mit Namen und in unserem Fall mit deutschen Namen verbunden ist. Genau diese Namen der als Ahnen der deutschen Geschichte definierten Personen dienten als Vorbilder zur Vergabe von Vornamen. Wir interpretieren die Konjunktur von deutschen Namen als Folge eines erfolgreichen Nationalismus, der seit Beginn des 19. Jahrhunderts voranschreitet, mit der Reichsgründung, dem 1. Weltkrieg und der nationalsozialistischen Machtergreifung eine jeweilige Zuspitzung erfahren hat und damit die Chancenstruktur für die Vergabe von Vornamen positiv definiert hat. Die bereits im 19. Jahrhundert erfolgte Zunahme der deutschen Namen in protestantischen Gemeinden ist wahrscheinlich durch die starke Affinität des Protestantismus zum Nationalismus bedingt.

Die Delegitimierung des Nationalismus mit dem Kriegsverlust und dem Niedergang des Nationalsozialismus hat zugleich die Chancenstruktur für die Vergabe von deutschen Vornamen negativ beeinflusst. Beide Nachfolgestaaten des deutschen Reichs haben die nationalen Identitätsmerkmale hinter sich gelassen und zu ihrer Delegitimierung beigetragen. Dieser Wechsel in der Legitimität deutscher Traditionsbestände spiegelt sich auch in der Vergabe der Vornamen, insofern die deutschen Namen radikal an Bedeutung verlieren.

5. Verwandtschaftsbeziehungen und der Bedeutungsverlust verwandtschaftlicher Traditionsbindung

Verwandtschaftsbeziehungen können in Gesellschaften eine sehr unterschiedliche Bedeutung haben. Die Spannweite der Möglichkeiten reicht von einer geringen Bedeutung der Verwandtschaft für die Organisation von sozialen Beziehungen einerseits bis hin zur zentralen Organisations- und Solidarform sozialer Beziehungen andererseits. Ähnlich heterogen scheint die Bedeutung der Blutsverwandtschaft und speziell des Verhältnisses zwischen leiblichen Eltern und ihren Kindern in verschiedenen Gesellschaften zu sein. Für die Nayar aus Kerala in Indien übernimmt zum Beispiel statt des biologischen Vaters der Bruder der Mutter die Erziehung der Kinder. Die Mädchen haben sexuelle Kontakte mit mehreren männlichen Partnern. Wenn sie schwanger werden, übernimmt einer der potentiellen Väter die Vaterschaft und zahlt einen Betrag ohne darüber hinaus Verpflichtungen einzugehen (zitiert in Nave-Herz und Onnen-Isemann 2001: 291). Dass Eltern-Kind-Beziehungen in der Gesellschaft der Bundesrepublik, aber auch in der Familienstruktur der vorausliegenden Jahrhunderte in Deutschland eine ganz andere und gewichtigere Bedeutung haben, ist vielfach belegt und für die Gegenwart selbstevident.

Die Struktur von Verwandtschaftsbeziehungen im Allgemeinen, von Beziehungen zwischen Eltern und Kindern im Besonderen kann in einer Vielzahl von Merkmalen ihren Ausdruck finden. Eine mögliche Ausdrucksform ist die Vergabe von Vornamen. Dabei können sich die Eltern an den Namen ihrer Verwandtschaft und Familie orientieren oder aber sich ganz unabhängig von diesen Vorgaben für den Namen eines Kindes entscheiden. Mit der Bezugnahme auf Namen aus der Familie wird das Kind in eine Ahnenreihe gestellt, die damit als wichtig definiert wird. In der Tradierung oder Nichttradierung von Namen aus der Verwandtschaft wird insofern die Bedeutung von Verwandtschaftsverhältnissen gerade erst zum Ausdruck gebracht. Die Außendarstellung von Gruppenzugehörigkeit und Gruppengrenzen hat sich häufig in der Vergabe von Namen ausgedrückt. Claude Lévi-Strauss (1968: vor allem Kapitel VII) hat die Klassifikationslogik von Verwandtschafts- und Stammesbeziehungen durch Namen in einfachen Gesellschaften rekonstruiert. Die Römer hatten bekanntlich drei Namen (z. B. Gaius Julius Cäsar oder Marcus Tulius Cicero) (vgl. zum folgenden Wilson 1998: 4). Der erste der Namen war der *prenomen* und war der persönliche Name des Namensträgers; der zweite Name war der *nomen* oder *gentilicium* und signalisierte die Platzierung des Namensträgers in seiner Verwandtschaft bzw. in seinem Geschlecht; der dritte Name schließlich, der *cognomen*, spezifizierte entweder einen Zweig der Verwandtschaft oder eines Geschlechts oder hatte die Bedeutung eines persönlichen Rufnamens. Die Personennamen im Russischen bestehen ebenfalls aus drei Elementen: dem Vornamen, dem Vaternamen und dem Familiennamen. Alexander Sergejewitsch Puschkin ist z. B. damit in seinem Namen auf seinen Vater verwiesen (vgl. Stellmacher 1996: 1726). Ganz ähnlich war die Struktur der Namensvergabe im Friesischen, wo Familiennamen erst sehr spät eingeführt wurden. Die Familienzugehörigkeit wurde durch die Weitergabe des Namens des Vaters zum Ausdruck gebracht. Antje Gerds war dann die Tochter von Gerd (Stellmacher 1996: 1727).

Wir wollen uns in den folgenden Analysen mit der Frage der Weitergabe von Vornamen von Familienmitgliedern beschäftigen. Und da wir hier wie in den vergangenen Kapiteln an Prozessen des kulturellen Wandels interessiert sind, fragen wir nach Veränderungen von Verwandtschaftsbeziehungen und wie sie sich in der Vergabe von Vornamen manifestieren. Ähnlich wie im Bereich der Religionsentwicklung mit der Säkularisierungsthese gibt es auch für den Bereich der Familien- und Verwandtschaftsentwicklung eine von vielen Soziologen formulierte Trendhypothese, die vom *Bedeutungsverlust der Verwandtschaft* im Zeitverlauf ausgeht. Ja, die These vom Bedeutungs- und Funktionsverlust von Familie und

Verwandtschaft im Modernisierungsprozess ist fast so alt wie die Soziologie selbst. Friedhelm Neidhardt (1975: 67) zitiert als ersten Kronzeugen für diese These Herbert Spencer und dann William F. Ogburn. So populär die Annahme eines Funktionsverlustes der Familie ist, so umstritten ist ihre empirische Evidenz. Soziologen neigen zur Formulierung von meist linearen Trendaussagen, und sie werden regelmäßig von Historikern darauf hingewiesen, dass ihre Hypothesen sich historisch nicht belegen lassen. Karl Lenz und Lothar Böhnisch (1997) haben die Mythen der Familiensoziologie genauer beschrieben. Michael Mitterauer (1989) hat in einem Überblick über historische Forschungsergebnisse gezeigt, dass man unter jeweils unterschiedlichen Kontextbedingungen auch unterschiedliche Entwicklungstrends der Familie findet und generalisierbare, linear verlaufende Trends der Familienentwicklung bis zu Beginn des 20. Jahrhunderts kaum auszumachen sind. Dies gilt in ähnlicher Weise auch für die Namensgebung: David Sabean hat in seiner Studie über „Kinship in Neckarhaus. 1700-1870" gezeigt, dass der Anteil von Namen, die sich aus der Verwandtschaft fortsetzen, im Zeitverlauf eher zu als abgenommen hat, die Familienbanden eher stärker als schwächer geworden sind. Solche Befunde mahnen dazu, die eigenen Ergebnisse gerade in der Zeitdimension nicht zu generalisieren und die Aussagen auf die Kontextbedingungen hin zu spezifizieren, die man untersucht hat.

Aber auch für die Entwicklungen innerhalb des 20. Jahrhunderts zeigen einige Studien, dass entgegen der Erwartung die Familie nicht an Bedeutung verloren, sondern gewonnen hat. Hans Bertram (1995) verweist auf Studien, die zeigen, dass Eltern ihre Kinder heute länger unterstützen als dies früher der Fall war. Michael Wagner (1989) hat gezeigt, dass die Fernwanderungen nicht zu- sondern abgenommen haben und dass ein hoher und wachsender Anteil von Kindern am Geburtsort und in der Nähe der Eltern bleibt. Insofern kann man im Hinblick auf die Eltern-Kind-Beziehung nicht von einem Bedeutungsverlust durch Erhöhung der Mobilität sprechen. Die ambivalenten und sich zum Teil widersprechenden Befunde sind nach meinem Eindruck aber häufig dadurch bedingt, dass das, was unter dem Etikett „Bedeutungsverlust der Familie und Verwandtschaft" verhandelt wird, recht unterschiedliches meint (vgl. Huinink, Mayer und Wagner 1989). Man muss im Einzelfall genau spezifizieren, a) welche Beziehungen (Eltern/Kind; Großeltern/Enkelkinder; Kernfamilie/weitere Verwandtschaft) und b) welche Inhalte dieser Beziehungen (Auswahl der Ehepartner; Unterstützung bei Krankheit; Menge der Kontakte u. a.) sich in welche Richtung verändert haben. Spezifiziert man die Fragestellung auf diese Weise, dann werden sich die Ergebnisse weniger widersprechen, als dies jetzt den Anschein hat.

In der Namensvergabe können Eltern-Kind-Beziehungen und Beziehungen zur weiteren Verwandtschaft zum Ausdruck gebracht werden, insofern man die Namen der Eltern oder der Großeltern tradiert und an die Kinder weitergibt bzw. dies gerade nicht tut. Die Weitergabe der Namen der Großeltern und Eltern lässt sich interpretieren als der Versuch, das neugeborene Kind in die Traditionsreihe der Familienmitglieder einzureihen und gerade damit die Wichtigkeit der Familientradition zum Ausdruck zu bringen. Wir gehen davon aus, dass im Zeitverlauf die Weitergabe von familiärer Traditionsbindung an die Herkunftsfamilie nachlässt und bezeichnen dies als *Rückgang verwandtschaftlicher Traditionsweitergabe*. Mit einem Rückgang einer verwandtschaftlichen Traditionsweitergabe ist nicht gemeint, dass die Beziehungen in anderen Dimensionen auch unwichtiger geworden sind.[1] Es ist auch nicht gemeint, dass die Häufigkeit und die Intensität der Kontakte zwi-

---

1   Dass eine Unterscheidung zwischen verschiedenen Dimensionen von Beziehungen durchaus von empirischer Bedeutung ist, konnte z. B. Martin Diewald (1991) zeigen. Die Familie nimmt in unterschiedlichen Dimensionen von Unterstützungsleistungen eine für den Einzelnen unterschiedliche Bedeutung ein. Während Freundschaften mehr für die Bereitstellung positiver Beziehungsinhalte wie Geselligkeit und das Teilen gemeinsamer Freizeitinteressen zuständig sind, haben familiäre und Verwandtschaftsbeziehungen bei zeitlich und psychisch besonders belastenden Leistungen wie der Pflege von Kranken eine eindeutige Vorrangstellung. An dieser Vorrangstellung der Familie im Bereich der sozialen Betreuung und Pflege änderte sich nun auch im Zeitverlauf nichts, während hingegen in den anderen Dimensionen die Freundschaftsbeziehungen gegenüber der Familie an Bedeutung gewonnen haben.

schen Eltern und Kindern nachgelassen haben. Nach den Ergebnissen von Wagner (1989) und Bertram (1995) ist dies nicht der Fall. Gemeint ist, dass die Pflege der eigenen Familientradition in immer geringerem Maße im Mittelpunkt der insgesamt vielleicht wichtiger gewordenen Familienaktivitäten steht, so dass die Familie immer weniger zu einer Traditionsweitergabe beiträgt: Die Familie vollzieht damit die eigene Enttradierung.

Die Weitergabe verwandtschaftlicher Tradition operationalisieren wir durch die Weitergabe eines der Vornamen der Eltern an das Kind. Wenn also der Sohn einen der Vornamen des Vaters, die Tochter einen der Vornamen der Mutter übernommen hat, dann interpretieren wir dies als Ausdruck der Weitergabe familiärer Bindungen und Traditionen; das Fehlen dieses Sachverhaltes werten wir als Zeichen für einen Rückgang verwandtschaftlicher Traditionsweitergabe. Nun weiß man aus der Namensforschung, dass die Aufrechterhaltung von familiären Bindungen in der Namensweitergabe nicht ausschließlich durch die Fortführung des Namens der Eltern erfolgen kann. Auch die Kombination von Namen, in der die Namen der Mutter und des Vaters gemischt werden, hat es historisch gegeben. Aus Gerhard (Vater) und Gunhild (Mutter) wurde dann Gundhard (Sohn) oder Gerhild (Tochter) (Seibicke 1996: 1209). Die häufigste Form der Namensweitergabe bestand in der Weitergabe des Namens der Großeltern und der meist zur Familie gehörenden Paten (Rossi 1965; Simon 1989).

Leider enthalten die Daten des Standesamtes – im Gegensatz zu den Kirchenbüchern – nicht die Namen der Großeltern und der Paten, so dass wir eine Entverwandtschaftlichung nur allein im Hinblick auf die Namen der Eltern prüfen können. Bei unserer Messung der Entverwandtschaftlichungsthese handelt es sich also um eine konservative Messung. Dieser konservative Charakter wird noch durch folgenden Umstand verstärkt. Eine Namensweitergabe auf den Sohn oder die Tochter erfolgt in der Regel nur im Hinblick auf eines der Kinder einer Familie, weil sonst die Kinder nicht mehr voneinander unterscheidbar wären. Die Menge der Geburten pro Familie ist aber im Zeitverlauf zurückgegangen, so dass sich die Wahrscheinlichkeit der Namensweitergabe erhöht hat.

Die Tatsache, dass wir nur eine Teilmenge der Möglichkeiten der Verwandtschaftsbezugnahme erheben konnten, beeinflusst zwar das Niveau der Menge der Namen, die verwandtschaftliche Bezugnahmen aufweisen, nicht aber den Zeitverlauf, und an diesem sind wir ja primär interessiert.[2]

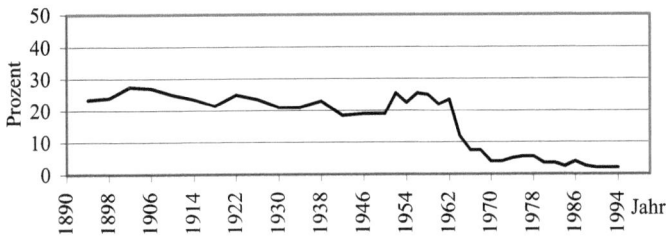

Schaubild 5.1: Weitergabe der elterlichen Vornamen auf den Namen des Kindes

Schaubild 5.1 zeigt die Entwicklung der Weitergabe von Vornamen von den Eltern an die Kinder im Zeitverlauf. Grundlage der Berechnung ist unsere Datenerhebung in den beiden Gemeinden Grimma und Gerolstein. Das Niveau der Weitergabe der Vornamen ist insgesamt aus den erläuterten Gründen recht niedrig. Betrachtet man den Verlauf der Entwicklung, dann bestätigen die Ergebnisse die formulierte Hypothese: Im Zeitverlauf werden immer weniger Namen der Eltern auf die Kinder übertragen. Zu Beginn unserer Erhebung trugen noch 23,5 % der Kinder den Vornamen ihrer Eltern, 1994 waren es nur noch 3,5 %. Dieser Prozess des Nachlassens der Bedeutung verwandtschaftlicher Traditionen beginnt vor allem und in erster Linie mit dem Ende der 1950er Jahre. Eine eigenständige historische Kontextualisierung unseres Befundes mit Hilfe einer Sekundäranalyse der von Michael Simon erhobenen

---

2 Bei dieser Annahme gehen wir davon aus, dass das Verhältnis der Namensweitergabe Eltern/Großeltern über die Zeit hinweg konstant geblieben ist.

Daten ist leider nicht unmittelbar möglich, da die Namen der Paten und Eltern von Simon nicht aufgelistet werden.
Wirft man aber einen Blick auf die Grafiken in dem Buch von Michael Simon (1989: 140, 146, 154), dann zeigt sich, dass das Prinzip der Benennung des Kindes nach Paten – die selbst meist zur Verwandtschaft gehörten – und Eltern erst mit dem Ende des 19. Jahrhunderts dramatisch an Bedeutung zu verlieren beginnt. Vom 17. bis zum Ende des 19. Jahrhunderts war der Anteil der Nachbenennungen des Kindes nach den Namen der Eltern oder Paten konstant hoch. Dieser Befund wird unterstützt durch Ergebnisse von anderen Studien zur Entwicklung der Nachbenennung von Kindern (vgl. Debus, Hartig, Menke und Schmitz 1973).

Wie kann man diesen Bedeutungsverlust der Familie in Bezug auf die verwandtschaftliche Traditionsweitergabe erklären? In „Wirtschaft und Gesellschaft" beschreibt Max Weber (1980: 212ff.) die Familie als ökonomische Versorgungsgemeinschaft im Sinne einer Hausgemeinschaft. Weber geht davon aus, dass die Bindungen zwischen den Eltern und den Kindern ihre Dauerhaftigkeit in erster Linie durch das gemeinsame Wirtschaften erhalten. Der strenge Charakter der Hausgewalt vermindert sich vor allem dann, wenn die Familie als ökonomische Versorgungseinheit an Bedeutung verliert, es zu einer Scheidung von Haus und Betrieb kommt (Weber 1980: 229). Für den Rückgang verwandtschaftlicher Traditionsweitergabe machen wir im Anschluss an Webers Funktionsbestimmung der Familie in erster Linie eine Lockerung der ökonomischen Abhängigkeit der Eltern von ihren Kindern verantwortlich. Je geringer die Eltern und Kinder voneinander abhängig sind, desto geringer sind der Bedarf und die Notwendigkeit, die Familientraditionsgebundenheit zum Ausdruck zu bringen. Die ökonomische Abhängigkeit zwischen Eltern und Kindern wiederum ist durch die Veränderung von zwei Faktoren gelockert worden. Zum einen hat mit dem Rückgang des Anteils der im primären Sektor der Landwirtschaft Beschäftigten eine Veränderung der Sozialstruktur stattgefunden. Dieser Rückgang der in der Landwirtschaft Beschäftigten hat dazu geführt, dass die Familie als ökonomische Einheit an Bedeutung verloren hat. Das ökonomische

Auskommen des Einzelnen ist nicht mehr unmittelbar mit der Familie verbunden, sondern wird außerhalb der Familie erwirtschaftet und hat den Status von Erwerbseinkommen. Das Familieneinkommen wird im Zeitverlauf zunehmend durch individuelles Erwerbseinkommen ersetzt. Dies hat auch zur Folge, dass die familiäre Erbfolge und damit die Traditionsvermittlung zwischen Eltern und Kindern unbedeutender werden (vgl. Mitterauer 1989: 185), zumindest fehlt die ökonomische Notwendigkeit dazu.

Das folgende Foto, 1935 aufgenommen, bringt die Integration von mehreren Generationen und der zwei Geschlechter einer Familie in die bäuerliche Produktion recht gut zum Ausdruck.[3]

Im Zeitverlauf hat sich der Anteil der in der Landwirtschaft Beschäftigten aber reduziert, womit auch die Mehrgenerationenfamilie als bäuerliche Produktionseinheit an Bedeutung verloren hat. Zur Berechnung des Anteils der in der Landwirtschaft Beschäftigten haben wir auf Erhebungen von Rüdiger Hohls und Hartmut Kaelble zurückgegriffen (Hohls und Kaelble 1989). Die beiden Autoren haben für verschiedene Zeitpunkte der letzten hundert Jahre für unterschiedliche Regionen Deutschlands die Berufsstruktur rekonstruiert. Aus dieser Berufsstruktur haben wir den Anteil der in der Landwirtschaft Beschäftigten berechnet, in der die Gemeinde Gerolstein liegt (Hohls und Kaelble 1989: 132).

---

3   Das Foto ist eine Leihgabe der Familie Heinrich Rochus.

5. Verwandtschaftsbeziehungen und Vornamen

Für die Gemeinde Grimma liegen diese Informationen nicht vor, so dass wir uns hier allein auf Gerolstein beschränken müssen. Betrachtet man den Anteil der landwirtschaftlich Beschäftigten am Gesamtanteil der Berufstätigen, so ergibt sich folgende Entwicklung: 1895: 62,7 %; 1907: 67,0 %; 1925: 63,9 %; 1950: 54,7 %; 1961: 38,4 %; 1970: 22,3 %.[4] Berechnet man die Korrelation zwischen dem Anteil der in der Landwirtschaft Beschäftigten und der über die Namensvergabe gemessenen Entverwandtschaftlichung, so erhält man einen Korrelationskoeffizienten von .84 (Pearsons Correlation).[5] Die empirischen Ergebnisse weisen also auf einen starken Zusammenhang zwischen der Anzahl der im primären Sektor Beschäftigten und dem Grad der Weitergabe der Vornamen von den Eltern an die Kinder hin.[6]

---

4   Zwar nicht für Grimma, wohl aber für die DDR insgesamt liegen Vergleichsdaten vor. Diese zeigen, dass sich der Anteil der in der Land- und Forstwirtschaft Beschäftigten in eine ähnliche Richtung: entwickelte: 1950: 28 %, 1955: 22 %, 1960: 17 %, 1965: 15 %, 1970: 13 %, 1975: 11 %, 1980: 11 % (vgl. Rytlewski und Opp de Hipt 1987: 66).
5   Der Anteil der in der Landwirtschaft Beschäftigten wurde zur Berechnung der Korrelation linear interpoliert. Verwendet man statt der linear interpolierten Werte die Originalwerte der sechs gemessenen Zeitpunkte, so ergibt sich eine Korrelation von .81.
6   Bei Korrelationen zwischen Zeitreihen können Scheinkorrelationen aufgrund der gemeinsamen Autokorrelationsstruktur der beiden Variablen entstehen. Wir

Die ökonomische Abhängigkeit der Eltern von ihren Kindern wird zum Zweiten durch die Entwicklung von Sozialversicherungen reduziert worden sein. Deren Einführung und Ausdehnung führt zu einer Entlastung der Familien von der Alters- und Krankenversorgung und der Unterstützung bei Arbeitslosigkeit (Mayer und Müller 1987). Der Generationsvertrag wurde traditionell zwischen den Generationen eines Hauses geschlossen, er wird mit der Einführung der sozialen Versicherungen generalisiert und damit unabhängig von den konkreten Eltern-Kind-Beziehungen. Dies wiederum lockert die Abhängigkeit und die Bindung innerhalb einer Familie, was sich u. a. in der Weitergabe der elterlichen Vornamen an die Kinder manifestieren kann. Drei Arten sozialer Sicherung können unterschieden werden: die Rentenversicherung, die Arbeitslosenversicherung und die Krankenversicherung. Wir haben den Anteil der Sozialversicherten an der Gesamtbevölkerung in den drei Versicherungen für die Zeit von 1894 bis 1970 für Deutschland insgesamt rekonstruiert (vgl. Flora und Alber 1982).[7] Für ausgewählte Jahrgänge ergibt sich folgende Verteilung des Anteils der Sozialversicherten:

Tabelle 5.1: Entwicklung des Anteils der sozialversicherten Bevölkerung in %

	1900	1910	1920	1930	1940	1950	1960	1970
Rentenversicherung	21	22	27	31	33	30	37	34
Arbeitslosenversicherung				22	22	20	28	32
Krankenversicherung	18	22	28	29	29	36	42	43

Noch anschaulicher wird die Entwicklung des sozialen Sicherungssystems, wenn man die verschiedenen Versicherungen zusammenfasst. Wir haben aus dem Mittelwert des Anteils der Kranken-,

---

haben deswegen eine Zeitreihenanalyse durchgeführt und ein Cochrane-Orcutt-Modell berechnet (Pindyck und Rubinfeld 1991). Der Koeffizient dieses Modells, ein standardisierter B-Wert, beträgt 0.83 (Signifikanzniveau: 0,1%).
7 Eine Rekonstruktion dieser Informationen auf der disaggregierten Ebene für die beiden Gemeinden Gerolstein und Grimma war nicht möglich, da die Daten nicht verfügbar sind.

5. Verwandtschaftsbeziehungen und Vornamen

Renten- und Arbeitslosenversicherung einen Index gebildet. Die Entwicklung der auf diese Weise zusammengefassten sozialen Absicherungen wird in Schaubild 5.2 dargestellt.

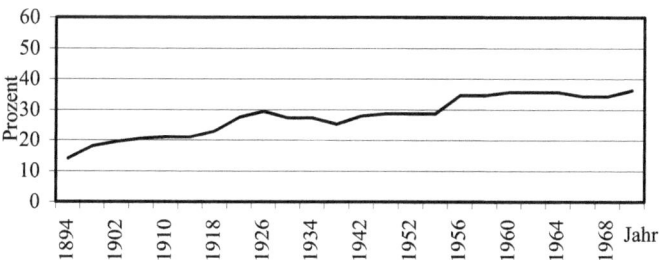

Schaubild 5.2 : Entwicklung der sozialen Sicherung in Deutschland

Sowohl das Schaubild 5.2 als auch die Tabelle 5.1 zeigen, dass es für die soziale Sicherung insgesamt wie auch für alle einzelnen Versicherungen eine kontinuierliche Zunahme des Anteils derjenigen gibt, die sozialversichert sind. Korreliert man nun den Anteil der Mitglieder in den einzelnen Sozialversicherungen mit den Entverwandtschaftlichungswerten der Vornamen (wiederum nur für Gerolstein), so ergibt sich für die Rentenversicherung eine Korrelation von -.7, für die Arbeitslosenversicherung eine Korrelation von -.51 und für die Krankenversicherung eine Korrelation von -.62. Diese Korrelationswerte weisen den von uns erwarteten Zusammenhang zwischen dem Grad der ökonomischen Absicherung über die einzelnen Sozialversicherungen und dem Grad der Entverwandtschaftlichung, gemessen durch die Weitergabe von Vornamen, auf.[8]

Korrelationen sind bekanntlich eine notwendige, aber keine hinreichende Bedingung für einen Kausalzusammenhang. Es han-

---

[8] Wir haben wiederum ein Cochrane-Orcutt-Modell berechnet. Die Koeffizienten sind -0.73, -0.69 und -0.62 (auf dem Signifikanzniveau von 1 % bzw. 5 %).

delt sich bei den hier berechneten Korrelationen zwischen dem Anteil der in der Landwirtschaft Beschäftigten und dem Anteil der Versicherten einerseits und dem Anteil der tradierten Vornamen andererseits um sogenannte ökologische Korrelationen. Dies bedeutet, dass die hier untersuchten Zusammenhänge zwar auf der kollektiven Ebene bestehen, nicht jedoch auf der Individualebene bestehen müssen; wir sind auf dieses Problem bereits in der Einleitung mit Rekurs auf die Arbeiten von James Coleman eingegangen. Auf das Problem des ökologischen Fehlschlusses (ecological falacy) hat zuerst Robinson (1950) hingewiesen. Leider stehen uns aber keine Daten zur Verfügung, die eine Überprüfung auf der Individualebene zuließen. Uns bleibt allein die Möglichkeit auf theoretischer Ebene zu argumentieren, warum unserer Ansicht nach die aufgezeigten statistischen Zusammenhänge auf der Kollektivebene auch auf der Individualebene gegeben sind.

Regelmäßigkeiten auf der kollektiven Ebene, wie wir sie hier festgestellt haben, können über die Kombination von drei Zusammenhängen erklärt werden (Coleman 1990; Esser 1996): 1. durch den Einfluss des Kontextes auf die Handlungen des Individuums (unabhängige Variable: Gesellschaft, abhängige Variable: Individuum), 2. durch Zusammenhänge auf der Individualebene (unabhängige und abhängige Variable: individuelle Handlungen) und 3. durch eine Aggregationsregel (unabhängige Variable: Individuum, abhängige Variable: Gesellschaft). Statistische Zusammenhänge, die zwischen Merkmalen auf der Kollektivebene festgestellt wurden und als Beleg von Zusammenhängen auf der Individualebene dienen, müssen sich in diese drei Erklärungselemente aufteilen lassen. Konkret: Der Zusammenhang zwischen sozialökonomischer Absicherung und Entverwandtschaftlichung muss sich in solche Aussagesätze aufschlüsseln lassen, die von der gesellschaftlichen Ebene auf die Individualebene gehen und von dieser wiederum auf die gesellschaftliche Ebene zurückführen. Für den Zusammenhang zwischen ökonomischer Absicherung und Entverwandtschaftlichung lässt sich entsprechend diesen Anforderungen folgendes Aussagesystem konstruieren: 1. Die Einführung einer ökonomischen staatlichen Absicherung führt zu einer gesicherten ökonomischen Existenz der Sozialversicherten und macht sie unabhängig von der Versorgung durch die Familie (Zusammenhang Gesellschaft/Individuum). 2. Für die Individuen, die über die Sozialversicherung ökonomisch abgesichert sind, ist die familiäre Traditionsvermittlung, die sich u. a. in der Weitergabe der elterlichen Vornamen manifestiert, weniger wichtiger, als für die Individuen die nicht abgesichert sind (Zusammenhang Individuum/Individuum). 3. Individuen, die ihre Namen nicht an die Kinder weitergeben, bewirken eine Entverwandschaftlichung in der Vornamensgebung der Gesellschaft (Zusammenhang Individuum/Gesellschaft).

Diese drei Annahmen unterliegen als theoretisches Gerüst unserem statistisch festgestellten Zusammenhang und bilden zusammen eine Erklärung des kollektiven Tatbestandes der Entverwandtschaftlichung in der Namensgebung. Zwar ist dies kein empirischer Beleg eines Zusammenhangs auf der Individualebene, zeigt jedoch, dass sich theoretisch eine plausible Argumentation zur Unterstützung dieser Annahme formulieren lässt.[9]

Weitere Unterstützung erfährt unsere Interpretation durch andere empirische Befunde aus der Namensforschung. Louis Bosshart (1973), der die Vornamensgebung im Kanton Schaffhausen untersucht hat, kommt zu dem Ergebnis, dass die Namensübertragung vom Vater auf den Sohn zwischen 1940 und 1959 durchschnittlich bei jeder fünften Geburt eines Knaben vorkommt, von 1960 bis 1970 aber nur noch bei jeder neunten Geburt. Dabei zeichnen sich die Bauern in der Namensgebung in der untersuchten

---

9 Entsprechend lauten die Behauptungen für den Rückgang des Anteils der in der Landwirtschaft Beschäftigten:
1. Der Rückgang der in der Landwirtschaft Beschäftigten führt zu einer ökonomischen Existenz der außerhalb der Landwirtschaft Beschäftigten, unabhängig von der Versorgung durch die Familie.
2. Für Individuen, die nicht in der Landwirtschaft ökonomisch abgesichert sind, ist die familiäre Traditionsvermittlung, u. a. auch anhand der Weitergabe der elterlichen Vornamen, von abnehmender Bedeutung.
3. Individuen, für die die Traditionsvermittlung anhand der Weitergabe von Vornamen von abnehmender Bedeutung ist, führen zu einer Entverwandtschaftlichung in der Vornamensgebung der Gesellschaft.

Zeit durch eine überdurchschnittliche Traditionsfreudigkeit aus. In den Jahren von 1940 bis 1944 trugen 54,4 % der Bauernsöhne Traditionsnamen, Namen also, die schon der Vater bzw. der Großvater getragen hat. Rudolf Kleinöder (1996) hat die Vornamensgebung vom 16. Jahrhundert bis zur Gegenwart in einem ländlichen Raum in der westlichen Oberpfalz untersucht. Als Materialbasis dienten hier die Kirchenbücher der ehemaligen protestantischen Reichsgrafschaft Sulzbürg-Wolfstein und der kurbayerischen Nachbarorte, die sich aufgrund historischer Verhältnisse konfessionell getrennt entwickelten. Im Hinblick auf die Namensgebung nach Vorfahren kommt der Autor zu dem Schluss, dass die Namensgebung nach den Vorfahren, Eltern und Großeltern in beiden Konfessionen dem Patensystem nachgeordnet ist. Die Benennung nach den Eltern verliert im 20. Jahrhundert immer mehr an Bedeutung, ist seit etwa 1950 schon weitgehend auf den Zweitnamen eingeschränkt und verliert in den 70er und 80er Jahren auch dort immer mehr an Boden. Zu einem ähnlichen Ergebnis kommt die Studie von Achim Masser (1992), die sich auf den Wandel von Rufnamen in Südtirol bezieht. Für die Zeit nach dem 2. Weltkrieg konstatiert der Autor: „Die Namen der Eltern, Paten und Großeltern spielen eine zunehmend geringere Rolle in einer Zeit, die frühere Traditionen als nicht mehr verpflichtend anerkennt. Die deutlich höheren Ausgangswerte bei den Knaben im Vergleich zu den Mädchen zeigen schließlich die ursprünglich stärkere Einbindung der männlichen Nachkommen in diese Traditionen, wohingegen man sich bei den Mädchen eher andere, dann wohl moderne Rufnamen zu leisten können glaubt. Die Mädchen setzen also tiefer an, haben dann aber andererseits nicht die gleichen Einbußen" (Masser 1992: 56). Dieter Stellmacher (1996: 1726) schließlich fast die Befunde der Forschung zusammen und kommt zu dem Ergebnis: „Dem bäuerlichen Hoferben und dem bürgerlich-kaufmännischen Geschäftsnachfolger wurde ganz bewußt der Rufname eines (in der Regel) männlichen Vorfahren, meist des Vaters oder Großvaters, gegeben".

Bilanzieren wir an dieser Stelle die Befunde unserer Analyse: Die Struktur von Verwandtschaftsbeziehungen kann in einer Vielzahl von Merkmalen ihren Ausdruck finden. Dazu gehört auch die Vergabe von Vornamen. Die Eltern können sich an den Namen ihrer Verwandtschaft und Familie orientieren oder aber sich ganz unabhängig von diesen Vorgaben für den Namen eines Kindes entscheiden. Die Weitergabe der Namen der Großeltern und Eltern lässt sich interpretieren als der Versuch, das neugeborene Kind in die Traditionsreihe der Familienmitglieder einzureihen und gerade damit die Wichtigkeit der Familientradition zum Ausdruck zu bringen. Wir sind von der Vermutung ausgegangen, dass im Zeitverlauf die Weitergabe von familiärer Traditionsbindung an die Herkunftsfamilie nachlässt. Und in der Tat zeigen unsere Analysen einen Rückgang verwandtschaftlicher Traditionsweitergabe im Zeitverlauf. Die Platzierung der eigenen Nachkommen in die Tradition der Familie scheint den Eltern immer unwichtiger zu werden, sie rekurrieren zunehmend auf Namen, die nicht ihre eigenen Namen sind. Damit öffnet sich auch die Gelegenheitsstruktur der Beeinflussung der Vergabe von Vornamen durch andere Faktoren, die wir später genauer analysieren werden. Wir haben den Prozess der Entverwandtschaftlichung der Namensvergabe mit der Zunahme der ökonomischen Unabhängigkeit von Eltern und Kindern erklärt: Außerhäusliche Erwerbstätigkeit statt Mitarbeit im eigenen bäuerlichen Betrieb und Sozialversicherungssysteme statt familiäre Solidarität entlasten die Familienbanden und machen die Traditionsbindung weniger notwendig.

6. Individualisierungsprozesse, Klassenbindung und Distinktionsgewinne

Wir haben in unseren Analysen bis jetzt die Mitglieder einer Gesellschaft weitgehend als eine Einheit betrachtet, ohne auf die möglichen Subgruppen einer Gesellschaft und deren Besonderheiten in der Namensvergabe einzugehen. Seit der Entstehung der Soziologie beschreiben Soziologen die Subgruppen und damit die Sozialstruktur einer Gesellschaft in Termini sozialer Ungleichheit. Diejenigen Sozialpositionen einer Gesellschaft werden zu einer Schicht oder Klasse zusammengefasst, die über ein ähnliches Maß an Ressourcen (Einkommen, Bildung, Macht oder Prestige) verfügen, um ihr Leben zu gestalten. Zugleich grenzen sich die zu einer Schicht zusammengefassten Sozialpositionen von anderen Schichten ab, so dass sich die Sozialstruktur insgesamt aus übereinander gelagerten sozialen Schichten ergibt. Wir werden im Folgenden der Frage nachgehen, ob sich die verschiedenen sozialen Schichten in der Verwendung von Vornamen unterscheiden (vgl. zum Thema Schichtung und Vornamen Debus 1968, 1996; Shin 1980). Wir starten dabei mit der Prüfung einer Theorie, die gerade von der Zunahme der Bedeutungslosigkeit der Strukturierung von Handlungen durch die Schichtzugehörigkeit ausgeht, mit einer Prüfung der vor allem von Ulrich Beck formulierten Individualisierungstheorie. Wir gehen der Frage nach, ob es im Zeitverlauf des 20. Jahrhunderts einen Prozess der Individualisierung gegeben hat und wie man diesen erklären kann (Kapitel 6.1); wir prüfen dann, ob die schichtspezifische Namensvergabe im Zeitverlauf nachgelassen hat (Kapitel 6.2). Schließlich werden wir inhaltlich genauer beschreiben, auf welche Weise sich die Schichten von einander abgrenzen (Kapitel 6.3).

6.1 Sozialstruktureller Wandel und die Bedeutungszunahme von Individualität

Recht selten gelingt es soziologischen Beschreibungen der Struktur einer Gesellschaft, von einer breiteren Öffentlichkeit aufgenommen und dann zu einer wichtigen Selbstbeschreibung einer Gesellschaft zu werden. Die „Individualisierungsthese" von Ulrich Beck gehört sicherlich zu den Fällen einer Erfolgsstory, der es gelungen ist, aus dem engeren Bereich der wissenschaftlichen Öffentlichkeit hinauszudringen und Einzug in die breitere Öffentlichkeit zu halten. Mit der Publikation der „Risikogesellschaft" (1986) ist die Individualisierungsthese zu einem soziologischen Allgemeinplatz der Gegenwartsdiagnose geworden, hat eine Vielzahl an Diskussionen und Kritiken ausgelöst und in der Folge Revisionen und Spezifikationen erfahren (vgl. Ebers 1995; Beck und Sopp 1997; Friedrichs 1998; Kippele 1998; Kron 2000; Schnell und Kohler 1995; Müller 1997; Huinink und Wagner 1998; Burkhart 1998; Junge 2002). Dabei ist der Begriff der Individualisierung trotz oder wegen der Konjunktur der Diskussion über Individualisierungsprozesse in Wissenschaft und Öffentlichkeit recht unscharf geblieben und ein polyvalent gebrauchter Terminus. Wir können hier die Vielzahl der Definitions-, Diagnose- und Kritikversuche im Einzelnen nicht rekapitulieren, systematisieren die Diskussion stattdessen entlang unserer durch das Material definierten Fragestellung: Was bedeuten Individualisierungsprozesse bezüglich der Vergabe von Vornamen? Lassen sich Individualisierungsprozesse im Zeitverlauf feststellen und wenn ja, wie kann man diese erklären?

Zwei begriffliche Einschränkungen möchte ich zu Beginn machen: 1. Individualisierung ist ein Prozessbegriff, der sozialen Wandel beschreiben soll. Monika Wohlrab-Sahr (1997) unterscheidet zwei Ebenen, auf denen sozialer Wandel in Richtung Individualisierung stattfinden kann. Auf einer sozialstrukturellen Ebene geht es um Veränderungen der Arbeitsteilung, der sozialen Differenzierung und Klassenbindung, die zur Individualisierung führen können. Individualität einer Person meint, eine unterscheidbare Persönlichkeit zu sein. Von der sozialstrukturellen Ebene kann man eine diskursive Ebene unterscheiden. Hier geht es um die öffentliche, kulturelle Definition der Frage, ob ein Individuum selbst oder das Kollektiv, dem es angehört, für Handlungen verantwortlich ist. Individualität meint dann, eine kulturell definierte Selbstverantwortlichkeit des Individuums. Wir beschränken uns im Folgenden bei der Analyse der Vornamen auf die sozialstrukturelle Dimension von Individualisierungsprozessen und fragen nach den sozialstrukturellen Veränderungen, die dazu führen, dass Individualitäten im Sinne von unterscheidbaren Persönlichkeiten entstehen. 2. Gertrud Nunner-Winkler (1985) unterscheidet zwischen einer Innenperspektive und einer Außenperspektive von Individualität. Eine Person kann von anderen als individualisiert wahrgenommen und beschrieben werden, sie kann sich aber auch selbst als individuell interpretieren. Wir beschränken uns in unserer Analyse auf die Außenwahrnehmung von Individualität: Die Eltern ordnen einem Kind einen Vornamen zu und nehmen damit eine Außenetikettierung vor. Wir gehen davon aus, dass sich an dem Modus der Zuordnung erkennen lässt, ob es den Eltern wichtig ist, Individualität zum Ausdruck zu bringen oder nicht. Wenn alle Eltern unterschiedliche Namen verwenden, bringen sie damit zum Ausdruck, dass sich ihr Kind von anderen Kindern unterscheiden soll.

Ähnlich wie Ulrich Beck (1995) zwei Phasen der Modernisierung unterscheidet, lassen sich zwei Phasen und zwei Vorstellungen von Individualisierungsprozessen differenzieren. Die erste Vorstellung findet sich bei den Klassikern der Soziologie Émile Durkheim und Georg Simmel. Beide beschreiben den Entwicklungsweg hin zur modernen Gesellschaft als Prozess der zunehmenden Differenzierung und Arbeitsteilung. Georg Simmel (1983: 305ff.) hat die Folgen von Differenzierungsprozessen für die Ausbildung von Individualität in seinem Konzept der Kreuzung der sozialen Kreise formuliert. Individualität entsteht erst dann, wenn die Handlungsfelder, in denen sich jeder Einzelne bewegen muss, sehr heterogen sind, so dass jeder Einzelne für sich allein den Schnittpunkt unterschiedlicher Verkehrskreise bildet, den sonst kein anderer teilt. Gerade damit wird er erst zum Einzelnen mit je für ihn spezifischen Merkmalen. Je unähnlicher die Lebensbedingungen der Menschen sind, desto individueller werden ihre Präferenzen und – als Unterfall – auch ihre Geschmacksorientierungen sein. Das gleiche Theorem liegt der Durkheim'schen Theorie der Arbeitsteilung (1977: 444) zugrunde: „[Es] entwickelt sich die individuelle Persönlichkeit erst mit der Arbeitsteilung". Arbeitsteilung, bei Durkheim meist verstanden als berufliche Differenzierung, führt zur Ausdifferenzierung spezifischer Fähigkeiten, die die Berufsausübenden von anderen unterscheiden und damit individualisieren.[1]

Dieser Grundgedanke des Zusammenhangs von Differenzierungsprozessen und Ausbildung von Individualität liegt auch dem Konzept der Rollen*differenzierung* und der Rollenidentität zugrunde. Die Rollenstruktur einer funktional differenzierten Gesellschaft verlangt von dem Einzelnen, dass er sehr unterschiedliche Rollenerwartungen antizipieren und auf diese antworten kann. Er/sie ist Finanzbeamter, Mitglied im Basketballverein, zugleich alleinerziehender Vater/Mutter etc. Die Kombination der Vielzahl der Rollenerwartungen macht es wahrscheinlich, dass nur wenige andere Personen eine ähnliche Kombination an Rollen spielen werden, so dass das Bündel der jeweiligen Rollenerwartungen den Status der Einzigartigkeit erhält (Schimank 2000).

Individualisierung als Prozessbegriff zur Bezeichnung eines Merkmals von Modernisierung bedeutet dann, dass Menschen immer weniger mit anderen Menschen gemeinsame Merkmale teilen und damit zunehmend voneinander unterscheidbar werden. Ein solches Verständnis von Individualisierung schließt auch an die etymologische Bedeutung des Begriffs an.[2] „In–dividuum" ist la-

---

1 Markus Schroer (1990) klassifiziert Durkheim wie auch Simmel als Theoretiker der "positiven Individualisierung".
2 Neben der terminologischen Unschärfe scheint für die Diskussion über Individualisierungsprozesse konstitutiv zu sein, dass – obwohl es sich um eine Kategorie der Beschreibung sozialen Wandels handelt – mittelfristige und langfristige empirische Analysen zur Stützung oder Falsifikation des Theorems fehlen (Burkhart 1993: 173).

6.1. Sozialstruktureller Wandel und die Bedeutungszunahme von Individualität   107

teinischen Ursprungs und bedeutet „das Unteilbare"; in diesem Sinne kann man einen Menschen umso mehr Individualität zusprechen, je weniger er mit anderen Menschen gemeinsame Merkmale teilt.

Die Unterscheidbarkeit kann sich in einer Vielzahl von Merkmalen ausdrücken. Die folgenden beiden Fotos zeigen zwei Schulklassen; das erste Foto ist in Gerolstein, einer der Orte, aus der wir unsere Daten gewonnen haben, in den 20er Jahren aufgenommen worden[3], das zweite Foto stammt aus dem Jahr 2000 und bildet die Schulklasse meines Sohnes ab.

---

3   Das Foto ist eine Leihgabe von Franz Josef Ferber.

6. Individualisierungsprozesse, Klassenbildung und Distinktionsgewinne

Die Etikettierung von Individualität durch Kleidung, Haarschnitt, aber auch durch den Grad der Standardisierung der Körperhaltung ist in den beiden Schulklassen sehr unterschiedlich ausgeprägt und hat sich im Zeitverlauf in Richtung einer zunehmenden Individualisierung verändert. Im Hinblick auf die Namensgebung lässt sich unsere Definition von Individualisierungsprozessen recht gut operationalisieren: Je weniger Menschen denselben Namen tragen wie andere Menschen, desto eher sind sie als von anderen distinkte Einheiten zu erkennen, desto höher ist der Grad der Individualisierung. Wir haben entsprechend die Menge verschiedener Namen zur gesamten Anzahl der Namen pro Erhebungsjahr (jeweils 100) in Beziehung gesetzt und diesen Quotienten als Individualisierungsindex bestimmt. Wir gehen davon aus, dass der Individualisierungsindex im Zeitverlauf steigt. Schaubild 1 zeigt uns das Ergebnis dieser Operationalisierung. Grundlage bilden die in Grimma und Gerolstein erhobenen Daten.

6.1. Sozialstruktureller Wandel und die Bedeutungszunahme von Individualität 109

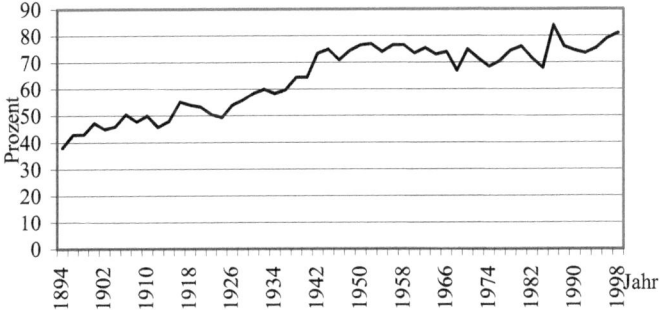

Schaubild 6.1: Individualisierung: Prozentualer Anteil unterschiedlicher Namen an der Gesamtzahl der Namen pro Erhebungszeitpunkt

Im Verlauf des 20. Jahrhunderts hat in der Tat in dem von uns definierten Verständnis ein Wandel in Richtung einer zunehmenden Individualisierung stattgefunden.[4] Waren 1894 von 100 vergebenen Namen 38 % unterschiedliche Namen, so waren 100 Jahre später 81 % der Namen unterschiedlich. Dabei ist der Prozess der Individualisierung zu Beginn der 1950er Jahre bereits fast abgeschlossen; nach diesem Zeitpunkt ist die Steigung des Individualisierungsindex nur noch gering.[5]

Man kann den Entwicklungstrend einer zunehmenden Individualisierung an Beispielen illustrieren: 1894 erhielten in Gerolstein 70 % aller neu geborenen Jungen die fünf häufigsten männlichen Namen; dies waren Johann, Mathias, Peter, Joseph und Nicolaus. 1994 wurden nur noch 28 % der Kinder nach den fünf am meisten

---

4   Dabei muss man allerdings bedenken, dass sich die faktischen, beim Standesamt registrierten Namen von den Rufnamen unterscheiden können. Wir können nicht prüfen, ob zu dem Zeitpunkt, zu dem der Grad der Individualisierung (gemessen durch die registrierten Namen) gering war, der faktische Individualisierungsgrad bestimmbar durch die Rufnamen, nicht wesentlich höher war.
5   Zu einem ganz ähnlichen Ergebnis kommt Stefan Hornbostel (1997) für die Namensvergabe in Jena.

vergebenen Vornamen benannt (dies waren Daniel, David, Lukas, René und Andreas). Ähnlich sehen die Befunde für die weiblichen Namen aus. Die fünf wichtigsten weiblichen Vornamen 1894 (Katharina, Anna, Maria, Magdalena und Elisabeth) benennen 63 % aller Kinder, 1994 (Katharina, Laura, Sarah, Julia und Michelle) hingegen nur 26 %. Den Eltern scheint es im Zeitverlauf also immer wichtiger zu werden, ihren Kindern unterschiedliche und damit sie von anderen Kindern abgrenzende Namen zu geben. Damit stellen sie im Zeitverlauf zunehmend die namentliche Individualität ihrer Kinder sicher.

Bevor wir auf die Ursachen dieses Prozesses der zunehmenden Individualisierung zu sprechen kommen, möchte ich auf drei Ergänzungen dieses Befundes eingehen.

1. Der Bezugspunkt der Bestimmung des Individualisierungsindex ist das Verhältnis zwischen der Anzahl unterschiedlicher Namen und der Gesamtzahl der Namen *pro Erhebungszeitpunkt*. Der Individualisierungsindex erreicht zu zwei beieinander liegenden Zeitpunkten denselben Wert, auch wenn zu beiden Zeitpunkten dieselben Namen verwendet wurden. Wenn man sich nun aber vorstellt, dass die Kinder aus zwei nacheinander folgenden Geburtsjahren in einem Kindergarten oder in einer Schulklasse aufeinander treffen, aber jeweils dieselben Namen tragen, so sieht man, dass unsere Messung von Individualisierung eine problematische Messung von Individualisierung sein kann, weil die Verschiedenheit der Namen gerade nicht gewährleistet ist.

Wir haben deswegen zusätzlich zu dem Individualisierungsindex die Anzahl von *neu eingeführten* Namen pro Erhebungszeitpunkt berechnet. Eltern, die neue Namen einführen, grenzen ihr Kind damit nicht nur gegenüber den zum selben Zeitpunkt Geborenen ab, sondern auch gegenüber dem vorangegangenen Geburtsjahrgang. Die zweite Messung von Individualisierungsprozessen kommt aber zu einem ganz ähnlichen Ergebnis. Der Anteil an neu eingeführten Namen steigt stetig vom Ende des 19. Jahrhunderts bis zur Mitte des 20. Jahrhunderts.

2. Wir haben mit Hilfe der von Michael Simon erhobenen Daten versucht, unsere Ergebnisse historisch zu kontextualisieren und

geprüft, ob dem Individualisierungsprozess im 20. Jahrhundert ein historisch früher zurückliegender Prozess der Individualisierung vorläufig war. Das Ergebnis dieser Prüfung, deren Resultate wir hier nicht im Einzelnen wiedergeben, zeigt, dass Individualisierung in der Tat ein Phänomen ist, dass erst mit dem 20. Jahrhundert ansetzt, der Individualisierungsindex ist seit dem 17. Jahrhundert bis zum Ende des 19. Jahrhunderts konstant niedrig.

3. Schließlich haben wir geprüft, ob sich protestantische Gemeinden und katholische Gemeinden im Grad der Individualisierung voneinander unterscheiden. Theoretisch kann man dies erwarten. In der Studie über den Selbstmord (1983) verbindet Durkheim den Prozess der Individualisierung mit der Frage der Religionszugehörigkeit. Durkheim bezeichnet den Protestantismus als erste Individualreligion, weil der einzelne Gläubige durch die Hinwendung zur Bibelinterpretation, die Abschaffung intermediärer Vermittlungsinstanzen zu Gott und den geringen Grad der normativen Alltagsregulierung in hohem Maße selbst zum Schöpfer seines Glaubens wird. Individuum zu sein, wird selbst zum neuen Gebot: „Niemand bestreitet heute mehr den verpflichtenden Charakter der Regel, die uns befiehlt, eine Person, und immer mehr eine Person zu sein". (Durkheim 1977: 445f.). Vergleicht man den Individualisierungsindex in Gerolstein (katholisch) und Grimma (protestantisch) miteinander, so sieht man in der Tat, dass der Grad der Individualisierung in Grimma dauerhaft um ca. 10 % über dem von Gerolstein liegt. Zu einem ähnlichen Ergebnis kommt man, wenn man die protestantische und die katholische Gemeinde in den von Michael Simon erhobenen Daten miteinander vergleicht.

Die Klassiker der Soziologie haben den Prozess der Individualisierung ursächlich auf den Prozess der zunehmenden Arbeitsteilung zurückgeführt. Die Vielzahl der Tätigkeiten und Rollen macht den Einzelnen zu einem Einzigartigen. Den Prozess der Rollendifferenzierung empirisch zu bestimmen, ist keine leichte Aufgabe. Wir haben uns auf den Grad der *beruflichen Differenzierung* beschränkt, weil dazu empirische Informationen über einen längeren Zeitraum vorliegen. Zur Berechnung des Grades beruflicher Differenzierung sind wir folgendermaßen vorgegangen. Aus den Erhebungen von Rüdiger Hohls und Hartmut Kaelble (1989) haben wir einen Heterogenitätsindex für die Berufsstruktur der Region berechnet, in der die Gemeinde Gerolstein liegt.[6] Bei einer gegebenen Anzahl von Berufsgruppen bedeutet eine zunehmende Gleichverteilung der Berufstätigen auf die Berufsgruppen eine Zunahme des Heterogenitätsindex. Konzentrieren sich hingegen die Berufstätigen auf einige wenige Berufsgruppen, so liegt ein geringer Heterogenitätsindex vor. Der berechnete Index der beruflichen Heterogenisierung steigt von 59 für das Jahr 1895 auf 89 für das Jahr 1970. Dies bedeutet, dass im Zeitverlauf eine Zunahme der Heterogenität der Berufe stattgefunden hat. Korreliert man nun diese Messung der beruflichen Heterogenisierung mit unserer Messung von Individualisierung, so beträgt die Korrelation .86.[7] Es gibt also einen statistischen Zusammenhang zwischen der beruflichen Differenzierung und dem Grad der Individualisierung.[8] Ob man diesen korrelativen Zusammenhang auch als kausalen Zusammenhang verstehen kann, ist statistisch nicht zu beweisen, weil wir es hier wie in den vorausgegangenen Kapiteln, mit einer ökologischen Korrelation zu tun haben. Die Kausalitätsunterstellung ist in diesem Fall allein eine theoretische Plausibilitätsunterstellung.

---

6   Der Heterogenitätsindex wurde nach der Formel: H = 100 (1- Summe p2) berechnet, wobei H für Heterogenitätsindex und p für den Anteil der einzelnen Berufsgruppen an der Gesamtzahl der Beschäftigten steht. Für die erhobenen Jahre ergeben sich folgende Indices: 1895: 59; 1907: 54; 1925: 58; 1950: 68; 1961: 81; 1970: 89. Die Berechnung des Heterogenitätsindex orientiert sich am Herfindahl-Hirschman-Index der industriellen Konzentration (index of industrial concentration). Zu einer Diskussion dieses Index siehe Taagepera und Lee Ray (1977).
7   Diese Korrelation beruht auf der Methode der linearen Interpolation der Werte des Heterogenitätsindex für den Untersuchungszeitraum. Verwendet man statt der linear interpolierten Werte des Heterogenitätsindex die Originalwerte der sechs gemessenen Zeitpunkte, so ergibt sich eine Korrelation von .82.
8   Wir haben zusätzlich eine Zeitreihenanalyse durchgeführt und ein Cochrane-Orcutt-Modell berechnet Der Koeffizient erhält einen Wert von .65 und ist signifikant auf dem 1 % Niveau.

6.2 Auflösung der Klassenbindung in der Namensvergabe

Die zweite Phase von Individualisierung, und diese ist jene, welche eigentlich im Fokus der Analyse von Ulrich Beck und Elisabeth Beck-Gernsheim steht, terminieren die Autoren mit der zweiten Hälfte des 20. Jahrhunderts. Individualisierungsprozesse werden von den Autoren verknüpft mit der These der Entstrukturierung von Schichten und Klassen und einer Auflösung sozialer Milieus. Ulrich Beck (Beck 1983, 1995; Beck und Beck-Gernsheim 1995) unterscheidet zwei verschiedene Phasen der Modernisierung auf dem Weg zu einer individualisierten Gesellschaft. In einem ersten Schritt löst sich, so die These, die ständische, mit einer religiöstranszendenten Ideologie verbundene Gesellschaft auf, und es entsteht eine moderne Industriegesellschaft. Die Auflösung der traditionellen Ligaturen wird kompensiert durch die Entstehung neuer und zwar klassenspezifischer Ligaturen. Jeder Einzelne ist nicht nur Teil einer durch die Verfügung über Ressourcen bestimmten Klasse bzw. Schicht, sondern gehört zugleich zu einem mit dieser Klasse verbundenen sozialen Milieu. Die klassenspezifischen Milieus wiederum strukturieren in hohem Maße die Lebensführung ihrer Mitglieder; milieuspezifische Prägungen reichen über die Definition von Mitgliedschaften in Vereinen, dem Wahlverhalten, dem Freizeitverhalten bis hin zur Definition von Familienrollen.

Die zweite Phase der Modernisierung ist nach Beck dadurch gekennzeichnet, dass die klassenspezifischen Milieus an Bedeutung verlieren und sich auflösen, so dass eine Gesellschaft jenseits von Klasse und Schicht entsteht. Lösen sich die Bindungen der klassenspezifischen Milieus auf, dann werden die Individuen freigesetzt aus der letzten verfügbaren Klammer kollektiver Sinndefinition. Sie müssen sich den Sinn ihres Lebens selbst zusammenbasteln (Hitzler und Honer 1995). Die Auflösung der Deutungsmacht klassenspezifischer Milieus geht einher mit Veränderungen der Familie. Rollendefinitionen zwischen Mann und Frau einerseits und zwischen Eltern und Kindern andererseits verlieren ihre normative Kraft. Das familiäre Gefüge wird zu einer Verhandlungsarena über wechselseitige Erwartungen, die sich nur noch auf Zeit stabilisieren lassen. Für die Einzelnen bedeutet dies, dass sie sich nicht mehr auf normativ stabilisierte Gewissheiten verlassen können, dass sie als Individuen gefordert sind, die wechselseitigen Erwartungen und Regeln des Zusammenlebens auszuhandeln. Individualisierung wird damit selbst zu einem normativen Gebot; die Menschen sind zur Individualisierung verdammt (vgl. – mit Bezug auf Sartre – Beck und Beck-Gernsheim 1993: 179). Diese Vorstellung von Individualisierung passt recht gut zu unserer Operationalisierung. Die neugeborenen Kinder wählen sich ihre Namen nicht selbst; sie erhalten sie von ihren Eltern. Wenn diese nicht mehr auf die Traditionen von Religion, Verwandtschaft oder Schicht in der Auswahl rekurrieren, sondern um eine namentlich individuelle Abgrenzung ihres Kindes von anderen Kindern bemüht sind, dann kann man dies aus der Perspektive des Kindes durchaus als Verdammnis zur Individualität begreifen.

Die hier nur stichwortartig rekonstruierte These der Auflösung von Klassen und Schichten ist in der Literatur sehr umstritten. Aber auch hier gilt wie in den vergangenen Kapiteln, dass es sich lohnt, genauer zu spezifizieren, auf welche Dimensionen und Gegenstandsbereiche sich die postulierten Auflösungen beziehen und auf welche nicht. Führt man dies aus, dann zeichnet sich folgendes Bild des Forschungsstandes ab. Die „Hardware" einer Klassen- und Schichtstruktur bestimmt sich durch die ungleiche Verfügung von Menschen über Ressourcen. Das Konzept der Klasse betont dabei in stärkerem Maße die Verwurzelung von sozialen Gruppen im Produktionsbereich der Wirtschaft und vor allem den Gegensatz zwischen den Klassen, während das Schichtkonzept stärker auf die Verteilung wichtiger Ressourcen, wie Einkommen, Prestige und Bildung abzielt und zugleich weniger das Gegeneinander bestimmter sozialer Gruppen betont. Da wir uns im Folgenden auf die Verteilung von Ressourcen beziehen, ist der Schichtbegriff der angemessenere Begriff. Eine Auflösung der Schichtstruktur würde bedeuten, dass die Ungleichheit im Hinblick auf die Verfügung über diese Ressourcen im Zeitverlauf nachgelassen hat. Karl Ulrich Mayer (1989: 303) bilanziert verschiedene empirische Studien und kommt zu dem Ergebnis, dass sich die Intergenerationsmobilität im

Zeitverlauf nicht erhöht hat; dies bedeutet, dass die Geschlossenheit der Schichtung oder die Haftung der neuen Generation an die Schicht der Eltern nicht nachgelassen, ein Zerfall sozialer Schichtung im Sinne einer Weitergabe der Herkunftsschicht an die neue Generation nicht stattgefunden hat. Zu einem ganz ähnlichen Ergebnis kommt Rainer Geißler (1996). Geißler überprüft die These von der Auflösung von Klasse und Schicht, indem er den Anteil der einzelnen Schichten an den verschiedenen Schulen und den Universitäten bestimmt. Er zeigt, dass zwar für alle Schichten der Anteil an höheren Ausbildungsinstitutionen gestiegen ist, dass aber trotz des Fahrstuhleffekts der *relative* Unterschied zwischen den Schichten geblieben, ja sich zum Teil noch vergrößert hat. Dieser Befund der Stabilität der Schichtungsstruktur gilt – so Geißler – nicht nur für die Bildung, sondern auch für das Einkommen der Bürger. Daraus zieht Geißler die Schlussfolgerung, dass sich die Schichtungsstruktur der Bundesrepublik nicht wesentlich geändert hat, von einer Entschichtung also nicht die Rede sein kann.

Diese Kritik an der These der Auflösung von Klasse und Schicht kann Ulrich Beck leicht parieren, indem er behauptet, dass sich seine Entschichtungsvorstellung nicht auf die Verfügungsgewalt über harte Ressourcen bezieht. Ja, von Entschichtung kann man sogar sprechen, wenn sich die Ungleichheiten verschärft haben. Denn von der Verfügungsgewalt über Ressourcen kann man die „Software" der Lebensstile einer Schicht unterscheiden. Betrachtet man Schichtung (bestimmt durch die ungleiche Verfügung über Ressourcen) als unabhängige und Lebensstile sowie Habitus als abhängige Variable, dann kann man vermuten, dass der Zusammenhang zwischen Schichten einerseits und einem spezifischen Lebensstil andererseits im Zeitverlauf schwächer geworden ist. Die These einer Entstrukturierung des Schichtgefüges würde dann bedeuten, dass bei relativer Konstanz der ungleichen Verfügung über Ressourcen der Zusammenhang zwischen ressourcenbedingter Schichtung einerseits und bestimmten Lebensstilen andererseits schwächer geworden ist (Geißler 1996: 333f.). Wenn sich aber Schichten und Klassen in ihrem öffentlich zur Schau getragenen Lebensstil weniger unterscheiden, dann entsteht der Eindruck, als ob sich auch die „Hardware" der Schicht- und Klassenbildung entstrukturiert hätte; faktisch ist diese aber nur von der Ebene der manifesten Sichtbarkeit in die Position der Latenz gerückt.

Die wichtigste Ursache für diesen Wandel sieht Ulrich Beck (1986) im sogenannten Fahrstuhleffekt. Darunter versteht Beck, dass die frei verfügbare Lebenszeit und Freizeit und vor allem der materielle Wohlstand für die gesamte Bevölkerung der Bundesrepublik enorm gestiegen ist.[9] Bedingt durch diesen Wohlstandsanstieg und die wohlfahrtstaatlich bedingte Zunahme an Sicherheit relativiert sich die soziale Bedeutung von Ungleichheit. Der angenommenen Entstrukturierung der schicht- und klassenbedingten Lebensführung folgt aber eine Neustrukturierung durch die Entstehung neuer Formen der Vergemeinschaftung auf der Basis homogener sozialer Milieus. Dieser Gedanke ist weniger von Ulrich Beck, stärker aber von der Milieu- und Lebensstilforschung und vor allem von Gerhard Schulze in seiner „Erlebnisgesellschaft" (1992) formuliert worden. Menschen mit ähnlichen Lebensstilen finden sich zusammen in zum Teil durch die Freizeitindustrie geschaffenen neuen sozialen Milieus und bilden in der Gesamtkomposition dann die neue Sozialstruktur einer post-modernen Gesellschaft.

Man kann die hier sehr rudimentär rekonstruierte Argumentationslinie in Form einer Kausalkette zusammenfassen: 1. Wohlstandssteigerung und Wohlfahrtsstaatsentwicklung (Fahrstuhleffekt) führen zu mehr Freizeit und Freiheit zur Selbstgestaltung des eigenen Lebens. 2. Damit verliert die Prägekraft von Klasse und Schicht für die Lebensführung der Bürger an Bedeutung. 3. Dies führt entweder zu einer Pluralität von individuellen Formen der Lebensführung (Beck) oder zu neuen Formen der Vergemeinschaftung auf der Basis ähnlicher Lebensstile in sozialen Milieus (Schulze).

---

9   Diese Entwicklungsdiagnose ist empirisch richtig. Die Reallöhne haben sich zwischen „1949 und 1973 in der Bundesrepublik vervierfacht und liegen damit weit über den demgegenüber recht bescheidenen Steigerungsraten der Realeinkommen und Reallöhne während der Prosperitätsphasen des langen 19. Jahrhunderts" (Ambrosius und Kaelble 1992: 17f.).

Wir haben diese Erläuterungen über die Entschichtungsthese vorweggeschickt, um die Ergebnisse der eigenen Analyse schichtspezifischer Namensverwendung besser in den Diskussionskontext platzieren und die Reichweite unserer Aussagen spezifizieren zu können. Wir interpretieren die Verwendung von Vornamen als ein Element des Lebensstils von Menschen und wollen prüfen, ob die Prägekraft von Schicht für die Vergabe von Vornamen im Zeitverlauf nachgelassen hat. Unsere Prüfung bezieht sich also auf die in der Kausalkette an zweiter Stelle platzierte These. Wir interpretieren die Vergabe von Vornamen als Teil der Geschmacksentäußerung der Eltern. Daß Geschmackspraktiken nichts natürliches sind, sondern zur Erzeugung von Schichtungen benutzt werden, ist eine Erkenntnis, die bereits von Georg Simmel formuliert, aber wohl am ausgefeiltesten von Pierre Bourdieu (1982) und Gerhard Schulze (1992) ausgearbeitet wurde. Die Vergabe von Vornamen läßt sich als Geschmacksentäußerung der Eltern interpretieren, die immer auch die Funktion der sozialen Zuordnung und der sozialen Abschließung hat. Mit der Etikettierung ihres Kindes durch einen Vornamen können Eltern nach außen und für sich selbst darstellen, welcher Schicht sie sich und ihr Kind zugehörig fühlen. Die Vergabe des Namens eines weltbekannten Pop- oder Fußballstars ist wahrscheinlich eher Ausdruck eines für untere Schichten typischen populären Geschmacks und wird wahrscheinlich von Personen aus den bildungsbürgerlichen Gruppen vermieden werden. Die Bezugnahme auf Namen der griechischen Mythologie wird umgekehrt ein Zeichen der Gebildetheit des Namensgebers sein bzw. so interpretiert werden und entsprechend von der oberen, nicht aber von den unteren Schichten erfolgen. Entsprechend kann man vermuten, dass die Vergabe der Vornamen je nach Schicht unterschiedlich erfolgen wird. Eine Entschichtung im Hinblick auf die Vergabe von Vornamen würde bedeuten, dass sich im Zeitverlauf die Unterschiede zwischen den Schichten auflösen. Eine solche Entstrukturierung bezieht sich wohlgemerkt nicht auf die Verfügungsgewalt über die Ressourcen Bildung und Einkommen, sondern wäre als Entschichtung des Lebensstils zu interpretieren.

Wir gehen davon aus, dass die Namensauswahl als Zeichen des Lebensstils einer Schicht bedingt ist durch die Verfügung über kulturelles Kapital (Bourdieu 1982). Vor allem mit dem inkorporierten kulturellen Kapital, das im Elternhaus und in der Schule erworben wird, geht die Fähigkeit einher, Distinktionen und Geschmacksverfeinerungen zu praktizieren. Empirisch verfügen wir nur über eine sehr grobe Messung von kulturellem Kapital. In den Standesamtsdaten findet man die Berufsbezeichnung der Eltern. Wir haben die Berufe der Eltern nach unterschiedlichen Qualifikationsniveaus in drei Gruppen eingeteilt: unqualifizierte, qualifizierte und hochqualifizierte Berufe. Eine schichtspezifische, nach Bildungsniveau gestaffelte Namensverwendung würde bedeuten, dass die drei Schichten auf voneinander unterscheidbare Namensklassen zurückgreifen. Eine Entschichtung im Zeitverlauf würde bedeuten, dass die Menge der übereinstimmenden Namen zwischen den Schichten im Zeitverlauf zunimmt, so dass die Schichten durch distinkte Namensklassen nicht mehr voneinander unterscheidbar wären. Zur Überprüfung dieser These sind wir folgendermaßen vorgegangen. Die Bildung des Elternhauses haben wir durch den Beruf des Vaters – eingeteilt in „Niedrigqualifiziert" „Qualifiziert" und „Hochqualifiziert" – operationalisiert. Um eine ausreichende Anzahl an Fällen in den einzelnen Jahren für die drei Bildungsschichten zu erhalten, wurden die Erhebungsjahre zu sieben Jahresabschnitten aggregiert. Wir haben dann die Anzahl der übereinstimmenden Namen zwischen den drei Bildungsschichten pro Erhebungsabschnitt ausgezählt. Die Anzahl der insgesamt vergebenen unterschiedlichen Vornamen in einem Zeitabschnitt dient als Prozentuierungsbasis. Ein Wert von 40 % bedeutet also, dass 40 % der in einem Zeitabschnitt vergebenen Namen von allen Bildungsschichten vergeben wurden. Schaubild 6.2 zeigt die Ergebnisse der Operationalisierung der These der Entschichtung im Hinblick auf die Namensvergabe in den beiden Gemeinden Grimma und Gerolstein.

6.2 Auflösung der Klassenbindung in der Namensvergabe

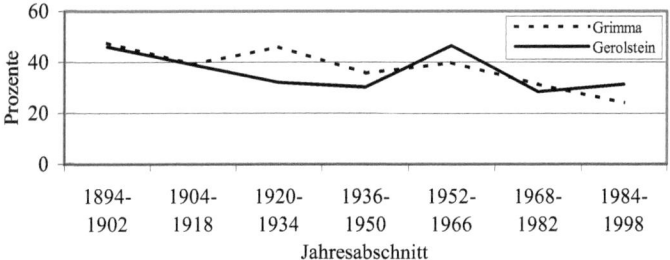

Schaubild 6.2: Prozentualer Anteil der Namen, die von allen Schichten vergeben wurden

Von einer Entschichtung der Namensvergabe kann nicht die Rede sein. Ganz im Gegenteil: Die Menge der von den Schichten gemeinsam verwendeten Namen nimmt im Zeitverlauf ab. Waren es zu Beginn des 20. Jahrhunderts noch ca. 46 % der Namen, die von allen drei Bildungsschichten benutzt wurden, so sind es am Ende des 20. Jahrhunderts nur noch 28 %. Umgekehrt formuliert: Der Anteil der Namen, die eine allein schichtspezifische Verwendung finden, nimmt im Zeitverlauf zu und nicht ab. Dies gilt auch für die zweite Hälfte des 20. Jahrhunderts, für die eine Entschichtung von Beck hypothetisch angenommen wird. Wir finden im Hinblick auf die Vornamen im Zeitverlauf also keine Anzeichen einer Entstrukturierung von Schichten, sondern ganz im Gegenteil eine Zunahme einer schichtspezifischen Namensvergabe. Dieser Befund gilt interessanterweise nicht nur für die westdeutsche Kleinstadt Gerolstein, sondern auch für die ab 1949 zur DDR gehörenden Stadt Grimma. Anzeichen einer Entwicklung in Richtung einer klassenlosen Gesellschaft, wie sie von der Führung der DDR anvisiert wurde und wie sie sich in einer Homogenisierung der Namensvergabe zeigen

6. Individualisierungsprozesse, Klassenbildung und Distinktionsgewinne

müsste, sind nicht erkennbar. Die Schichtdifferenzen nehmen nicht ab, sondern im Zeitverlauf eher zu.[10]

Wir können damit eine *Zwischenbilanz* der bisherigen Ausführungen ziehen. In den letzten 100 Jahren hat ein kräftiger Wandel in Richtung einer zunehmenden Individualisierung stattgefunden, insofern die Heterogenität der Namen, die für eine Population von Kindern benutzt wird, größer geworden ist. Die Eltern stellen im Zeitverlauf zunehmend die namentliche Individualität ihrer Kinder sicher. Die Klassiker der Soziologie erklären diese Entwicklung mit der Zunahme der Kreuzung der sozialen Kreise. Und in der Tat gibt es einen statistischen Zusammenhang zwischen der Heterogenität der Vornamen und der Heterogenität der Berufsstruktur.

Interessanterweise ist der Prozess der Individualisierung aber bereits in den 1950er Jahren abgeschlossen. Die von Ulrich Beck und Elisabeth Beck-Gernsheim angenommene zweite Individualisierungswelle hat im Hinblick auf die Vergabe von Vornamen nicht stattgefunden. Dieser Befund wird untermauert durch die Tatsache, dass wir auch keine Entschichtung in der Vergabe von Vornamen feststellen können. Die Unterschiede zwischen den Schichten lösen sich nicht auf, die Namensvergabe verläuft weiterhin schichthomogen, ja nimmt im Zeitverlauf sogar zu. Die Entschichtungshypothese und die Individualisierungshypothese bezüglich der zweiten Phase der Individualisierung bilden zwei Seiten einer Medaille. Die empirischen Ergebnisse unserer Untersuchung bestätigen weder die eine noch die andere Hypothese.

Man würde dem kleinen Indikator „Vornamen" aber eine zu große Last aufladen, würde man behaupten, er sei eine ausreichende Messung der von Beck unterstellten Entschichtungs- und Individualisierungsprozesse. Allerdings können wir für die Vornamen

---

10 Während wir in den anderen Kapiteln unsere empirischen Ergebnisse historisch kontextualisieren konnten, indem wir mit Hilfe der von Michael Simon erhobenen Daten geprüft haben, ob sich ähnliche Entwicklungen schon in den Jahrhunderten vor unserer Untersuchung zeigen, ist dies im Hinblick auf die Frage der Entschichtung nicht möglich, da Simon die Berufe der Eltern nicht erhoben hat.

zeigen, dass es keine Entschichtungsprozesse gibt und sich der Prozess der Individualisierung auf eine andere Zeitphase bezieht, als Beck annimmt und andere Ursachen als die Auflösung von Klassen und Schichten hat.

6.3 Vornamen als kulturelles Kapital

Die Schichtungstheorie geht davon aus, dass Menschen darum bemüht sind, den status quo der Verfügung über Ressourcen zu verteidigen bzw. zu vermehren, um damit ihre relative Position im Gefüge von oben und unten in einer Gesellschaft zu stabilisieren bzw. zu verbessern. Das Besondere an der Vergabe von Namen ist nun, dass die Verwendung eines Namens von anderen nicht unterbunden werden kann. Jeder kann grundsätzlich alle in einer Gesellschaft gesetzlich erlaubten Namen für sein Kind verwenden und kann entsprechend auch auf Namen zurückgreifen, die mit Prestige verbunden sind, weil sie von den Eliten benutzt werden. Aber nicht nur der Namenspool ist für alle Bürger einer Gesellschaft frei zugänglich, bei den Vornamen kommt hinzu, dass im Unterschied zu anderen Geschmacksentäußerungen die Verwendung von bestimmten Vornamen ohne Verfügung über Ressourcen möglich ist (dazu vgl. Besnard 1994: 166f.; Lieberson 2000). Während der Flug zur Premiere in die Mailänder Scala, der Besuch von Luxusrestaurants, die Realisierung einer Bildungsreise durch Griechenland oder der Kauf von hochwertiger Kleidung zum Teil mit erheblichen finanziellen Ressourcen verbunden sind, in diesen Fällen die Verwirklichung von Geschmackspräferenzen also nicht nur vom kulturellen Kapital, sondern auch vom materiellen Kapital der Menschen abhängig ist, ist diese Ressourcenabhängigkeit bei der Vergabe von Vornamen nicht gegeben. Die Tatsache, dass die Vergabe von Vornamen unabhängig von den Ressourcen der Menschen ist, zudem alle Namen grundsätzlich für alle Schichten frei zugänglich sind, hat nun Folgen für die Distinktionschancen, die man mit Vornamen erreichen kann. Denn es ist ein leichtes für untere Schichten, die Namen der oberen Schichten wegen des Statusgewinnes zu imitieren. Eine geschmackliche Schließung der oberen Schichten gegenüber den unteren Schichten kann unter diesen Bedingungen immer nur eine vorübergehende Schließung sein. Die erneute Schaffung von Distinktionen nach unten ist nur möglich, wenn auf neue Namen Bezug genommen wird, bzw. alte Namen wieder eingeführt werden (vgl. dazu bereits Elias 2001).

Diese Grundkonstellation lässt im Hinblick auf die Empirie zum einen erwarten, dass die oberen Schichten sich in der Vergabe von Vornamen antizyklisch verhalten: Wir vermuten, dass die oberen Schichten die Namen meiden, die von vielen benutzt werden und umgekehrt die Namen bevorzugen, die von diesen gerade nicht verwendet werden (1). Weiterhin vermuten wir, dass es im Zeitverlauf einen Diffusionsprozess von Namen gibt und zwar der Art, dass neue Namen von den oberen Schichten eingeführt werden und diese dann im Zeitverlauf von oben nach unten diffundieren (2). Wir wollen diese beiden Hypothesen im folgenden überprüfen.

1. Zur Einteilung der Schichten haben wir die oben erläuterte Einteilung des Berufs des Vaters nach Qualifikationsniveau in drei Gruppen benutzt. Wir haben geprüft, in welchem Ausmaß die drei Schichten auf die 20 beliebtesten Namen in ihrer eigenen Namensgebung zurückgreifen: Von den Namen, die von Eltern mit niedriger Berufsqualifikation vergeben werden, entfallen 22,6 % auf die 20 häufigsten Namen, bei den Eltern mit mittlerem Qualifikationsniveau sind es 16,6 % und bei den Eltern mit hohem Qualifikationsniveau sind es 16,1 %. Dieses Ergebnis bestätigt zwar in der Tendenz die theoretische Erwartung insofern, als die Eltern mit niedriger Qualifikation in höherem Maße die modischen Namen verwenden als die beiden anderen Berufsgruppen. Die Unterschiede sind aber relativ schwach ausgeprägt.[11]

---

[11] Kwang Sock Shin (1980) kommt bezüglich der in Heidelberg 1961 und 1976 vergebenen Namen zu einem anderen Ergebnis. Die obere Mittelschicht neigt im Vergleich zur Unterschicht dazu, häufiger die eher seltenen Namen zu vergeben.

6.3 Vornamen als kulturelles Kapital

Deutlicher sind die Unterschiede, wenn man sich die Verteilung im Hinblick auf die Kulturkreise der Namen anschaut. Wir hatten gesehen, dass der christliche und deutsche Kulturkreis die beiden traditionellen Kulturkreise bilden, aus denen die Eltern ihre Namen auswählen und dass diese beiden Kulturkreise im Zeitverlauf an Bedeutung verloren haben. Dies gilt aber für die verschiedenen Schichten in unterschiedlichem Maße, wie die folgenden beiden Schaubilder zeigen.

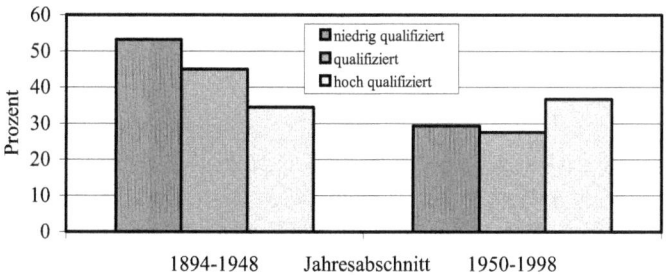

Schaubild 6.3: Schichtspezifische Verwendung von christlichen Namen in zwei verschiedenen Zeitphasen

Die Mitglieder der oberen Schicht sind in der ersten Zeitphase (1894-1948), in der die christlichen Namen die dominanten Namen waren, deutlich zurückhaltender in der Benutzung christlicher Namen als die Mitglieder der beiden anderen Schichten. Ganz anders ist die Situation in der zweiten Zeitphase (1950-1998). Die christlichen Namen haben insgesamt gewaltig an Bedeutung verloren, Personen mit einer hohen Berufsqualifikation greifen jetzt aber häufiger auf die christlichen Namen zurück als in der ersten Phase. Zu dem Zeitpunkt also, als die christlichen Namen etwas aus der Mode gekommen sind, greifen die Eltern mit der höchsten Berufsqualifikation auf diese Namen verstärkt zurück. Ähnlich, wenn auch empirisch weniger ausgeprägt, verhält es sich mit den transnationalen Namen, Namen aus anderen Kulturkreisen.

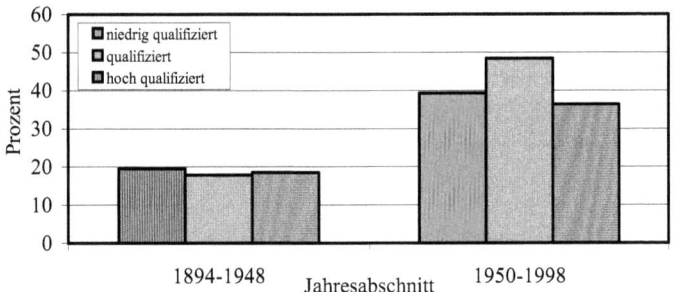

Schaubild 6.4: Schichtspezifische Verwendung von transnationalen Namen zu zwei verschiedenen Zeitpunkten

Wir werden im nächsten Kapitel sehen, dass deren Konjunktur nach dem 2. Weltkrieg beginnt. Zwar greifen auch die Eltern mit den höchsten Berufsqualifikationen nun deutlich stärker auf diese Namen zurück, sie sind aber im Vergleich zu den anderen beiden Schichten deutlich reservierter, den Trend mitzumachen.

2. Ob auch die zweite Hypothese, dass neue Vornamen von höheren Schichten eingeführt werden und im Zeitverlauf in die anderen Schichten diffundieren, stimmt, wollen wir im Folgenden prüfen.[12] Wir haben uns bei der Messung von Diffusionsprozessen zwischen den drei Schichten im Verlauf eines durch zwei Zeitpunkte definierten Zeitabschnitts an der Operationalisierung von Stanley Lieberson und Eleanor O. Bell (1992) orientiert. Wir haben zuerst im Abstand einer Generation zwei Zeitpunkte ausgewählt, 1990/94 einerseits und 1966/72 andererseits. Die Namen, die 1990/94 zu den zwanzig populärsten Namen, jedoch 1966/72 nicht zu den zwanzig populärsten Namen gehörten, definieren wir als die Menge der Namen, die es innerhalb des analysierten Zeitraums „geschafft" haben, in die breite Öffentlichkeit zu diffundieren. Wir untersuchen

---

12 Diffusionsprozesse von Vornamen entlang der Schichtpyramide hat Volker Kohlheim (1988) für das Mittelalter am Beispiel der Stadt Regensburg analysiert.

6.3 Vornamen als kulturelles Kapital

dann, zu welchem prozentmäßigen Anteil diese Namen von den drei verschiedenen Schichten zu den verschiedenen Zeitpunkten zwischen 1966/1970 und 1990/94 benutzt wurden. Stimmt die formulierte Diffusionshypothese, dann müssten die Namen zuerst von der oberen Schicht benutzt und dann im Zeitverlauf zunehmend von den anderen Schichten aufgegriffen worden sein. Schaubild 6.4 zeigt die Ergebnisse dieser Operationalisierung von Diffusionsprozessen von Vornamen.[13]

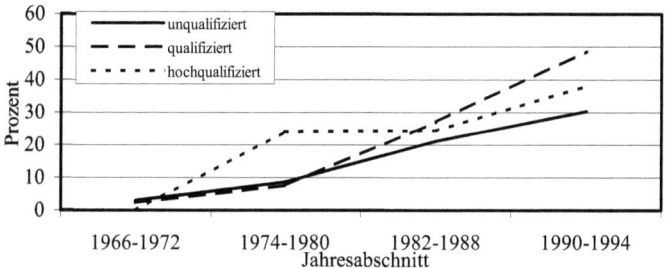

Schaubild 6.5 : Diffusion von populären Namen zwischen den Schichten (1966/72 - 1990/94)

In Ansätzen entsprechen die empirischen Befunde den theoretischen Erwartungen. In der Tat werden die neuen Namen von den Hochqualifizierten zuerst eingeführt. Personen mit qualifizierten Berufen ziehen dann im zweiten Schritt nach, adaptieren zuerst die neuen Distinktionsmöglichkeiten und werden dann zu den eigentlichen Protagonisten der neuen Namen, indem sie die Namen häufiger benutzen als die Hochqualifizierten. Die Unqualifizierten adap-

---

13 Wir haben neben dem beschriebenen Zeitintervall die gleiche Analyse für den Zeitraum 1942/1946 und 1966/1972 durchgeführt. Für frühere Zeitphasen konnte die These nicht überprüft werden, weil die Fallzahl derer, die zu den Hochqualifizierten gehören, zu gering war. Gruppiert man aber die Hochqualifizierten und Qualifizierten zusammen, dann ergeben sich ganz ähnliche Ergebnisse.

tieren ebenfalls die neuen Namen, hängen aber dem Prozess der Entwicklung hinterher. Die Befunde entsprechen aber nur in Ansätzen der theoretischen Erwartung und dies in mehrerlei Hinsicht. Zum einen ist deutlich, dass die Unterschiede in der Benutzung der neu eingeführten Namen zwischen den drei verschiedenen Schichten insgesamt nicht sehr unterschiedlich ausfallen. Zum anderen stimmt das Verhältnis zwischen Unqualifizierten und Hochqualifizierten nicht mit der theoretischen Erwartung überein. Zwar benutzen die Unqualifizierten im Zeitverlauf auch immer häufiger die neu eingeführten Namen, sie tun dies aber zu allen Zeitpunkten in einem geringeren Maße als die Hochqualifizierten. Theoretisch hätte man erwarten können, dass die Unqualifizierten die Hochqualifizierten in der Benutzung der neuen Namen spätestens zum letzten Zeitpunkt hätten überholen müssen.

Wirft man einen Blick auf andere Studien, die sich mit der Frage der Diffusion von Vornamen entlang der Schichtpyramide beschäftigt haben, so erhält man ebenfalls ambivalente Befunde. Rex Taylor (1974) hat die Geburtsregister für die Jahre 1913, 1930, 1950 und 1968 für die Stadt Richmond in Virginia daraufhin untersucht, ob der Namenszusatz „junior" von allen Schichten gleich benutzt wird. Er kommt zu dem Ergebnis, dass die Nachsilbe „junior" zu Beginn häufiger in der Gruppe der „White Collar"-Berufe als in der Gruppe der „Blue Collar"-Berufe benutzt wird. Im Zeitverlauf sinkt die Verwendung der Nachsilbe „junior" bei „White Collar"-Berufen kontinuierlich, während sie bei „Blue Collar"-Berufen ansteigt, so dass 1968 die Verwendung bei beiden Gruppen nahezu ausgeglichen ist. Stephen Wilson (1998: 331) berichtet von einer Studie, die die Vornamen von Geburtsanzeigen in der „Times" mit den Namen in der Bevölkerung vergleicht. Die Times ist eine Zeitung, die vor allem von den gebildeten Schichten gelesen wird. Der Vergleich zeigt, dass häufig Namen, die in der Times zu den am häufigsten benutzten Namen gehören, einige Jahre später auch in der Bevölkerung häufiger benutzt wurden. Der Autor schließt daraus, dass es sich hier um Imitationseffekte handelt, wobei die gebildeten Schichten als Trendsetter fungieren. Philippe Besnard und Guy Desplanques (1986) können für die Entwicklung der Vornamen in Frankreich zwischen 1890 und 1985 nachzeichnen, dass es Diffusionsprozesse von Vornamen entlang der Schichtpyramide gegeben hat. Stanley Lieberson (2000: 147ff.) kommt im Hinblick auf die Namensentwicklung in Texas zwischen 1965 und 1990 allerdings zu einem anderen Ergebnis: „35 percent of the names fit the theory in which higher strata are the first to drop commonly shared tastes, but the remaining 65 percent of names are either given up by both groups at the same time or are abandoned even earlier by mothers of low SES" (Lieberson 2000: 149).[14] Lieberson kritisiert zudem die anderen Studien, die sich mit der schichtspezifischen Diffusion von Vornamen beschäftigt haben, weil diese häufig zu unpräzise in der Operationalisierung von Diffusionsprozessen sind. Lieberson versucht dann eine Erklärung für die Frage zu finden, warum die Schichtbeeinflussung meist geringer ausfällt als theoretisch erwartet. Stefan Hornbostel (1997: 411) schließlich kommt in seinen Analysen der in Jena vergebenen Vornamen zu einem ähnlichen Ergebnis wie wir mit unseren Daten: „Ein hierarchischer Diffusionsprozeß ist also nur schwach erkennbar, auch wenn die Top-Namen der Bildungsgruppe in der bildungsfernen Gruppe etwas länger überleben als in der Bildungsgruppe selbst."

Eine mögliche Erklärung für die vor allem für die jüngere Vergangenheit feststellbaren schwachen Diffusionsprozesse zwischen den Schichten haben Philippe Besnard und Cyril Grange (1993) angeboten. Sie gehen davon aus, dass sich Distinktionen zwischen verschiedenen Schichten in der Vergangenheit durch einen zeitlich unterschiedlichen Zugriff auf eine Menge von Vornamen ausgedrückt haben, was dann auch zu Diffusionsprozessen zwischen den Schichten führt. Für die jüngere Vergangenheit stellen die Autoren fest, dass sich die Distinktionen zwischen den Schichten vor allem durch eine Benutzung von unterschiedlichen Namen manifestieren. Dies scheint mir eine plausible Erklärung zu sein, bedenkt man nämlich, dass nach 1949 der Anteil der Namen, die verwendet werden und der Anteil der Namen aus anderen Kulturkreisen (vgl.

---

14 "SES" benutzt Lieberson als Abkürzung für „socioneconomic status".

Kapitel 7) beträchtlich zugenommen hat und sich damit auch der Variationspool der Namen, die zur Abgrenzung genutzt werden können, erhöht hat. Es bleibt nachfolgenden Studien vorbehalten zu prüfen, ob dies eine hinreichend gute Erklärung ist.

7. Transnationalisierung der Vornamen und die Eigendynamik von Moden

Die Ausführungen in den Kapiteln 3 und 4 haben gezeigt, dass im Zeitverlauf die beiden traditionellen Kulturkreise für die Vergabe von Vornamen – der deutsche und christliche Kulturkreis – merklich an Bedeutung verloren haben. Zugleich hat sich die Weitergabe der Namen der Eltern auf ihre Kinder zunehmend als Vergabepraxis verflüchtigt. Die Gründe für das Aufbrechen dieser traditionellen Ligaturen sind dabei recht unterschiedlich; wir wollen sie hier nicht wiederholen. Unsere Analysen haben weiterhin gezeigt, dass die Menge der verwendeten Namen pro Jahrgang und damit die Wahrscheinlichkeit, dass jedes Neugeborene sich von einem anderen Kind unterscheidet, gestiegen ist. Wir haben diese Entwicklung als einen Prozess der Individualisierung beschrieben. Betrachtet man diese verschiedenen Entwicklungsprozesse zusammen, dann wird erkennbar, dass sich die Vergabe von Vornamen zunehmend aus einer Vielzahl von Vorgaben befreit hat und damit offener für die Gestaltung durch die Individuen geworden ist. Dieser Übergang von den traditionellen Bindungen hin auf eine offene Gestaltung der Namensvergabe findet vor allem nach dem Ende des 2. Weltkrieges statt.[1] Ob sich damit auch die sozialen Regelmäßigkeiten in der Vergabepraxis von Vornamen verabschiedet haben, oder nur durch andere ersetzt wurden, wollen wir im Folgenden prüfen. Wir werden in einem ersten Schritt die Kulturkreise genauer analysieren, die nach dem Aufbrechen der traditionellen Ligaturen als Bezugspunkte für die Vergabe von Vornamen dienen. In einem zweiten Schritt versuchen wir die Eigendynamik der Vergabe von Vornamen zu rekonstruieren, nachdem die Vergabepraxis aus den traditionellen Ligaturen entlassen worden ist.

---

[1] Dies gilt nicht, wie gezeigt, für den Prozess der Individualisierung.

7.1 Transnationalisierungsprozesse in der Vergabe von Vornamen

Globalisierung ist sicherlich einer der wichtigsten und populärsten Begriffe zur Beschreibung von Entwicklungsprozessen gegenwärtiger Gesellschaften. Auch die aktuelle Diskussion um Globalisierungsphänomene hat Vorläufer bei den Klassikern der Soziologie. Die Ausdehnung der Verkehrskreise der Gesellschaft, wie sie von Georg Simmel beschrieben wurde, die Marx'sche These der Internationalisierung der Ökonomie, Karl W. Deutschs These der zunehmenden kommunikativen Verdichtung, vor allem aber die „Kulturindustriethese" von Max Horkheimer und Theodor W. Adorno gehen von einer zunehmenden Globalisierung der Kultur aus. Nationale und regionale Kulturen werden im Prozess der Modernisierung zunehmend eingeebnet und durch eine transnationale Kultur überlagert, so die weit verbreitete These.

Wir wollen die Entwicklung der Vornamen nach dem Aufbrechen der traditionellen Ligaturen im Kontext von Globalisierungsprozessen diskutieren. Allerdings ersetzen wir den Begriff der Globalisierung durch den der Transnationalisierung (de Swann 1995), andere Autoren sprechen von Denationalisierung der Gesellschaft (Zürn 1998; Beisheim u.a. 1999). Wir haben an anderer Stelle ausführlich begründet, warum dieser Begriffswechsel mit Vorteilen verbunden ist (vgl. Gerhards und Rössel 1999): Zum einen wird mit dem Transnationalisierungsprozess ein Ausgangspunkt für Prozessentwicklungen definiert – hier: nationalstaatlich verfasste Gesellschaften. Zum Zweiten hält der Begriff den Bezugspunkt der Entwicklung offen und präjudiziert begrifflich nicht, ob sich Gesellschaften empirisch globalisieren, europäisieren oder amerikanisieren. Drittens schließlich wird Transnationalisierung in Anlehnung an frühe Arbeiten von Karl Deutsch (1956) als ein relationaler Begriff definiert, der die Interaktionen oder Transaktionen innerhalb eines sozialen Gebildes in das Verhältnis zu Interaktionen und Transaktionen mit außerhalb des sozialen Gebildes liegenden Einheiten setzt. Eine solche Begriffsfestlegung hat den Vorteil, dass sie der Tatsache Rechnung trägt, dass sich neben einer transnationalen

7.1 Transnationalisierungsprozesse in der Vergabe von Vornamen

Kommunikation im selben Zeitraum gleichzeitig die Binnenkommunikation erhöht haben kann, was in einer absoluten Messung von Transnationalisierungsprozessen nicht zum Ausdruck käme.

Ganz in diesem Begriffsverständnis von Transnationalisierung haben wir in einem ersten Schritt untersucht, wie sich das Verhältnis von christlichen und deutschen Namen einerseits und „fremden" Namen andererseits im Zeitverlauf verändert hat. Schaubild 7.1 gibt die Entwicklung für die beiden Orte Grimma und Gerolstein getrennt wieder.

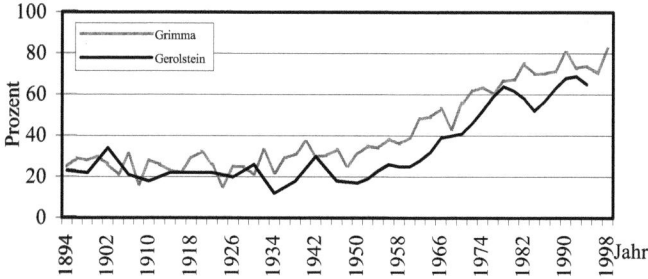

Schaubild 7.1: Transnationalisierung der Vornamen (Anteil nicht-christlicher und nicht-deutscher Namen)

Schaubild 7.1 zeigt, dass es im Zeitverlauf in der Tat zu einer Zunahme der Namen aus den nicht-christlichen und nicht-deutschen Kulturkreisen kommt. Kamen 1894 nur ca. 25 % der Namen aus fremden Kulturkreisen, so sind es am Ende des 20. Jahrhunderts mehr als 65 %. Dieser Prozess der Ausdehnung transkultureller Namen setzt nach dem 2. Weltkrieg mit dem Beginn der 50er Jahre ein. Der Verlauf ist in dem protestantischen und ab 1949 zur DDR gehörenden Ort Grimma ganz ähnlich – wenn auch durchschnittlich auf einem etwas höheren Niveau – wie in dem katholischen und ab 1949 zur Bundesrepublik gehörenden Ort Gerolstein (vgl. dazu auch Naumann, Schlimpert und Schultheis 1986). In beiden Orten hat also eine dramatische Öffnung in Richtung vormals fremder Kulturkreise stattgefunden.

Wir haben auch hier mit Hilfe der von Michael Simon erhobenen Daten geprüft, ob diesem Prozess der Transnationalisierung ab den 50er Jahren des 20. Jahrhundert ein historisch früher zurückliegender Prozess der Transnationalisierung vorläufig war. Das Ergebnis dieser Prüfung, deren Resultate wir hier nicht im Einzelnen wiedergeben, war negativ. Das heißt: Der Anteil der nicht-deutschen und nicht-christlichen Namen ist seit dem 17. Jahrhundert konstant niedrig und erhöht sich erst in der zweiten Hälfte des 20. Jahrhunderts. Transnationalisierungsprozesse der Vornamen sind also ein Phänomen der zweiten Hälfte des 20. Jahrhunderts.

Der Begriff Transnationalisierung lässt empirisch offen, welche Kulturkreise von den Eltern denn als Bezugspunkte der Namensvergabe herangezogen wurden. Schaut man sich die einzelnen Namen, die nach 1949 an Konjunktur gewinnen, genauer an, dann sieht man, dass jetzt plötzlich Maurice, Marco, René, Natalie und Denise auftauchen, auch Jennifer, Peggy und Sandy, Mike, Marvin und Steve sind mit dabei. Man kann diese Impression, die aus der Ansicht konkreter Namen gewonnen wurde, systematisieren, indem man die Namen aus den verschiedenen Kulturkreisen aggregiert. Das folgende Schaubild zeigt die Entwicklung von Vornamen aus dem romanischen (vor allem französischen und italienischen) und aus dem angloamerikanischen Kulturkreis.

Der Anstieg von Vornamen aus fremden Kulturkreisen geht in erster Linie auf den Anstieg von Namen aus dem romanischen und angloamerikanischen Kulturkreis zurück. Insofern handelt es sich bei der Vergabe von Vornamen nicht um einen Globalisierungsprozess von Vornamen, weil die Vornamen in erster Linie aus westeuropäischen Ländern kommen und andere Kulturkreise weitgehend unberücksichtigt bleiben.

7.1 Transnationalisierungsprozesse in der Vergabe von Vornamen

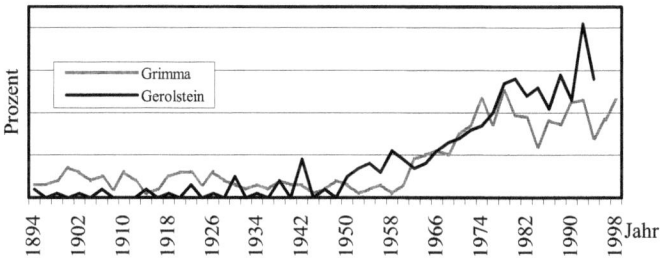

Schaubild 7.2 : Entwicklung des Anteils romanischer und angloamerikanischer Namen

Transnationalisierung konstituiert sich in der Vergabe von Vornamen in erster Linie als *Okzidentalisierungsprozess*, ganz ähnlich, wie die Entwicklung der Künste und der Wissenschaften (vgl. Gerhards und Rössel 1999).

Interessanterweise gilt der Verwestlichungsprozess der Vornamen für das zur sozialistischen DDR gehörende Grimma ebenso wie für Gerolstein. Für Orte in der DDR hätte man erwarten können, dass es einen Anstieg von slawischen und osteuropäischen Namen nach 1949 gegeben hat, weil die DDR seit ihrer Gründung eingebunden war in den Block sozialistischer Bruderländer unter der Vorherrschaft der UdSSR. Diese Einbindung war nun aber für die Namensvergabe völlig folgenlos. Der öffentlich propagierte Schulterschluss mit den sozialistischen Bruderländern des Ostblocks hatte keinerlei Folgen für die Vergabe von Vornamen durch die Bürger: Diese orientierten sich ganz Richtung Westen. Zu einem ähnlichen Ergebnis kommen Horst Naumann, Gerhard Schlimpert und Johannes Schultheis (1986), Stefan Hornbostel (1997) sowie Michael Wolffsohn und Thomas Brechenmacher (1999) in ihren Studien. Weder Ivan, noch Bronislaw oder Wladimir, weder Nadia noch Tanja erreichen eine hohe Verbreitung. Grimma und die DDR insgesamt bleiben in der Vergabe von Vornamen völlig westorientiert und unterscheiden sich in dieser Entwicklung nicht von der Bundesrepublik.

Nicht ganz selbstverständlich ist vielleicht auch die Tatsache, dass türkische Namen in der Bundesrepublik völlig folgenlos im Hinblick auf die Beeinflussung des Namenspools der von deutschen Eltern vergebenen Vornamen geblieben sind, obwohl die Türken die größte Einwanderungsgruppe in der Bundesrepublik darstellen. Mehmet oder Mohammed z. B. vermisst man völlig unter den Namen aus den anderen Kulturkreisen, die ab 1949 an Bedeutung gewinnen.

Wie kann man den Prozess der Transnationalisierung insgesamt und die Zuwendung zu westlichen Namen erklären? Der Gewinn einer bestimmten Namensgruppe ist zugleich immer auch der Verlust einer anderen Namensgruppe. Säkularisierungsprozesse einerseits und die Delegitimierung der deutschen Namen haben den Raum eröffnet, den dann andere Kulturkreise einnehmen konnten. Man kann davon ausgehen, dass Eltern ihren Kindern Namen geben, die ihnen selbst gefallen. Diese Präferenzäußerung im Hinblick auf Vornamen ist bei einem Rückgriff auf fremde Kulturkreise auch eine Präferenzäußerung im Hinblick auf den Kulturkreis, aus dem der jeweilige Name stammt. Der Rückgriff auf fremde Kulturkreise folgt insofern einer sozialen Logik, als vor allem die Kulturkreise bemüht werden, die mit hoher Reputation verbunden sind. Es sind dies im Falle der Namensvergabe die Kulturkreise, die ökonomisch stark und deren Prestige relativ hoch ist. Hier zeigt sich eine interessante Parallele zu Ergebnissen aus der Umfrageforschung. Wir haben an anderer Stelle untersucht, welche Ausländergruppen von den Bürgern in zwölf Ländern der Europäischen Union in welchem Maße geschätzt werden. Die Analysen haben gezeigt, dass Amerikaner und Westeuropäer dabei das beste Prestige genießen, die Bürger aus den Ländern Osteuropas, der Türkei, Afrikas und Asiens genießen ein deutlich schlechteres Prestige (Fuchs, Gerhards und Roller 1993). Ganz ähnlich verhält es sich offensichtlich mit der Auswahl von Vornamen aus anderen Kulturkreisen. Es sind vor allem die westlichen Kulturkreise, auf die die Eltern bei der Vergabe von Vornamen zurückgreifen.

Wie und auf welchem Wege können die Bürger von den fremden Namen aber überhaupt erfahren haben, so dass diese als potentielle Namen für ihre Kinder in Frage gekommen sind? Es lassen sich drei verschiedene Erklärungen denken. 1. Die Bürger erfahren von den neuen, möglichen Namen aus anderen Kulturkreisen durch die Einwanderung von Ausländern aus diesen Kulturkreisen. Diese Erklärung ist aus mehreren Gründen nicht plausibel. Der Anteil an romanischen und angloamerikanischen Einwanderern in der DDR ist fast überhaupt nicht angestiegen. Der kräftige Anstieg von Ausländern in Westdeutschland seit den 1960er Jahren geht ebenfalls nicht in erster Linie auf Zuwanderer aus romanischen und angloamerikanischen Ländern zurück, sondern auf die Zuwanderung von Türken und Jugoslawen;[2] deren Einfluss auf die Vergabepraxis der Vornamen ist aber sehr gering. 2. Die Kenntnis von vormals fremden Namen kann auf die Zunahme der ausländischen Reisetätigkeit der Bürger zurückzuführen sein, die sie in Kontakt mit anderen Kulturen bringt. Auch diese mögliche Erklärung ist nicht sonderlich plausibel, weil zum einen die in der Tat angestiegene Reisetätigkeit in der DDR weitgehend auf die osteuropäischen Länder beschränkt war, die osteuropäischen Namen aber gerade nicht an Bedeutung gewonnen haben; zum anderen gilt für die Bundesrepublik, dass sich die Reisetätigkeit seit den 50er Jahren zwar enorm ausgeweitet hat, die Reiseziele aber in erster Linie auf Österreich, Spanien und Italien zentriert waren, die Zunahme der Namen sich aber vor allem auf den angloamerikanischen und frankophonen Bereich beziehen.[3] 3. Eine Okzidentalisierung der Vornamen kann schließlich auf die Ausdehnung und Nutzung der Massenmedien und vor allem des Fernsehens und der über die Medien verbreiteten Inhalte und auf die Ausdehnung der Popmusik durch die Schallplat-

---

[2] Der Anteil der ausländischen Bevölkerung an der Gesamtbevölkerung der Bundesrepublik hat sich folgendermaßen entwickelt (in Prozent): 1960: 1,2; 1970: 4,9; 1975: 6,6; 1980: 7,2; 1983: 7,4; 1985: 7,1; 1986: 7,4; 1987: 7,6; 1988: 7,3; 1990: 8,9; 1991: 9,8; 1992: 10,8; 1993: 11,5 (vgl. Beisheim et al. 1999: 117).

[3] Der Anteil der Auslandsreisen an allen Reisen (in Prozent) hat sich in Deutschland folgendermaßen entwickelt: 1954: 15, 1956: 20; 1958: 27; 1960: 31; 1962: 40; 1964: 43; 1966: 48; 1968: 51; 1970: 54; 1972: 57; 1974: 58; 1976: 57; 1978: 61; 1980: 62; 1982: 61; 1984: 66; 1986: 66; 1987: 69: 1988: 70 (vgl. Beisheim et al. 1999: 161).

tenindustrie zurückgeführt werden. Wir halten dieses Argument für die plausibelste Erklärung und wollen sie im Folgenden genauer erläutern.

Max Horkheimer und Theodor W. Adorno haben in der „Dialektik der Aufklärung" die These vertreten, dass die technische Entwicklung der Massenmedien, vor allem von Film und Fernsehen die Herstellung einer Weltgesellschaft insofern ermöglicht, als jeder Ort des Globus potentiell unmittelbar erreichbar und damit eine Diffusion von Informationen und Unterhaltung eröffnet wird. Die Folge dieses Prozesses der technischen Ausdehnung ist die Entstehung einer transnationalen Kultur und die Rückentwicklung von regionalen und nationalen Kulturen, die Entstehung eines „global village", das die Wahrnehmung aller Kulturen und Lebensweisen dieser Erde im eigenen Wohnzimmer ermöglicht. Die Autoren vermuten, dass das technische Potential vor allem durch amerikanische Großindustrien entwickelt und genutzt wird, die sich auf die Herstellung von Film, Fernsehen und Musik spezialisiert haben. Die Unternehmungen verbreiten einer Logik der „economy of scale" folgend in erster Linie amerikanische Filme und Musik und tragen damit zu einer Amerikanisierung der Welt bei. Diese These ist in der Folge von vielen Autoren aufgegriffen und meist in recht essayistischer Art und Weise ausgeschmückt worden (vgl. Barber 1996; Ritzer 1998). Wir nehmen die Vermutung von Horkheimer und Adorno als Ausgangspunkt für eine empirische Überprüfung des Zusammenhangs zwischen Film-, Fernseh- und Populärmusikentwicklung auf der einen Seite und der Vornamenentwicklung auf der anderen Seite.

Das Fernsehen wurde in der Bundesrepublik 1954 eingeführt. Die Versorgungsdichte der Haushalte mit einem Fernsehen schnellte innerhalb von wenigen Jahren in die Höhe: 1964: 55 %; 1970: 85 %; 1974: 95 %; 1980: 97 %; 1985: 97 %; 1990: 98 %; 1995: 98 % (Berg und Kiefer 1987, 1996). Damit war die Bedingung der Möglichkeit geschaffen, Informationen und Unterhaltung von anderen Ländern zu erhalten. Die Entwicklung der romanischen und angloamerikanischen Namen und die Ausdehnung des Fernsehens laufen zeitlich parallel zueinander. Korreliert man die Anzahl der

7.1 Transnationalisierungsprozesse in der Vergabe von Vornamen 137

Haushalte mit Fernsehen mit dem Transnationalisierungsindex, erhält man einen Korrelationskoeffizienten von .90.[4]

Die Ausdehnung der Verfügung über einen Fernseher sagt aber noch nichts über die Inhalte aus, die über die Fernseher verbreitet werden. Eine mögliche und vor allem empirisch machbare Messung der Inhalte von Fernsehprogrammen ist die Herkunft der ausgestrahlten Filme. Über ausländische Filme werden auch ausländische Namen vermittelt und diese können die Namensvergabe beeinflusst haben. Irmela Schneider (1990: 197ff.) hat das Verhältnis von deutschen zu ausländischen Filmen im deutschen Fernsehen empirisch beschrieben. Im folgenden Schaubild haben wir die Entwicklung des Anteils der nicht deutschsprachigen, ausländischen Spielfilme für den Zeitraum 1954 bis 1988 auf der Basis der Daten von Irmela Schneider rekonstruiert.[5]

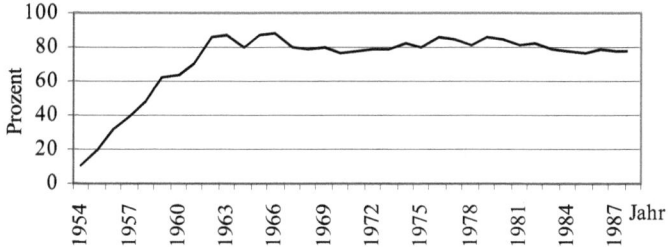

---

[4] Ich habe zur Berechnung des Korrelationskoeffizienten nur die Transnationalisierungsentwicklung von Gerolstein berücksichtigt, weil sich die Mediendaten auch nur auf die Bundesrepublik beziehen. Da wir für die Variable "Anzahl der Haushalte mit TV" nur Informationen über wenige Zeitpunkte besitzen, war es nicht möglich, ein Cochrane-Orcutt-Modell zu berechnen. Wir haben stattdessen einen Maximum-Likelihood-Schätzer berechnet: der unstandardisierte Wert beträgt 0.4 (bei einem Signifikanzniveau von 1 %).

[5] Aus den bei Irmela Schneider (Schneider 1990:198f.) zusammengestellten Daten wurden die Werte für Filme aus den USA, Großbritannien, Frankreich, Italien und anderes Ausland zusammengefasst. Die Restkategorie besteht aus Filmen aus der BRD, der DDR und Österreich. Der Wert für den Anteil ausländischer Filme für 1957 wurde auf der Basis der Jahre davor und danach geschätzt.

Schaubild 7.3: Prozentualer Anteil ausländischer Spielfilme an den Spielfilmen der ARD insgesamt

Der Anstieg der ausländischen Filme an der Gesamtzahl der ausgestrahlten Filme in der ARD steigt also seit der Einführung des Fernsehens rapide an und verläuft ähnlich, wenn auch etwas schneller im Hinblick auf die Steigung wie der Anstieg der transnationalen Namen. Auch hier haben wir den korrelativen Zusammenhang zwischen dem Anteil der ausländischen Filme mit dem Anteil ausländischer Namen berechnet. Der Korrelationskoeffizient erhält einen Wert von .71 (auf einem Signifikanzniveau von 0,01).

Eine ähnliche Entwicklung wie für das Fernsehen lässt sich für den Bereich der Kinofilme nachzeichnen. Die Marktanteile von ausländischen Filmen im Verhältnis zu den deutschen Filmen sind von 51,1 % im Jahr 1955 auf 90,7 % in 1980 gestiegen (vgl. Beisheim et al. 1999: 87). Irmela Schneider (1990: 194) hat rekonstruiert, aus welchen Ländern die ausländischen Filme kommen. Die in den USA und Großbritannien hergestellten Filme können erwartungsgemäß den deutlich höchsten Anteil auf sich vereinen. Von den anderen ausländischen Herstellern liegen die Filme aus Frankreich und Italien an zweiter Stelle.

Schließlich finden wir eine ganz ähnliche Entwicklung im Bereich der sogenannten Tonträgerindustrie (Schallplatten, Kassetten und CD). Die Anzahl der verkauften Tonträger in Deutschland, aber auch in anderen Ländern, hat sich im Zeitverlauf exponential erhöht (vgl. Beisheim et al. 1999: 96ff.). Wie das Verhältnis von inländischen und ausländischen Produkten dabei zu bestimmen ist und wie sich dieses Verhältnis, das man als Indikator zur Messung von Transnationalisierungsprozessen im Bereich der Populärkultur benutzen kann, im Zeitverlauf verändert hat, ist empirisch sehr schwer zu messen. Andreas Gebesmair (2000) hat die verschiedenen Probleme einer empirischen Messung von Transnationalisierungsprozessen im Bereich der Populärkultur ausführlich diskutiert und gibt einen guten Überblick über den empirischen Forschungsstand. Die Messung über den Produktionsort eines Tonträgers oder die Nationalität eines Künstlers sind insofern für unsere Fragestellung keine guten Messungen, weil wir an Sprache, in der ein „Song" verfasst ist, interessiert sind. Dazu müsste man Informationen über die Entwicklung der Charts und der Sprache, in der die Songs gesungen sind, haben. Diese liegen in veröffentlichter Form aber nicht vor. Wir müssen auf eine kleine Forschungsarbeit zurückgreifen, die Mattias Hirschfeld (2001) in einem meiner Hauptseminare durchgeführt hat. Hirschfeld hat die Charts, die im Auftrag des Bundesverbandes Phono von Media Control erhoben werden, für den Zeitverlauf 1960 bis 2000 ausgewertet.[6] Auf der Basis der Titel der Songs und der Namen der Interpreten hat er die verschiedenen Lieder nach Ländergruppen sortiert. Bei den im Auftrag des Bundesverbandes Phono erhobenen Daten handelt es sich nach Eigenaussage des Verbandes um „das wöchentliche Trend-Barometer für den deutschen Tonträgermarkt (...). Sie umfassen den gesamten Markt bespielter Tonträger."[7] Die Kategorien der Erhebung, die der Erfassung zu Grunde liegen, sind dabei nicht richtig durchsichtig und bilden die faktischen Verkaufszahlen nur ungenügend ab, wie Peter Wicke (1996) herausgearbeitet hat. Man kann die von Media Control erhobenen Charts nach unserer Ansicht aber trotzdem als Indikator für einen Wandel der Transnationalisierung der Musik benutzen, wenn man davon ausgeht, dass die Verzerrungen der Erhebung der Daten im Zeitverlauf konstant geblieben sind, so dass vielleicht das absolute Niveau von deutschen und ausländischen Songs nicht richtig wiedergegeben wird, wohl aber der Trendverlauf des Verhältnisses zwischen beiden.

Gruppiert man die verschiedenen Songs nach den verschiedenen Sprachen, so zeigt sich dass man außer Englisch und Deutsch alle anderen Sprachen in einer Kategorie zusammenfassen kann, da diese durchschnittlich nicht mehr als 6 % auf sich vereinigen können. Schaubild 7.4 gibt den Verlauf des Anteils verschiedener Sprachen an der Entwicklung der deutschen Charts im Zeitraum 1960 bis 2000 wieder (entnommen aus Hirschfeld 2001). Die Daten

---

[6] Jeder Song aus den Top-20 jeder Woche erhielt proportional zu seiner Position in den Charts Punkte. Die Punkte wurden dann jeweils für ein Jahr addiert.

[7] Media Control: Kurze Einführung in die offiziellen deutschen Charts, online: http://www.ifpi.de/service/se-charts.htm, Hervorhebung im Original.

wurden zu Jahresgruppen aggregiert, weil die Schwankungen zwischen den einzelnen Jahren sehr hoch waren.

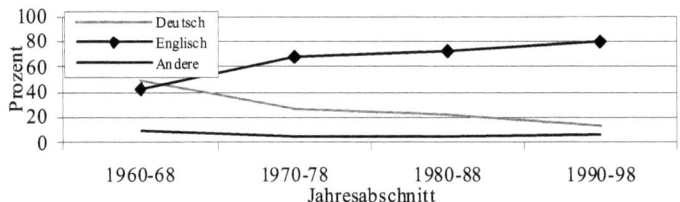

Schaubild 7.4: Anteil von ausländischen und inländischen Songs an den deutschen Charts 1960 bis 2000

Während sich der Anteil der „anderen Sprachen" im Zeitverlauf kaum ändert und zwischen 5 % und 9 % schwankt und konstant niedrig bleibt, fällt der Anteil der deutschen Songs von 49 % auf 13 % zurück. Der Anteil der englischen Songs steigt zugleich von 42 % auf 80 %. Im Bereich der Populärmusik hat also im Zeitverlauf ein Prozess der Transnationalisierung stattgefunden, der sich vor allem als ein Prozess der Angloamerikanisierung manifestiert.

Betrachtet man die Entwicklung des Fernsehens, des Kinofilms und der über Tonträger vermittelten Musik zusammen, dann sieht man, dass das Ausmaß des kommunikativen Anschlusses der Haushalte in Deutschland an die Medienwelt exponential mit dem Beginn der 50er Jahre gestiegen ist. Zugleich hat eine Transnationalisierung der über die Medien vermittelten Inhalte der Unterhaltungsindustrie stattgefunden, insofern die Anteile der englischsprachigen und zum Teil auch romanischen Produkte im Verhältnis zu den deutschen Produkten enorm an Bedeutung gewonnen haben. Damit, so vermuten wir, sind aber auch die vormals ausländischen Namen in die Wohnzimmer der deutschen Haushalte transportiert worden. John (z. B. Lennon), Steve (z. B. McQueen), Ernie (z. B. aus der Sesamstraße), Jaqueline (z. B. Kennedy) und Kevin (z. B. aus dem Film „Kevin allein zu Haus") hielten Einzug in das verfügbare Namensrepertoire der Deutschen. Die Namen kamen zugleich aus einem Kulturraum, der als prestigereich interpretiert wurde, und insofern bestand eine Wahrscheinlichkeit, dass die Namen auch als Vorbilder benutzt wurden.

Zwei Ergänzungen zu der hier formulierten Erklärung von Transnationalisierungsprozessen von Vornamen sind aber nötig und überfällig. 1. Wir erklären die Westorientierung in der Vergabe der Vornamen nach 1949 mit der Entwicklung der Massenkommunikation und Populärkultur in der Bundesrepublik. Die Entwicklung der Massenmedien in der Bundesrepublik mit ihrer starken Westorientierung ist aber keine solitäre Entwicklung der Medien, sondern ist selbst wiederum eingebettet in einen Prozess der Westeinbindung der Bundesrepublik nach 1945 insgesamt. Aus den Zonen der westlichen Siegermächte Frankreich, England und USA ist die Bundesrepublik entstanden. Die politische Verfasstheit der Bundesrepublik als parlamentarische Demokratie, die militärische Einbindung in die NATO und die anderen westlichen Bündnissysteme, die Ausrichtung der ökonomischen Transaktionen, die hauptsächlich auf Europa und die USA bezogen waren und sind, die dominante Orientierung der wissenschaftlichen und künstlerischen Kommunikation auf Europa und die USA (vgl. dazu Gerhards und Rössel 1999) sind Anzeichen für die gesamtgesellschaftliche Westorientierung der Bundesrepublik nach 1949, in die die Medien- und Populärkulturentwicklung eingebettet war und ist. 2. Die Erklärung von Transnationalisierungs- und konkret Okzidentalisierungsprozessen von Vornamen durch die Entwicklung der Massenmedien greift nach meiner Ansicht auch für Grimma und die Entwicklung der Vornamen in anderen Orten der DDR und dies aus folgendem Grund. Die Verbreitung von Fernsehgeräten in der DDR verläuft ähnlich wie in der Bundesrepublik. 1960 verfügten 16,7 %, 1965 48,5 % und 1970 69,1 % der Haushalte über einen Fernseher. 1981 hatten 90 % der Haushalte einen Fernseher und 1988 war mit 95,7 % ein Sättigungsgrad erreicht (Geserick 1989: 105). Die Fernseher wurden zum einen natürlich genutzt, um das DDR-Staatsfernsehen zu empfangen und zu gucken, zum anderen aber um die Fernsehprogramme aus der Bundesrepublik anzuschauen. In welchem Maße in der DDR Westfernsehen geschaut wurde, ist präzise nicht festzustellen (vgl. dazu Linke 1987). Mitte der 70er Jahre waren es wohl ca. 80 % der DDR-Bürger, die Programme der ARD empfangen konnten, Mitte der 80er Jahr bereits ca. 90 % (vgl. Linke 1987: 47f.). Und die Möglichkeit des Empfangs von Westfernsehen wurde offensichtlich auch rege genutzt. In den Umfragen des Instituts für Meinungsforschung der DDR gaben 70 % der DDR-Bürger, die im Besitz eines Fernsehgerätes waren, an, dass sie normalerweise Westfernsehen bevorzugen (zitiert in Linke 1987: 48).[8] Bedenkt man, dass in einigen Gebieten der DDR, im Dresdner Raum, dem sogenannten Tal der Ahnungslosen und im nordöstlichen Mecklenburg, kein Westfernsehen empfangen werden konnte, dann umfassen die 70 % sicherlich über 80 % aller Bürger der DDR, die überhaupt das Westfernsehen empfangen konnten. Insofern hatten die Bürger dauerhaft Teil an den Sendungen und Programmen des Fernsehens der Bundesrepublik, waren entsprechend vertraut mit denselben Filmen und derselben Musik und deren Darstellern und haben wahrscheinlich die medial zirkulierten westlichen Namen zum Teil als Vorbild für die eigene Vergabepraxis von Vornamen benutzt.

Wir haben versucht, zu erklären, warum ausländische und vor allem westliche Namen in Ost- und Westdeutschland ab den 1950er Jahren an Bedeutung gewinnen. Dabei erweist es sich als relativ schwierig, die Konjunktur von bestimmten ausländischen Namen vorauszusagen. Die Popularität der Namen von Prominenten z. B. hat in der Regel einen geringeren Effekt auf die Vergabepraxis von Vornamen, als von vielen angenommen wird (vgl. Seibicke 1991: 107). Es gibt Fälle, in denen ein solcher Effekt nachweisbar ist. Die Konjunktur der Namen Herbert, Franklin und Jaqueline in den USA läuft z. B. parallel zur Amtszeit von Herbert Hoover und Franklin Roosevelt als Präsidenten und Jaqueline Kennedy als Gattin eines Präsidenten (Lieberson 2000). Der Name Leo ist in der englischen Hitparade der Namen um 42 Rangplätze gestiegen, nachdem Tony Blair und seine Frau ihr viertes Kind Leo genannt

---

[8] Über die Medienentwicklung in der DDR vergleiche auch die sehr gute Magisterarbeit von Lars Brücher (2000).

hatten (The Guardian, 4. Januar 2002: 7).[9] Es gibt aber zugleich Beispiele von genau umgekehrten Entwicklungsverläufen, wo die Prominenz einer Person gerade dazu führt, dass der Name weniger benutzt wird (vgl. Lieberson 2000: 134ff.). Der Medienerfolg von Brigitte Bardot hat z. B. eher einen negativen Effekt auf die Prominenz des Namens Brigitte in Frankreich gehabt (vgl. Wilson 1998: 321). Verallgemeinerbare Bedingungen anzugeben, die zu einer Konjunktur von bestimmten Namen führen, ist bis dato nicht gelungen. Im Fall z. B. des Namens Kevin, der nicht nur in Grimma und Gerolstein, sondern in ganz Deutschland 1992 in die Top 10 kometenhaft aufsteigt, und sich dort in den nächsten Jahren behaupten kann, könnte man vermuten, dass der sehr erfolgreiche Film „Kevin – Allein zu Haus" von Chris Columbus aus dem Jahr 1990, der dann zwei Jahre später um den Film „Kevin – Allein in New York" ergänzt wurde, der Auslöser für die Verbreitung des Namens Kevin war.[10] Im Folgenden ist ein Foto von Kevin aus dem Film und von einem seiner Namensvetter aus Berlin[11] abgebildet.

In anderen Fällen ist es aber wesentlich schwieriger, die Konjunktur von bestimmten Namen auf bestimmte Ereignisse zurückzuführen. Unsere Erklärung, dass die Entwicklung der Infrastruktur der Massenkommunikation und der über die Medien vermittelten Inhalte Transnationalisierungsprozesse ausgelöst haben, greift insofern allein auf der aggregierten Ebene von Vornamen eines Kulturkreises. Wir werden im folgenden Kapitel aber zeigen, dass man die Erklärung erfolgreich etwas weiter im Hinblick auf bestimmte Vornamensklassen spezifizieren kann.

---

[9] Den Hinweis verdanke ich John Breuilly.

[10] Die Geschichte des Films verläuft folgendermaßen: Als Kevins Familie vor Heiligabend überstürzt zur lang geplanten Ferienreise nach Paris aufbricht, vergisst man im Trubel den jüngsten Sohn Kevin. Kevin bewohnt die elterliche Villa ganz für sich allein und tut all das, was er sonst nicht darf. Als er Besuch von zwei Einbrechern bekommt, entwickelt Kevin eine Vielzahl an Fallen und Tricks, um die Einbrecher daran zu hindern, die Villa zu plündern.

[11] Es handelt sich um Kevin Scheppner aus Berlin. Ich bedanke mich bei der Mutter von Kevin, Jeanette Scheppner, für die Überlassung des Fotos.

Kevin aus dem Film „Kevin – Allein zu Haus"

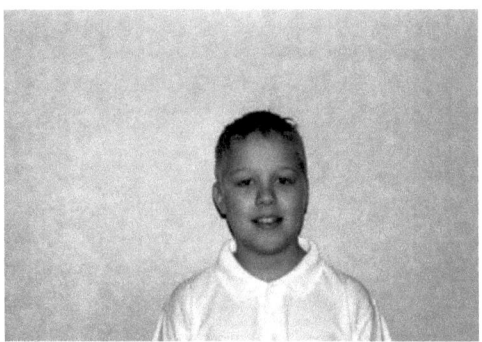

Kevin aus Berlin

7.2 Die Eigendynamik von Namensmoden

Wilfried Seibicke (1996), einer der besten Kenner der Entwicklung der Vornamen in Deutschland, unterscheidet zwischen einer gebundenen Vornamensgebung einerseits und freier Vornamensgebung andererseits. Unter gebundener Vornamensgebung versteht Seibicke die Vorausbestimmtheit des vergebenen Vornamens durch Brauchtum. „Es handelt sich hierbei um gleichsam mechanische Verfahren aufgrund einer dahinterliegenden Motivation" (Seibicke 1996: 1207). Die Orientierung an den Namen der Verwandtschaft oder an religiösen Vorbildern nennt Seibicke als Beispiele für eine gebundene Vornamensgebung. Erst wenn die Vergabe von Vornamen aus den Klammern der Traditionen entlassen ist und die Eltern frei entscheiden können, erst dann können Moden von Vornamen entstehen. „Traditionen und Moden in der Vornamengebung schließen einander aus; denn Moden gibt es nur, wenn die freie Vornamengebung dominiert oder alleinherrschend ist" (Seibicke 1996: 1212). Ganz ähnlich wie Wilfried Seibicke grenzt Stanley Lieberson (2000: 4) Moden von Gewohnheit (custom) ab (vgl. auch Wilson 1998: 320). Eine Mode ist durch eine Änderung von Geschmackspräferenzen gekennzeichnet. Ein Geschmack, der sich nicht ändern kann, weil er durch gesellschaftliche Konventionen und Gewohnheiten festgeschrieben ist, wie zum Beispiel eine ständisch definierte Kleiderordnung, gehört per definitionem nicht zur Mode. Entsprechend bezeichnet Lieberson einen Geschmack, der sich nicht wandelt, als eine Gewohnheit. Wir haben in den vergangenen Kapiteln gesehen, dass sich die traditionellen Gewohnheiten in der Vergabe von Vornamen im Zeitverlauf des 20. Jahrhunderts aufgelöst haben; damit ist der Weg frei gemacht für die Entwicklung von Moden in der Vergabe von Vornamen.

Eine recht gute Operationalisierung zur Messung der Dynamik von Moden hat Wilfried Seibicke (1991) vorgeschlagen. Das Tempo des Wechsels von Moden manifestiert sich in der Menge der Namen, die zwischen zwei Zeitpunkten aus der Liste der am häufigsten benutzten Namen durch neue Namen verdrängt werden. Ganz ähnlich bestimmen Stephen Wilson (1998: 318) und Stanley

Lieberson die Dynamik der Entwicklung von Moden durch die Berechnung einer „turn-over-rate" (Lieberson 2000: 36f.). Wir haben in Analogie für unsere beiden Erhebungsgemeinden berechnet, wie viele neue Namen sich unter den Top 10 im Vergleich zum Zeitpunkt davor befinden und wie sich diese Quote der Erneuerung im Zeitverlauf verändert hat. Wenn z. B. von den zehn 1950 am häufigsten vergebenen Vornamen 1952 wiederum alle 10 Namen in den Top 10 vorkommen, dann ist der Wechsel gleich Null gewesen. Wenn sich unter den Top 10 von 1952 zwei Namen befinden, die 1950 nicht unter den Top 10 waren, dann liegt die "turn-over-rate" bei 20 %. Schaubild 7.5 zeigt uns das Ergebnis dieser Berechnungen.

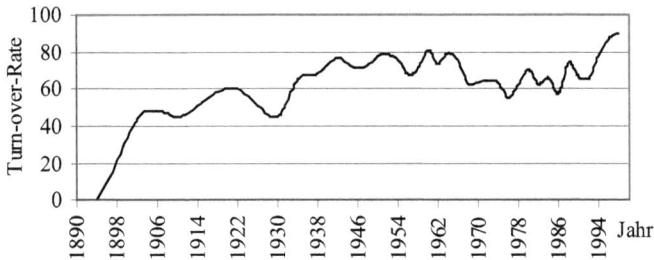

Schaubild 7.5: Veränderung von „turn-over" in den Top 10 der Namen

Im Zeitverlauf hat sich das Tempo der Veränderung der Namen, die zu den beliebtesten Namen in den beiden Städten gehören, also deutlich erhöht. Der Austausch der zehn beliebtesten Vornamen nimmt bis zum Ende des 2. Weltkrieges kontinuierlich zu und pendelt sich dann auf einem relativ hohen Niveau ein. Die Jahresschwankungen in der Kurve können dabei eigentlich nicht interpretiert werden, weil sie wahrscheinlich auf Stichprobenprobleme zurückzuführen sind.12 In der Tat hat in der Vergabe der Vornamen also eine Dynamik des Wechsels von Präferenz stattgefunden.

---

12 Wir haben pro Erhebungsjahr nur jeweils 100 Namen erhoben. Von diesen 100 Namen wurden dann die 10 am häufigsten benutzten Namen ausgewählt.

Wir haben in den Ausführungen zur Frage der Transnationalisierung von Vornamen gesehen, dass ab dem Zeitpunkt, ab dem die Namensvergabe zu einer Frage der Mode geworden ist, die Menschen auf die Namen anderer, und vor allem westlicher Kulturkreise zurückgreifen, um ihr Distinktions- und Modebedürfnis inhaltlich zu füllen. Von welcher konkreten Entscheidungslogik sie sich dabei leiten lassen, wollen wir im Folgenden genauer analysieren.

Wilfried Seibicke (1977a: 133) hatte in seiner eher induktiven Betrachtung der Entwicklung von Vornamen festgestellt, dass die Konjunktur von bestimmten Namen, andere und ähnlich klingende Namen nach sich zieht, so dass man von einer Eigendynamik der Entwicklung von Vornamen sprechen kann. Stanley Lieberson (2000) knüpft, wenn auch nicht explizit, an diese Überlegungen an, konkretisiert und theoretisiert sie weiter und bemüht sich um eine empirische Messung der Eigendynamik der Entwicklung von Moden. Einer der wichtigsten Mechanismen, der die Eigendynamik von Moden zu erklären hilft, bezeichnet Lieberson als den „ratcheteffect". Damit ist Folgendes gemeint. Jede modische Erneuerung findet auf der Basis einer gegebenen Struktur statt. Die Menschen haben zu einem bestimmten Zeitpunkt Vorlieben entwickelt, die sich in einem dominanten Geschmack äußern: Man trägt enge oder weite Hosen, Hüte oder keine Hüte, hört Rock oder Hip-Hop oder benutzt französische oder germanische Namen. Jede Erneuerung besteht nun meist nicht in einem völligen Austausch der alten Mode, sondern in einer moderaten Veränderung der alten Mode. In aller Regel handelt es sich bei den Veränderungen nicht um Revolutionen, sondern um Variationen des Alten und dies deswegen, weil Neuigkeiten mit dem Rahmen und den ästhetischen Bewertungskriterien interpretiert werden, die durch das Alte bestimmt sind (Lieberson 2000: 115). Die alten Präferenzen bilden den Erwartungshorizont, auf den hin das Neue als Neues erkannt und interpretiert wird. Lieberson lässt allerdings theoretisch offen, warum sich die Mode in kleinen Schritten der Abweichung von der alten Mode entwickelt. Ich vermute, dass hier ein Wirkungsmechanismus greift, der in der Lernpsychologie mit dem Terminus „Inkongruenz" oder „dosierte Diskrepanz" beschrieben wird (vgl.

Trautner (1991: 175) mit Bezug auf die Arbeiten von Heinz Heckhausen). Die kognitionstheoretisch orientierte Lernpsychologie geht davon aus, dass die Motivation zum Lernen und damit zur Veränderung am besten dann gegeben ist, wenn das Neue in einem Verhältnis der mittleren Abweichung zum Vertrauten steht. Ist die Abweichung zu gering, fehlt der Stimulus zur Beseitigung des Ungleichgewichts, ist die Abweichung zu groß, fehlt die Fähigkeit zur Assimilation. Ganz ähnlich könnte es sich mit der Entwicklung der Mode verhalten: Ist die Abweichung zu gering, dann wird das Neue gar nicht als Neues interpretiert, ist sie zu groß, dann fehlen die Bewertungskriterien der Beurteilung. Die neue Mode muss gleichsam in einem Verhältnis der dosierten Diskrepanz zur alten Mode stehen.

Hat sich eine Neuerung im Sinne einer Abweichung einmal als Mode durchgesetzt, dann ist damit die Spur für die weitere Entwicklung gelegt. Jede modische Erneuerung muss sich, so Lieberson (2000), Schritt für Schritt in ein und dieselbe Richtung bewegen und kann nicht hin und zurück laufen. Warum? Jede neue Mode lässt die alte Mode als veraltet erscheinen. Würde man vom Ausgangspunkt „a" startend nach einer modischen Veränderung „b" wieder im nächsten Schritt zu „a" zurückkehren, dann würde dies nicht als Neuerung interpretiert werden. Erst nach einer langen Zeitspanne, wenn die vormalige Mode vergessen ist, kann man die ursprünglich alte Mode als neue Mode wieder einführen.

Stanley Lieberson kann in seinen Analysen von Kleidungsmoden, aber vor allem auch von Vornamen, sehr schön zeigen, dass die beiden Theoreme in der Tat den Verlauf von Moden recht gut erklären können.[13] Wir nehmen die von Lieberson formulierten Überlegungen als Ausgangspunkt für unsere eigenen empirischen

---

[13] Vornamen eignen sich nach Ansicht von Lieberson zur Analyse der Eigendynamik der Änderung des Geschmacks insofern besonders gut, als sie zum einen im Unterschied zum Beispiel zur Kleidungsmode kaum durch Marketingstrategien der Industrie beeinflusst werden, zum anderen die Entscheidung für einen bestimmten Vornamen allein von den Präferenzen der Eltern abhängt und nicht von deren Ressourcenausstattung, die wiederum durch die Klassenlage bestimmt sein kann. Insofern sind die externen Einflussfaktoren weitgehend neutralisiert, was eine Analyse der Eigendynamik von Moden besser ermöglicht.

Analysen. Das Prinzip der moderaten Abweichung auf der Basis der Vorstrukturierung durch die gerade existierende Mode kann sich in der Entwicklung der Vornamen u. a. darin zeigen, dass phonetisch ähnlich klingende Namen eingeführt werden. Für die Einführung der ausländischen Namen heißt dieses Prinzip, dass sie an die phonetischen Gewohnheiten der deutschen Namen anschlussfähig sein, zugleich von diesen im Verhältnis der dosierten Diskrepanz abweichen müssten.

Tabelle 7.1 illustriert, wie das Prinzip der dosierten Abweichung in der Tat Innovationen in der Einführung neuer Namen empirisch gut erklären kann. Der Name Markus ist 1970 unter den Top 10 der wichtigsten Namen in Gerolstein und hält sich in der Hitparade der häufigsten Namen bis 1976. Marc schafft es 1974 unter die Top 10, zwei Jahre später Marco, der sich dann über mehrere Jahre in der Gruppe der zehn beliebtesten Namen festsetzen kann. 1992 schafft es dann zusätzlich der aus dem französischen kommende Name Marcel in die Gruppe der zehn häufigsten Namen vorzudringen.

Tabelle 7.1: Die Namen Markus, Marc, Marco und Marcel in der Gruppe der 10 häufigsten Vornamen im Zeitverlauf

	70	72	74	76	78	80	82	84	86	88	90	92
Markus	X	X	X	X					X	X		
Marc			X									
Marco				X		X	X	X				
Marcel												X

Vom Ausgangsnamen Markus haben sich in der Folge die „Mutationen" Marc, Marco und Marcel gebildet. Ganz ähnlich verhält es sich mit den beiden Namen Andreas und dem französischen André. Zuerst steigt Andreas in die Top 10 auf und zieht dann später den Namen Andrè nach sich.

In der folgenden Tabelle sind Namen mit Abweichungen von dem Namen Stefan aufgelistet. Auch hier zeigt sich ein ähnlicher „Mutationseffekt": Steffen gehört in Grimma seit 1962 zu den beliebtesten zehn Namen; 1966 gesellt sich Stefan dazu. 1978 schafft es dann der englische Name Steve in die Top 10 zu kommen, nachdem einerseits über die Konjunktur von Stefan und Steffen die Akzeptanz hinreichend vorbereitet, andererseits die Zeit für eine dosierte Abweichung gegeben war.

Tabelle 7.2: Die Namen Stefan, Steffen und Steve in der Gruppe der 10 wichtigsten Vornamen im Zeitverlauf

	60	62	64	66	68	70	72	74	76	78
Steffen		X	X	X			X	X		X
Stefan				X		X				X
Steve										X

Die Logik der dosierten Diskrepanz in der Entwicklung von Moden greift aber nicht nur bei den männlichen Namen, sondern auch bei den weiblichen Namen. Dies sei an folgenden beiden Beispielen illustriert.

Tabelle 7.3: Weibliche Namen mit einer y-Endung in der Gruppe der 10 wichtigsten Namen im Zeitverlauf

	70	72	74	76	78	80	82	84	86	88	90	92	94	96	98
Mandy				X					X	X					
Peggy					X	X									
Cindy									X						
Jenny									X	X			X	X	
Nicky												X			
Emily															X
Nancy															X

Nachdem es Mandy in die Top 10 der Vornamen von Grimma geschafft hat, zieht der Name in der Folge eine ganze Anzahl von ähnlich klingenden, ausländischen Namen nach sich. Vier Jahre nach Mandy schafft es Peggy, wiederum vier Jahre später Cindy

7.2 Die Eigendynamik von Vornamensmoden

und Jenny, dann Nicky und zuletzt Emily und Nancy in die Top 10 zu kommen.

Ganz ähnlich sieht die Verlaufsentwicklung der Namen aus, die mit „Je" beginnen.

Tabelle 7.4: Weibliche Namen mit einem „Je" am Anfang in der Gruppe der 10 wichtigsten Namen

	86	88	90	92	94	96	98
Jenny	X	X			X	X	
Jessica			X		X		
Jennifer						X	

Jenny, die es zwischen 1986 und 1998 in Grimma viermal schafft, unter den zehn am häufigsten benutzten Namen zu sein, zieht 1990 Jessica nach sich und 1996 Jennifer.

Wir haben damit zwar keine Erklärung gefunden für den Erfolg eines bestimmten ausländischen Namens, wir haben aber in Ansätzen eine Erklärung gefunden für die Frage, warum der Erfolg eines Namens die Wahrscheinlichkeit erhöht, dass ähnlich klingende Namen an Bedeutung gewinnen. Die Übernahme ausländischer Namen erfolgt in der Regel im Windschatten ähnlich klingender Namen, die bereits vorher erfolgreich waren. Dieser Wirkungsmechanismus der dosierten Diskrepanz greift aber nicht nur zur Erklärung der Konjunktur von ausländischen Namen, sondern auch zur Erklärung von Veränderungen von deutschen oder christlichen Namen. Allerdings ist zum Zeitpunkt, als diese die dominanten Namen waren, die Dynamik der Modenentwicklung wesentlich geringer, wie wir gesehen hatten. Ein Beispiel für Variationen eines Grundnamens ist die Entwicklung der Namen, die mit „Chris" beginnen.

Tabelle 7.5: Männliche Namen mit „Chris" in der Gruppe der 10 häufigsten Namen im Zeitverlauf

	80	82	84	86	88	90	92	94
Christian		X	X		X		X	
Christopher					X			
Christoph						X		
Chris								X

Der Erfolg von Christian zu Beginn der 1980er Jahre zieht zuerst Christopher, dann Christoph und schließlich Chris nach sich. Die Daten beziehen sich auf Grimma.

Wir können damit eine *Bilanz* der Befunde dieses Kapitels ziehen. Mit der Gründung der Bundesrepublik und der DDR beginnt ein Prozess der Transnationalisierung der Vornamensvergabe. Immer häufiger greifen Eltern auf Namen aus anderen Kulturkreisen zurück. Dabei hat sich gezeigt, dass die anderen Kulturkreise empirisch vor allem aus Namen aus dem angloamerikanischen und romanischen Bereich bestehen; Transnationalisierung in der Vornamensgebung meint also in erster Linie eine Westöffnung in der Vergabe von Vornamen. Wir haben verschiedene alternative Erklärungen der Transnationalisierung der Vornamen formuliert und ihre jeweilige Plausibilität geprüft. Am überzeugendsten scheint mir, den Prozess der Transnationalisierung der Vornamen auf eine Ausdehnung und Verwestlichung des Fernsehens, des Films und der Musikindustrie zurückzuführen. Denn parallel zur Transnationalisierung der Vornamen ist der kommunikative Anschluss der Haushalte in Deutschland an die Medienwelt und sind die Anteile der englischsprachigen und zum Teil auch romanischen Produkte im Verhältnis zu den deutschen Kulturindustrieprodukten angestiegen. Damit sind die vormals ausländischen Namen in die Wohnzimmer der west- und ostdeutschen Haushalte transportiert worden und konnten als Vorbilder für die Benennung der Kinder benutzt werden.

Von der Vielzahl an ausländischen Vornamen ist aber nur ein Teil erfolgreich gewesen, in die Hitparade der zehn wichtigsten

7.2 Die Eigendynamik von Vornamensmoden

Namen vorzudringen. Bei dem Versuch zu erklären, welche der Vornamen bzw. welcher Typus von Vornamen eine höhere Wahrscheinlichkeit des Erfolgs hat, sind wir von allgemeinen Theoremen der Modeentwicklung gestartet, wie sie Stanley Lieberson formuliert hat. Nach dem Prinzip der dosierten Diskrepanz ist es wahrscheinlich, dass die Vornamen erfolgreich sind, die phonetisch ähnlich klingen wie die gerade in Mode befindlichen Vornamen. Für die Erklärung der Konjunktur von ausländischen Namen heißt dieses Prinzip, dass sie an die phonetischen Gewohnheiten der deutschen Namen anschlussfähig sein, zugleich aber von diesen im Verhältnis der dosierten Diskrepanz abweichen müssen.

8. Geschlechtsklassifikation durch Vornamen und Geschlechtsrollen im Wandel

Im Verlauf der Geschichte des 20. Jahrhunderts, vor allem aber ab Mitte der 60er Jahre haben sich die Rechte der Frauen erweitert und hat ein Emanzipationsprozess der Frauen stattgefunden. Dieser (erstrittene) soziale Wandel manifestiert sich in einer Vielzahl von „harten" und „weichen" Indikatoren: der Erhöhung des Anteils von Frauen an den Studierenden, in der Erhöhung der weiblichen Erwerbsquote, der Zunahme der Besetzung von Führungspositionen in der Politik durch Frauen, in der Veränderung des Scheidungs- und Familienrechts, aber auch in den veränderten Einstellungen der Bürger zu geschlechtsspezifischen Rollen.[1] Der Prozess der Zunahme der Gleichberechtigung der Frauen manifestiert sich auch in einer neuen, auf Gleichberechtigung bedachten sprachlichen Etikettierung der beiden Geschlechter. Die alleinige Verwendung der männlichen Form ist delegitimiert und weitgehend ersetzt worden durch eine sprachliche Differenzierung in männliche oder weibliche Formen – z. B. der Präsident und die Präsidentin – oder, wenn dies sprachlich möglich ist, durch geschlechtsneutrale Anredeformen. So wurde auch der Deutsche Soziologentag umbenannt in Deutscher Soziologiekongress und aus Studenten sind Studierende geworden. Die Vermeidung der allein männlichen Form zur Bezeichnung von sozialen Positionen oder Kollektivsubjekten wird dabei verstanden als eine sprachliche Manifestation einer symmetrischen, gleichberechtigten Vorstellung im Hinblick auf die Wertigkeit der beiden Geschlechter.

---

1   Siehe dazu die statistischen Informationen im Datenreport des Statistischen Bundesamtes (2000: 73, 88, 516f.); vgl. auch den Überblick in Gertrud Nunner-Winkler (2001).

Ich möchte in diesem Kapitel zwei Fragen nachgehen: In welchem Maße wird über die Benutzung von Vornamen das Geschlecht von Personen klassifiziert und lässt sich diesbezüglich ein sozialer Wandel der Abnahme der Geschlechtseindeutigkeit von Vornamen feststellen? Greifen die Eltern je nach Geschlecht des Kindes auf unterschiedliche Namenskulturkreise zurück, sind damit geschlechtsspezifische Rollenvorstellungen verbunden und haben sich diese im Zeitverlauf der letzten 100 Jahre verändert?

8.1 Die Markierung von Geschlecht durch die Vergabe von Vornamen

Die amerikanische Frauenforschung arbeitet mit der begrifflichen Unterscheidung von „sex" und „gender" (vgl. zusammenfassend Cerulo 1997). Candice West und Don H. Zimmermann (1991) haben diese terminologische Differenzierung um eine dritte Kategorie erweitert, die sie als „sex-category" bezeichnen. „Sex" bezeichnet das biologische Geschlecht, „sex-category" die soziale Zuordnung zum biologischen Geschlecht und „gender" geschlechtsspezifische Rollenerwartungen. Vielleicht sind die Begriffe *Geschlecht*, *Geschlechtsklassifikation* und *Geschlechtsrollen* eine hinreichend gute Übersetzung der drei Termini. Während mit Geschlecht das biologische Geschlecht bezeichnet wird, beziehen sich Geschlechtsklassifikation und Geschlechtsrollen auf die soziale Konstruktion von Geschlecht. Eine Klassifikation nach Geschlecht ist den Geschlechtsrollen vorläufig, sie stellt die Weichen für eine daran anknüpfende Geschlechtsrollendifferenzierung (Tyrell 1986: 452). Eine Geschlechtsklassifikation findet dann statt, wenn über sozial definierte „Marker" deutlich gemacht wird, ob wir es mit einer Frau oder einem Mann zu tun haben (Goffman 1979). Kleidung, Make-up, Haarlänge, die Art zu reden oder zu gehen können geschlechtsspezifisch unterschiedlich definiert sein, sie müssen dies aber nicht sein, und insofern handelt es sich um sozial definierte Geschlechtsklassifikationen.² Das Tragen von Anzug und Krawatte war zum Beispiel noch bis vor kurzem fast ausschließlich den Männern vorbehalten, und insofern ein fast eindeutiger Geschlechtsmarker. 1970 erregte die Bundestagsabgeordnete Lenelotte von Bothmer von der SPD noch großes Aufsehen, weil sie als erste Frau in einem Hosenanzug an das Rednerpult des Deutschen Bundestages getreten war. Der Vizepräsident des Bundestages Jäger hatte vorher erklärt, er werde keiner Frau erlauben, in Hosen im Plenum zu erscheinen, geschweige denn das Rednerpult zu betreten. Diese Äußerung hatte die Abgeordnete von Bothmer so provoziert, dass sie sich einen hellen Hosenanzug mit langer Jacke kaufte und damit bei nächster Gelegenheit in den Bundestag kam. Der ganze Saal geriet in Bewegung, die Presse richtete ihre Aufmerksamkeit auf den Vorfall, Frau von Bothmer erhielt eine Vielzahl an anonymen Schreiben, in denen sie zum Teil heftigst beschimpft wurde.³ Meine Schwester, die in den 1960er Jahren ein Ursulinengymnasium besuchte, war, wie alle Schülerinnen der Schule gehalten, in einem Rock in die Schule zu kommen. Dass Hosen und Anzüge heute kaum noch als Marker für das Geschlecht einer Person taugen, zeigt ein Blick in jeden Hörsaal einer deutschen Universität oder auf die Kinowerbung.

Auch für Babys und Kleinkinder gilt, dass man das Geschlecht schon sehr früh nach außen markieren kann oder auch nicht. Die Farbe „blau" war traditionell die für Jungen reservierte Farbe, die Mädchen trugen und tragen hingegen rosa eingefärbte Kleidungstücke. Kleider und Röcke einerseits, Hosen andererseits sind meist deutliche Marker für das Geschlecht eines Kindes (gewesen). Das folgende Foto, aufgenommen in Gerolstein 1911, zeigt sehr deutlich, wie das Geschlecht der verschiedenen Geschwister einer Fa-

---

2 Einen guten, aktuellen Überblick zum Thema und eine Vielzahl an empirischen Studien bietet der von Ursula Pasero und Friederike Braun (1999) herausgegebene Sammelband.
3 " Armes Deutschland! So tief bist du gesunken mit den roten Parteienweibern" lautet es in einem der Schreiben (Bothmer 1996).

milie durch Haarschnitt, Haarschmuck, Kleider und Positionierung (die Mädchen sitzen, die Jungen stehen) markiert wird.[4]

Auch Vornamen können das Geschlecht anzeigen. Im Unterschied zur Markierung von Geschlecht durch die Kleidung scheint der Markierung von Geschlecht durch Vornamen eine fundamentalere Bedeutung zuzukommen, weil die Markierung in aller Regel eine lebenslange und andere Klassifikationen bestimmende Einordnung ist, auf alle Menschen angewandt und zudem insofern binär codiert wird, als alle Personen nur einem der beiden Geschlechter zugeordnet werden (Tyrell 1986).[5] Es ist aber eine prinzipiell offene Frage, ob und in welchem Maße mit dem Vornamen das Geschlecht des neugeborenen Kindes zum Ausdruck gebracht wird,

---

4   Das Foto zeigt Kinder der Familie Breuer und ist dem 1980 von P. Josef Böffgen herausgegebenen Band „Gerolstein in alten Ansichten" entnommen.

5   Hartmann Tyrell (1986) hat die Luhmann'sche Code-Theorie auf die Klassifikation von Geschlechtern angewandt, um die Unwahrscheinlichkeit und die Voraussetzungen einer binären Codierung zu demonstrieren.

ob also durch den Namen das biologische Geschlecht des Kindes markiert wird, und damit für alle Interaktionspartner durch den Vornamen das biologische Geschlecht bereits erkennbar ist oder nicht. Ein Vergleich der Rechtsprechung in den USA und in Deutschland macht dies deutlich.

In Deutschland prüft das Standesamt die Rechtmäßigkeit der durch die Eltern vorgeschlagenen Vornamen. Der Maßstab der Orientierung der Prüfung ist das Wohl des Kindes; rechtliche Beschränkungen der elterlichen Wahlfreiheit rechtfertigen sich deshalb aus dem Wächteramt des Staates. Als Wohl des Kindes wird in der deutschen Rechtsprechung u. a. festgelegt, dass a) Geschwister nicht denselben Namen haben dürfen, b) keine anstößigen, lächerlichen oder sonst belastenden Namen, aber auch keine Namen von Gebrauchsgegenständen oder Konsumartikeln benutzt werden dürfen und c) die Namen – sieht man von Ausnahmen wie z. B. Maria ab – geschlechtseindeutig sein müssen (vgl. Raschauer 1978; Diedrichsen 1995).[6]

Ganz anders die Situation in den USA: Hier gibt es keine Rechtsvorschriften, die die Vergabepraxis von Vornamen vorschreiben. Sowohl die Erfindung völlig neuer Vornamen, als auch die Verwendung von anstößigen Namen, aber auch die Verwendung von bis dato nur für Jungen benutzter Vornamen für Mädchen et vice versa ist hier zulässig. Diese Unterschiede im Namensrecht in den beiden Ländern verweisen einerseits auf fundamentale Kulturunterschiede zwischen den beiden Ländern, die sich auch in anderen Rechtsfragen, zum Beispiel in der rechtlichen Regelung der Abtreibungsfrage spiegeln: die Betonung individueller Freiheitsrechte gegenüber staatlicher Regulierung in den USA, die Betonung der Idee des schützenden Staates in Deutschland (vgl. Ferree, Gamson, Gerhards und Rucht 2002). Andererseits beeinflussen die unterschiedlichen rechtlichen Namensregelungen die Handlungen der Bürger, indem sie den Möglichkeitsrahmen von

---

6 Entsprechend schreibt der Gesetzgeber auch vor, dass bei einer Geschlechtsumwandlung der Vorname geändert werden muss (vgl. Seibicke 1991: 23).

Wahlhandlungen begrenzen bzw. erweitern. Auch wenn sich die deutsche Namensregelung in der Rechtsanwendung langsam informalisiert hat, bleibt der Möglichkeitsraum der Verwendung von geschlechtsneutralen Namen, der Verwendung von vormals weiblichen Namen für Jungen beziehungsweise von männlichen Namen für Mädchen im Unterschied zu den USA sehr begrenzt.

Die rechtliche Offenheit der Markierung des Geschlechts eines Kindes durch den Vornamen in den USA ermöglicht zu prüfen, ob und in welchem Maße die Eltern selbst bei der Vergabe von Vornamen auf eine Geschlechtskennung Wert legen. Nun ist es so, dass die Eltern über ein Erfahrungswissen verfügen, dass ihnen sagt, welche Vornamen normalerweise mit welchem Geschlecht verbunden sind. Wir wissen z. B. dass Peter, Karl, aber auch Mike, Thorsten oder Boris Vornamen sind, die in aller Regel für Jungen verwendet werden, weil wir – sei es unmittelbar, sei es medial vermittelt – Personen kennen gelernt haben, die diese Namen tragen und deren Geschlecht wir kennen. Gängige Namen sind in aller Regel auf der Basis von Erfahrungswissen in unserer Erinnerung fest mit einem Geschlecht assoziiert, ganz unabhängig davon, ob die Zuordnung von Geschlecht und Vornamen rechtlich geregelt oder offen gestaltet ist. Ganz anders verhält es sich aber mit ganz neuen Namen. Hier können wir nicht auf ein Erfahrungswissen zurückgreifen, das uns sagt, mit welchem Namen welches Geschlecht verbunden ist. Und insofern eignen sich neue Namen dazu, zu prüfen, ob und in welchem Ausmaß die Markierung von Geschlecht durch den Vornamen ein strukturierendes Merkmal der Vergabepraxis von Vornamen ist.

Stanley Lieberson und Kelly S. Mikelson (1995) haben genau dies versucht. Im Unterschied zu Deutschland ist es in den USA möglich, neue Namen zu erfinden und für seine Kinder zu verwenden. Lieberson und Mikelson (1995: 933) haben eine Zufallsauswahl von acht für Jungen und acht für Mädchen vergebenen Namen aus einer Liste der in New York State vergebenen neuen Namen ausgewählt und dann 225 Personen, die relativ willkürlich ausgewählt worden waren, gebeten, festzulegen, ob es sich bei den einzelnen Namen um einen männlichen oder um einen weiblichen

Namen handelt. Ich habe dieses „rating" mit denselben Namen, die Lieberson und Mikelson ausgewählt hatten, in Leipzig mit Studenten repliziert (N=184), indem ich diesen die gleiche Liste an Vornamen vorgelegt und gebeten hatte, zu notieren, welche der Vornamen ihrer Ansicht nach für ein Mädchen und welcher für einen Jungen benutzt wurde.

Tabelle 8.1 gibt das Ergebnis des amerikanischen „ratings" und der deutschen Replikation wieder. In der ersten Spalte finden sich die 16 neu erfundenen Namen, in der zweiten Spalte das Geschlecht, das die Kinder haben, denen der Name zugeordnet wurde. Die dritte und vierte Spalte geben für die beiden Länder den Prozentsatz der richtigen Antworten wieder.

Tabelle 8.1: Zuordnung des Geschlechts zu neu erfundenen Vornamen in den USA und in Deutschland im Vergleich (%)

Vornamen	Geschlecht	Richtige Einschätzung in den USA	Richtige Einschätzung In Deutschland
Lamecca	Weiblich	93,6	97,8
Husan	Männlich	89,5	96,2
Timitra	Weiblich	89,0	94,6
Oukayod	Männlich	86,3	90,2
Maleka	Weiblich	85,5	95,7
Sukoya	Weiblich	79,5	87,0
Jorell	Männlich	79,1	50,0
Rashueen	Männlich	76,4	78,3
Shatrye	Weiblich	72,7	81,5
Gerais	Männlich	71,7	89,1
Triciaan	Weiblich	68,9	7,1
Cagdas	Männlich	68,8	74,5
Shameki	Weiblich	65,5	50,0
Kariffe	Weiblich	41,4	51,1
Furelle	Männlich	25,0	4,3
Chanti	Männlich	10,9	48,3

In 13 von 16 Fällen waren die amerikanischen Befragten in der Lage, das Geschlecht des Kindes, das den jeweiligen Namen erhalten hatte, überdurchschnittlich richtig vorauszusagen. Das sind immerhin 81 %. In den Fällen, in denen die Geschlechtszuordnung zum Namen richtig erfolgte, liegen die Prozentsätze der richtigen Antworten zum Teil über 80 %. Chanti wurde hingegen von 89 % und Furelle von 75 % falsch als Mädchenname eingestuft; Kariffe wurde von ungefähr 59 % Prozent falsch als Jungenname eingestuft. Zu einem ganz ähnlichen Ergebnis kommen die deutschen Befragten; sie schätzen das Geschlecht des Vornamens weitgehend ähnlich ein wie die amerikanischen Befragten.

Da es sich bei den Namen um neu eingeführte Namen handelt, konnten die Befragten in beiden Ländern nicht auf Erfahrungswissen zurückgreifen, um auf das Geschlecht des Kindes, für das der jeweilige Name verwendet wurde, zu schließen. Offensichtlich ist den meisten der neu gegebenen Namen aber eine spezifische Phonetik eigen, die mit einem typisch männlichen und einem typisch weiblichen Klang verbunden ist. Umgekehrt formuliert: Das Erfahrungswissen im Hinblick auf das Geschlecht von Vornamen ist nicht allein ein konkretes Wissen, insofern die Mitglieder qua konkreter Erfahrung wissen, welcher Name mit welchem Geschlecht verbunden ist, sondern es handelt sich um ein *generalisiertes phonetisches Wissen*, das generative Fähigkeiten besitzt, insofern es auch auf die Entschlüsselung von neuen Namen übertragen und zur Decodierung des wahrscheinlichen Geschlechts benutzt werden kann. Und dieses Wissen scheint für den amerikanischen und deutschen Sprachraum ähnlich zu sein, sonst könnte man die hohe Übereinstimmung in den „ratings" nicht erklären. Dass dem so ist, hat mit den gemeinsamen Wurzeln der beiden Sprachen zu tun und spiegelt sich zum Teil in einem ähnlichen Namensreservoir wider, das partiell auf Eroberung und gemeinsame kulturelle Traditionen, wie das Christentum, zurückzuführen ist (vgl. dazu Smart 1995).

Welches sind aber die Merkmale von Vornamen, von denen man auf das wahrscheinliche Geschlecht schließen kann? Ich konzentriere mich im Folgenden auf eine Erklärung der Einschätzungen der deutschen Probanden, weil für die Einschätzung der amerikanischen Befragten Lieberson und Mikelson (1995) eine Erklärung vorgelegt haben, orientiere mich aber zugleich an deren überzeugender Argumentationslinie. Um die typische Phonetik von männlichen und weiblichen Vornamen zu bestimmen, beziehe ich mich auf unseren Datensatz von Vornamen, den wir zur Analyse von Prozessen kulturellen Wandels in den beiden Gemeinden Gerolstein und Grimma erhoben haben. Aus diesem Namenspool habe ich die Namen, die zwischen 1950 und 1990 vergeben wurden, ausgewählt und dann auf geschlechtsspezifische phonetische Merkmale analysiert. Ich gehe davon aus, dass die auf diese Weise empirisch rekonstruierten geschlechtsspezifischen phonetischen Merkmale von Vornamen auch den Befragten implizit bekannt sind, weil sie dauerhaft in ihren Interaktionen Erfahrungen mit diesen Namen und den Namen zugeordneten Geschlechtern gemacht haben. Dieses Erfahrungswissen bildet wahrscheinlich die Grundlage für die Geschlechtseinschätzung der neuen Namen. Zur Bestimmung einer typisch männlichen und typisch weiblichen Phonetik kann man sich auf die Endlaute konzentrieren; wenn die Endlaute uneindeutig sind, dann, so die Vermutung, schließt man von den anderen Phonemen auf das Geschlecht des Namens.[7]

Am einfachsten zu erklären sind die richtigen Geschlechtseinschätzungen im Hinblick auf die Namen, die mit „a" enden. Dies sind die Namen Lamecca, Timitra, Maleka und Sukoya. Sortiert man nun aus den von uns erhobenen Daten über die *faktische* Vergabe von Vornamen zwischen 1950 und 1990 alle vergebenen Namen, die mit „a" enden, nach Geschlecht, dann zeigt sich, dass über 95 % der vergebenen Vornamen, die mit „a" enden, weibliche Vornamen sind; Namen wie Joschka, Joschua oder Noah sind Ausnahmen. Diese Erfahrung ist auch den Eltern implizit bekannt und entsprechend schließen sie, wenn sie einen neuen Namen hören, der auf „a" endet, dass dies ein Mädchenname sein wird – und in aller Regel schließen sie richtig. Ganz ähnlich ist die empirische Verteilung der a-Endungen auf die weiblichen Namen im Englischen (Lieberson und Mikelson 1995: 936), und dies vermag die

---

7 Dies hat sich auch in der Praxis der Standesämter und bei Namensberatungsstellen bewährt. Wilfried Seibicke (1991: 260) versteht seine Liste an alphabetisch rückläufig sortierten Vornamen entsprechend als Hilfe zur Bestimmung des Geschlechts eines Vornamens.

hohe Übereinstimmung der richtigen Einschätzungen des Geschlechts der Namen, die auf „a" enden, in den USA und in Deutschland zu erklären. Ein ähnlich starker Zusammenhang ergibt sich zwischen dem Endlaut „e" und dem Geschlecht des Kindes, insofern fast alle Namen, die mit einem „e" enden, weibliche Vornamen sind. Auch hier gibt es wieder Ausnahmen, wie z. B. Ede oder Vicente. Wir vermuten entsprechend, dass der Name Shatyre, der auf „e" endet, wahrscheinlich deswegen als weiblicher Name eingeschätzt wird. Ähnliches könnte für die Namen Kariffe und Furelle gelten; sie werden von den deutschen Probanden als weibliche Vornamen eingeschätzt, im Falle von Furelle fälschlicherweise.

Was das „a" als Endlaut zur Kennung eines weiblichen Vornamens ist, sind die Endlaute „n" und „s" zur Kennung von männlichen Vornamen. Auch wenn die Werte zwischen den verschiedenen Jahren schwanken, gilt, dass über 80 % der Vornamen, die auf „n" oder „s" enden, männliche Vornamen sind. Ich vermute, dass dieses implizite Hintergrundwissen die Schlussfolgerungen der deutschen Probanden angeleitet hat, dass die Namen Husan, Rashueen, Triciaan, Cagdas und Gerais ebenfalls männliche Namen sein müssen. Nur im Fall von Triciaan lagen sie mit ihrer Einschätzung falsch; dies ist aber gleichsam nicht den Probanden anzulasten; sie haben auf der Basis der Verteilung der beiden Endlaute „n" und „s" auf die beiden Geschlechter richtig geschlussfolgert. Ähnlich verhält es sich mit dem harten „d"-Endlaut; auch dieser ist statistisch überdurchschnittlich, wenn auch schwächer als die anderen Endlaute, mit männlichen Vornamen verbunden; dies könnte erklären, warum „Oukayod" als männlicher Name interpretiert wird.

Keine gute Erklärung findet man auf den ersten Blick für die beiden Namen Chanti und Shameki; der Endlaut „i" ist, wenn man sich die Verteilung der Namen, die mit „i" enden, auf die beiden Geschlechter anschaut, nicht sehr stark geschlechtsdiskriminierend, auch wenn es mehr weibliche als männliche Vornamen mit einer „i"-Endung gibt. Auch aus dem Anfangslaut kann man nicht auf das Geschlecht schließen. Den Anlaut *„sch"* (ich gehe davon aus,

Chanti von den Probanden als „Schanti" gelesen wurde und Shameki als „Schameki"), gibt es bei den deutschen Namen im Unterschied zu den USA nicht. Insofern konnten die Befragten bei diesen Namen nicht auf ihr geschlechtsphonetisches Gedächtnis zurückgreifen, um das Geschlecht des Vornamens einzuschätzen. Dieser Sachverhalt mag erklären, warum die deutschen Befragten in der Einschätzung der beiden Namen unentschieden sind, zugleich die amerikanischen Probanden in höherem Maße auf einen weiblichen Namen getippt haben.

Stanley Lieberson und Kelly S. Mikelson ziehen aus ihrer Analyse eine interessante Schlussfolgerung, die man auf der Basis der Replikation auch auf den deutschen Sprachraum beziehen kann. Offensichtlich hat das biologische Geschlecht eines Kindes einen Einfluss auf die Namens-Klangassoziationen, die Eltern für ihr Kind als passend oder weniger passend empfinden. Dies führt dazu, dass selbst dann, wenn Eltern nicht auf das Standardrepertoire von Namen zurückgreifen, sondern neue Namen erfinden, ihre Entscheidung von den Geschlechtern zugeordneten Klängen strukturiert wird. Dieses implizite Wissen steuert dann auch den an sich offenen Entscheidungsprozess in der Weise, dass dem Geschlecht eines Kindes (sex) ein Geschlechtsmarker (sex-category) in der Form eines bestimmten Vornamens zugeordnet wird. Eine Geschlechtsmarkierung durch Vornamen scheint also auch unter den Kontextbedingungen zu funktionieren, wo es weder rechtliche Vorgaben im Hinblick auf die geschlechtliche Kennung des Vornamens gibt, noch ein konkretes Erfahrungswissen, welche Vornamen in der Regel mit welchem Geschlecht assoziiert sind. Und in aller Regel greifen auch die Erfinder neuer Namen, wie die Studie von Lieberson und Mikelson zeigt, auf dieses implizite Wissen zurück und markieren mit dem neuen Vornamen das Geschlecht des Kindes.

Ob dies auch für Deutschland gilt und ob im Zeitverlauf eine Veränderung der Geschlechtsklassifikation stattgefunden hat, können wir nicht feststellen, da hier neue Namen nicht erfunden werden können. Es gibt aber eine andere Möglichkeit, zu prüfen, ob im Zeitverlauf eine Veränderung der Klassifikation des Geschlechts durch Vornamen stattgefunden hat. Wir hatten gesehen, dass es phonetische Merkmale gibt, die überdurchschnittlich häufig, wenn auch nicht immer, einem Geschlecht zugeordnet sind. Eine Veränderung einer Geschlechtsmarkierung durch Vornamen könnte nun dadurch zum Ausdruck kommen, dass im Zeitverlauf zunehmend Namen benutzt werden, die phonetische Merkmale aufweisen, die traditionell eher dem jeweils anderen Geschlecht zugeordnet waren. Der Klang von typisch weiblichen und typisch männlichen Vornamen ist dabei mit unterschiedlichen Bedeutungen verbunden. Semantische Analysen von Vornamen haben gezeigt, dass mit männlichen Vornamen in stärkerem Maße Merkmale wie „stark", „aktiv" und „intelligent" assoziiert werden, mit weiblichen Vornamen eher Eigenschaften wie „ehrlich" und „gut" (Lieberson und Bell 1992: 539).

In welche Richtung könnte eine Entwicklung der präferierten Phonetik für weibliche und männliche Vornamen stattgefunden haben? Wir hatten in der Einleitung gesehen, dass seit den 60er Jahren des letzten Jahrhunderts ein Emanzipationsprozess der Frauen insofern stattgefunden hat, als sich die Diskrepanz zwischen typisch weiblichen und typisch männlichen Rollenerwartungen und Handlungsweisen verringert hat. Auch die Markierung von Geschlechtsdifferenzen hat offensichtlich nachgelassen. Guido Zurstiege (1998) kann in seiner Analyse der Darstellung von Männern in der Anzeigenwerbung der 1950er, 70er und 90er Jahre zeigen, dass sich das vormals der weiblichen Rolle attribuierte Bild von körperlicher und sexueller Attraktivität zunehmend auch in der Darstellung von Männern findet. Hans-Bernd Brosius und Joachim F. Staab (1990) zeigen in ihrer Inhaltsanalyse der Darstellung von Männern und Frauen in der Anzeigenwerbung des „Stern" von 1969 bis 1988, dass sich die klassische Geschlechtsrollendifferenz im Zeitverlauf verringert. Das Bild der Frauen in der Werbung hat sich insofern geändert, als diese im Zeitverlauf zunehmend mit Merkmalen dargestellt werden, die vormals als eher typisch männliche Merkmale definiert waren. Insofern vermuten wir, dass auch in der Vergabe der Vornamen ein Prozess der Androgynisierung nachweisbar sein müsste. Die Kategorisierung des Geschlechts durch die Vornamen könnte im Zeitverlauf nachgelassen haben.

Nun verbietet das deutsche Namensrecht, dass ein solcher Wandel in der Benutzung von vormals weiblichen Vornamen für Jungen und vormals männlichen Vornamen für Mädchen sichtbar würde, weil das Geschlecht durch den Namen eindeutig erkennbar sein muss. Eine Androgynisierung der Vornamen könnte sich aber darin spiegeln, dass im Zeitverlauf die weiblichen Vornamen an Bedeutung gewinnen, die mit Phonemen besetzt sind, die überdurchschnittlich für männliche Namen typisch sind und zugleich eine Zunahme von denjenigen Jungennamen stattgefunden hat, die im Hinblick auf ihren Klang eher mit weiblichen Namen verbunden sind. Um diese Hypothese zu prüfen, sind wir folgendermaßen vorgegangen: Die geschlechtskennzeichnenden Vornamen wurden über die Namensendungen operationalisiert. In signifikanter Häufigkeit vorkommende und zugleich mit deutlicher Mehrheit einem Geschlecht zugeordnete Endungen wurden als geschlechtsspezifische Endphoneme klassifiziert. Dabei sind „a" und „e" weibliche Endungen; „n" „s", „d" und „r" männliche Endungen. In einem ersten Schritt wurden diese Phoneme zu einer männlichen und einer weiblichen Gruppe aggregiert. Wir haben dann geprüft, ob sich die Verteilungen über das Geschlecht im Zeitverlauf von der Geschlechtseindeutigkeit fortbewegen, ob also zunehmend Jungennamen vergeben wurden, die auf an sich typischen weiblichen Endungen enden und ob im Zeitverlauf zunehmend Mädchennamen vergeben wurden, die auf an sich typisch männlichen Endungen enden. Schaubild 8.1 gibt das Ergebnis dieser Überprüfung wieder. Die Anteile der weiblichen Endungen liegen meistens knapp unter 100 % und die der männlichen Endungen bewegen sich zwischen 80 und 90 %; die beiden Kurven nähern sich zwar zwischen Anfangs- und Endpunkt der Entwicklung etwas aneinander an, vergleicht man aber den Anfangs- und Endpunkt miteinander, so sieht man, dass sich die Eindeutigkeit der phonetischen Markierung von Geschlecht kaum verändert hat.

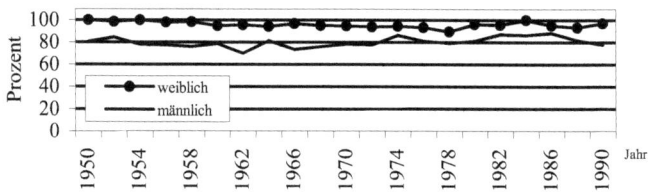

Schaubild 8.1: Geschlechtskennzeichnende Endungen im Zeitverlauf (1950-1990)

Das Ergebnis unserer Analysen ist damit relativ eindeutig: Vermännlichungs- und Verweiblichungsprozesse von Vornamen lassen sich für die Zeit von 1950 bis 1990 nicht nachzeichnen. Die Klassifikation des Geschlechts eines Kindes durch den Vornamen hat sich im Zeitverlauf nicht verändert. Dieses Ergebnis unterstützt den Befund, den Stanley Lieberson, Susan Dumais und Shyon Baumann (2000) für die USA herausgefunden haben. Da in den USA im Unterschied zu Deutschland das Geschlecht nicht aus dem Vornamen zu erschließen sein muss, konnten die Autoren eine andere Form der Messung von Androgynisierungsprozessen benutzen. Sie haben untersucht, in welchem Ausmaß Vornamen allein für ein Geschlecht benutzt wurden und ob es im Zeitverlauf einen Wandel gegeben hat. „In 97 % of the average child's name is given to children of the same gender. The second important feature of figure 1 is the absence of any obvious trend through the years" (Lieberson, Dumais und Baumann 2000: 1261).[8]

Wir können damit eine Zwischenbilanz der Ergebnisse unserer Untersuchung ziehen. Die über den Vornamen erfolgende Klassifikation eines Neugeborenen – als ein weibliches oder ein männliches Kind – ist grundsätzlich ein offener, sozial konstruierter Akt, der aber in der Realität, sowohl in den USA als auch in der Bun-

---

8 Die Studie von Herbert Barry III und Aylene S. Harper (1993) kommt für die USA zu einem anderen Ergebnis. Allerdings ist das methodische Vorgehen der Autoren zu Recht kritisiert worden (vgl. Lieberson, Dumais und Baumann 2000: 1257).

8.1 Die Markierung von Geschlecht durch die Vergabe von Vornamen

desrepublik, eindeutig gerichtet ist. Wir hatten gesehen, dass selbst dann, wenn Eltern nicht auf das Standardrepertoire von Namen zurückgreifen, sondern neue Namen erfinden, ihre Entscheidung weitgehend von den Geschlechtern zugeordneten phonetischen Merkmalen strukturiert wird. Dieses implizite Wissen führt dazu, dass das Geschlecht eines Kindes (sex) durch den Vornamen für die Interaktionspartner klassifiziert wird (sex-category). Eine solche Geschlechtsklassifikation scheint auch unter den Bedingungen stabil zu sein, in denen sich andere Markierungen von Geschlecht (Mode) und die Geschlechtsrollen (gender) verändert und aneinander angenähert haben. Wir haben gesehen, dass sich die Eindeutigkeit der phonetischen Markierung des Geschlechts im Zeitverlauf (von 1950 bis 1990) nicht verändert hat. Offensichtlich scheint es sich bei der geschlechtlichen Kategorisierung von Menschen durch Namen um einen so fundamentalen Mechanismus der Ordnungsbildung zu handeln, dass dieser indifferent ist gegenüber dem Wandel der Geschlechtsrollen und auch gegenüber den kulturellen Unterschieden in den USA und Deutschland. Ähnliches scheint für die Klassifikation von Geschlecht durch die Stimme und durch die visuelle Wahrnehmung zu gelten. Monique Biemans (1999) kann zeigen, dass es einen starken korrelativen Zusammenhang zwischen der Stimmqualität und zugeschriebenen männlichen und weiblichen Merkmalen gibt (vgl. auch Strand 1999). Kristi Lemm und Mahzarin R. Banaji (1999) zeigen, dass unbewusste Geschlechtsstereotype die Klassifikation von Personen anleiten. Diese Befunde stützen die systemtheoretische Argumentation von Hartmann Tyrell, dass es sich bei der Geschlechtsklassifikation um eine besondere Form der binären Codierung handelt. Ob es sich dabei vielleicht um eine universelle Form der Klassifikation handelt, die in allen Gesellschaften eine fundamentale Bedeutung hat, ist eine offene Frage.

8.2 Kulturwandel, Vornamen und Geschlechtsrollen

Wir haben in den vorangegangenen Kapiteln gezeigt, dass Vornamen gute Indikatoren zur Analyse von Prozessen kulturellen Wandels darstellen. Wir konnten z. B. zeigen, dass im Verlauf der letzten 100 Jahre eine zunehmende Säkularisierung, ein Bedeutungsverlust familiärer Traditionen, zugleich ein Prozess der Individualisierung und der Transnationalisierung der Kultur stattgefunden hat. Wir wollen im Folgenden prüfen, ob und in welchem Ausmaß es für die verschiedenen Prozesse kultureller Modernisierung geschlechtsspezifische Unterschiede gibt und wie man diese interpretieren kann. Wir bewegen uns damit von einer Analyse der Geschlechtsklassifikation (sex-category) weg und hin zu einer Analyse der Definition von Geschlechtsrollen (gender) durch Vornamen.

Für die folgenden Analysen habe ich die Vornamen nach drei Kulturkreisen klassifiziert: nach den beiden traditionellen Kulturkreisen – christlich und deutsch – und einer dritten Kategorie, die alle vormals fremden Kulturen (angloamerikanische, osteuropäische, romanische etc.) umfasst und hier als transnationaler Kulturkreis etikettiert wird. Unsere Analyse bezieht sich wiederum auf den Zeitraum von 1894 bis 1994. Am Ende des 19. Jahrhunderts war der Namenspool, aus dem die Eltern die Vornamen entlehnten, in einer doppelten Hinsicht sehr begrenzt. Zum einen war, wie wir gesehen haben, die Gesamtmenge der Namen, die benutzt wurden, recht beschränkt, so dass viele der Neugeborenen in einer Gemeinde ein und denselben Vornamen hatten. Die Vergabe von Vornamen war zum anderen insofern begrenzt, als die Kulturkreise, aus denen die Namen ausgewählt wurden, auf zwei Kulturkreise beschränkt waren: Es wurden fast ausschließlich deutsche und christliche Vornamen benutzt. Der deutsche und der christliche Kulturkreis bildeten die beiden traditionellen Ligaturen für die Vergabe von Vornamen, und dies galt für beide Geschlechter ungefähr im gleichen Maße.

8.2 Kulturwandel, Vornamen und Geschlechtsrollen

Schaubild 8.2 zeigt die Entwicklung des Anteils von deutschen und christlichen Namen und damit zugleich die Entwicklung des Anteils der vormals fremden, weil aus anderen Kulturkreisen kommenden Namen, jeweils für Jungen und Mädchen getrennt.

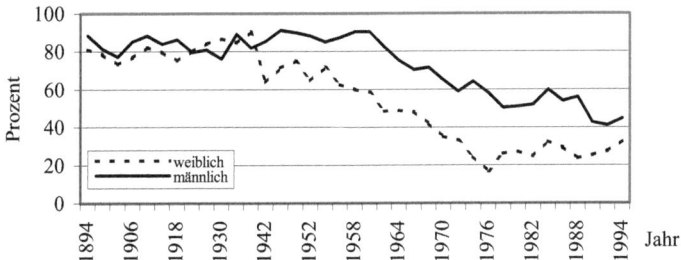

Schaubild 8.2: Geschlecht und Enttraditionalisierung (Anteil von deutschen und christlichen Namen)

Am Ende des 19. Jahrhunderts waren ca. 85 % Prozent der vergebenen Namen in einem Jahr deutsche oder christliche Namen. Dieser hohe Anteil bleibt für beide Geschlechter bis zur Gründung der Bundesrepublik bzw. der DDR relativ stabil. Dann verändert sich der Verlauf rapide, und zwar in der Weise, dass nun zunehmend Namen aus anderen Kulturkreisen benutzt werden; dies hatten wir schon im Kapitel 7 analysiert und interpretiert. Dabei fängt der Prozess der Öffnung durch Rekurs auf fremde Kulturkreise bei den Mädchen etwas früher an als bei den Jungen, und vor allem verläuft er auf einem signifikant höheren Niveau als bei den Jungen. Die Bereitschaft, bei Vornamen auf fremde Kulturkreise zurückzugreifen, steigt also insgesamt und bei den Mädchen deutlich stärker als bei den Jungen, deren Namen im Vergleich zu denen der Mädchen *traditionsgebundener* bleiben. Die stärkere Modeorientierung der Mädchennamen zeigt sich noch an einem zweiten Indikator (vgl. auch Seibicke 1991: 100ff.). Wir haben die „turn-over-rate" für beide Geschlechter getrennt berechnet, soll heißen: Wir haben berechnet, wie viele neue Namen sich unter den Top 10 im Vergleich zum Zeitpunkt davor befinden und wie sich diese Quote der

Erneuerung zwischen Jungen- und Mädchennamen unterscheidet. Das Ergebnis: die Veränderungsrate der Mädchennamen ist deutlich größer als die der Jungennamen. Die Mädchennamen sind also modischer als die Jungennamen. Offensichtlich scheint den Eltern eine Traditionsorientierung wichtiger zu sein, wenn sie den Namen für einen Jungen auswählen. Sie scheinen offener zu sein für das Experiment des Rückgriffs auf neue Namen aus anderen Kulturkreisen, von denen sie wahrscheinlich vor allem über die Medien erfahren haben, wenn es sich um die Namensgebung für ein Mädchen handelt. Die stärkere Traditionsbindung der männlichen Vornamen und die Öffnung der weiblichen Namen für fremde Namen und für Moden bringen damit geschlechtsspezifische Rollenvorstellungen zum Ausdruck. Während man die Jungen in stärkerem Maße auf das „Feste" und „Stabile" verpflichtet, gewährt man den Mädchen die größere Offenheit und Leichtigkeit, eine Entwicklung die sich sicherlich in ähnlicher Weise in der Kleidungsmode spiegeln wird. Diese Interpretation wird durch andere Ergebnisse der historischen Namensforschung unterstützt (vgl. Mitterauer 1988; 1993).

Schauen wir uns aber etwas genauer an, was Traditionsbindung für die beiden Geschlechter bedeutet. In Schaubild 8.2 hatte ich die christlichen und deutschen Namen zusammengefasst. Die Verteilung der weiblichen und männlichen Namen auf die beiden Ligaturen Religion und deutsche Namen/Nation fällt aber recht unterschiedlich aus. Und auch der Verlauf der Entwicklung in der Benutzung von christlichen und deutschen Namen ist unterschiedlich. Betrachten wir zuerst die Entwicklung der christlichen Namen. Die Orientierung an und die Einbindung in die Religion manifestieren sich in der Namensvergabe in der Benutzung von christlichen Namen, vor allem durch die Bezugnahme auf die Namen christlicher Heiliger (vgl. Kapitel 3).

8.2 Kulturwandel, Vornamen und Geschlechtsrollen

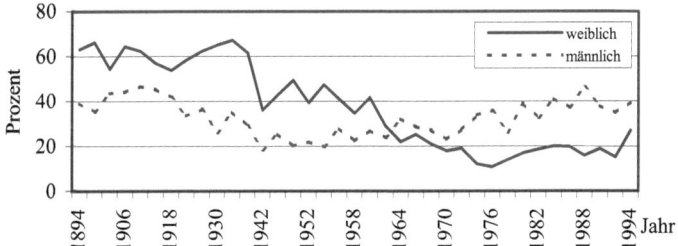

Schaubild 8.3: Entwicklung des Anteils christlicher Namen bei Mädchen und Jungen

Schaubild 8.3 weist die Entwicklung des Anteils christlicher Vornamen an der Gesamtmenge der Vornamen aus – und dies für beide Geschlechter getrennt. Zum einen sehen wir, dass der Prozess des Nachlassens der Bedeutung von christlichen Namen für beide Geschlechter gleichermaßen für den Zeitraum von 1894 bis 1950, bei den Mädchen bis 1970 gilt. Zugleich zeigt sich, dass der Anteil der christlichen Namen bei den Mädchen kontinuierlich höher ist als bei den Jungen, zumindest bis ca. 1970: Während sich der Anteil der weiblichen Namen auf dem 20 %-Niveau einpendelt, steigt der Anteil an christlichen Namen bei den Jungen dann wieder auf 30 % an.

Diese geschlechtsspezifischen Unterschiede in der Bezugnahme auf christliche Namen lassen sich besser interpretieren, wenn man zusätzlich die Entwicklung der deutschen Namen berücksichtigt. Die deutschen Namen bilden neben den christlichen Namen den zweiten großen traditionellen Bezugspunkt für die Vergabe von Vornamen. Schaubild 8.4 gibt den Verlauf der deutschen Namen von 1894 bis 1994, getrennt nach dem Geschlecht des Kindes, wieder.

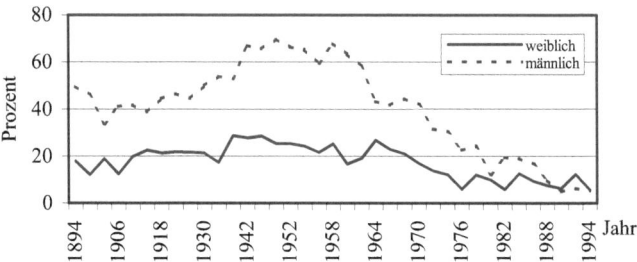

Schaubild 8.4: Entwicklung des Anteils deutscher Namen bei Mädchen und Jungs

Der Anteil der männlichen Namen an den deutschen Namen ist wesentlich höher als der der weiblichen Namen, und auch der kurvenläufige Verlauf für die Namen insgesamt ist weniger durch die Entwicklung der weiblichen Namen, als in erster Linie durch das starke Anwachsen der deutschen Namen bei den männlichen Namen bedingt. Während die Jungen in erster Linie mit deutschen Namen belegt wurden, orientierten sich die Eltern bei den Mädchen an den christlichen Traditionsbeständen. In dieser unterschiedlichen Bezugnahme auf Traditionsbestände kommen geschlechtsspezifische Vorstellungen zum Ausdruck. Die Jungen werden mit einer deutsch-nationalen, aktiv gestaltenden Öffentlichkeitsrolle assoziiert, die Mädchen mit einer übersinnlichen, außerweltlichen Sphäre in Verbindung gebracht. Diese kulturellen Konnotationen ergeben sich aus den historischen Rahmenbedingungen. Dies ist erläuterungsbedürftig.

Im Verlauf des 19. Jahrhunderts, dann vor allem mit der Reichsgründung von 1871 beginnt ein Prozess der Radikalisierung des Nationalismus in Deutschland. Wir haben die Zunahme des Nationalismus in einen ursächlichen Zusammenhang mit der Zunahme der deutschen Namen gebracht (vgl. Kapitel 3). Dass es sich bei dem Prozess der deutschen Nationenbildung im Allgemeinen, wie bei dem Prozess der Konstruktion von Geschichte im Speziellen in erster Linie um einen von und für Männer bestimmten Pro-

8.2 Kulturwandel, Vornamen und Geschlechtsrollen

zess handelt, wird manchmal in der Geschichtsschreibung etwas unterbelichtet.[9] Der Prozess der Nationenbildung war aber vor allem auf die Männer gerichtet: Das Politische und das Öffentliche werden als männliche Domäne interpretiert. Frauen bleiben aus diesem Prozess weitgehend ausgeschlossen, wie u. a. die Beschränkung des Wahlrechts auf die Männer oder die Exklusion der Frauen aus der „Schule der Nation", dem Militär anzeigt. George Mosse (1997) hat versucht zu zeigen, dass die Konstruktion von Männlichkeit und der Verbindung dieses Ideals mit der Idee der Nation nicht nur in Deutschland nachzuweisen ist. Die Wiederbelebung nationaler Traditionsbestände ist insofern in starkem Maße männlich konnotiert gewesen. Mit dem 1. Weltkrieg erreicht diese deutsch-nationale, in erster Linie auf Männer gerichtete Mobilisierung einen ersten Höhepunkt und erfasst dann auch die bis dahin stärker resistent gewesenen Milieus der Katholiken und der Arbeiter.[10]

In diesem Kontext ist die Entwicklung der Namensgebung der Jungen zu interpretieren. Der Rückgriff auf die deutschen Namen ist Teil eines Prozesses des „Invention of Tradition" (Hobsbawm 1984); und die Deutschwerdung ist in erster Linie assoziiert mit dem Erstarken einer männlichen Sphäre. Dies findet entsprechend auch in der Namensgebung seinen Ausdruck, indem vor allem für die Jungen auf deutsche Namen zurückgegriffen wird, die Mädchen der Sphäre der Religion und dem Bereich des Übersinnlichen zugeordnet bleiben.[11]

---

9 In der voluminösen und hervorragenden Gesellschaftsgeschichte von Hans-Ulrich Wehler vermisst man diese Spezifikation zum Beispiel.
10 Sehr spezifische Ereignisse und Personen spiegeln sich auch in dem Verlauf von spezifischen Namen wider. Michael Wolffsohn und Thomas Brechenmacher (1999: 190) zeigen, wie der Name "Wilhelm" während des erfolgreichen Beginns des 1. Weltkriegs an Bedeutung gewinnt, mit der drohenden und faktischen Niederlage im Krieg dann aber wiederum an Bedeutung verliert. Daraus schließen die Autoren nicht ganz unbegründet, dass bei der Namensvergabe Wilhelm II. als Vorbild diente.
11 Nicoline Hörsch (1994) kommt in ihrer Analyse der Vornamen zur Zeit der französischen Revolution zu einem ähnlichen, geschlechtsspezifischen Ergeb-

Der Nationalsozialismus knüpft hier – wie in anderen Bereichen – an diese Traditionslinie an und treibt sie zugleich auf die Spitze. „Niemals zuvor und niemals danach wurde die Maskulinität in solche Höhen gehoben wie im Faschismus; jedes faschistische Regime setzte große Hoffnungen auf sie, wertete sie zum nationalen Symbol auf und nutzte sie als schlagkräftiges Exempel", so resümiert George L. Mosse (1996) die Literatur. Der Erfolg der deutschnationalen Männlichkeitsideologie der Nationalsozialisten zeigt sich in einem weiteren und kräftigen Anstieg der deutschen Namen ab 1933 und dies in erster Linie bei den Jungen. Zugleich war diese Entwicklung vorbereitet durch die Entwicklungen seit 1871, vor allem seit dem 1. Weltkrieg. Wir interpretieren also die überdurchschnittliche Verwendung der deutschen Namen für die Jungen als Folge eines erfolgreichen, maskulin konnotierten Nationalismus, der seit der Reichsgründung voranschreitend und sich als eine das Männliche stilisierende Bewegung begreift, und damit die Gelegenheitsstruktur auch für die Vergabe von Vornamen definiert.

Die Frauen sind in diesen Prozess nur partiell integriert. Sie bleiben stärker christlich religiös verhaftet, ihre Sphäre liegt im Privaten und im Übersinnlichen. In dem Maße, in dem die männliche Sphäre mit der öffentlich-nationalen assoziiert wurde, in dem Maße wurde die weibliche Sphäre mit dem Bereich des Religiösen in Verbindung gebracht. Sowohl in der katholischen als auch in der evangelischen Kirche setzte im 19. Jahrhundert eine Feminisierung von Religion und Kirche ein (von Olenhausen 1995; Busch 1995; McLeod 1988). Dieser Prozess manifestiert sich in einer Vielzahl von Indikatoren: der geschlechtsspezifischen Kirchgangshäufigkeit und Teilnahme am Abendmahl, der Zunahme von weiblichen Ordensgemeinschaften und der geschlechtsspezifischen Zusammensetzung von Kirchenvereinen (z.B. Herz-Jesu-Verein), aber auch an dem empirisch schwerer zu fassenden Diskurs über typische Geschlechtscharaktere. „Innerhalb und außerhalb der Ehe galten

---

nis: 66 % der republikanischen Namen wurden für Männer und 34 % für Frauen vergeben.

Frauen aufgrund ihres angeblich naturhaften Geschlechtscharakters nun als besonders qualifiziert, kirchliche und religiöse Bindungen aufrechtzuerhalten und weiter zu tragen" (von Olenhusen 1995: 11). Dieser für beide Kirchen im 19. Jahrhundert stattfindende Prozess der Feminisierung der Religion manifestiert sich in den Vornamen in einer höheren Bindung der Mädchen an die christlichen Traditionsbestände.

Bilanzieren wir unsere Ergebnisse: Die Entwicklung der Vornamen in den letzten 100 Jahren zeigt Wandlungsprozesse, die für beide Geschlechter gleichermaßen gelten. Die Bindung an die traditionellen Kulturkreise lässt nach und wird ersetzt durch eine höhere Individualisierung und eine stärkere Orientierung an vormals fremden Kulturkreisen. Zugleich zeigen sich, und dies stand im Zentrum der Analysen, geschlechtsspezifische Unterschiede dieser Entwicklung. Die Namen der Jungen bleiben traditionsgebundener, während sich die Mädchennamen schneller wandeln und empfänglicher für die Namen vormals anderer Kulturkreise sind. Zudem hat sich gezeigt, dass Traditionsbindung für beide Geschlechter etwas unterschiedliches bedeutet. Die Namen der Jungen sind dominant an den deutschen Kulturkreis gebunden und spiegeln die Konjunkturen des deutschen Nationalismus wider, während sich die Mädchennamen aus den christlichen Traditionsbeständen ableiten. Beide Befunde deuten darauf hin, dass die Vornamen mit geschlechtstypischen Rollenvorstellungen verbunden sind und es diesbezüglich auch wenig Veränderungen in der Zeit gegeben hat.

Betrachtet man dieses Ergebnis zusammen mit dem Befund aus dem ersten Teil dieses Kapitels, dann ergibt dies ein konsistentes, wenn auch zum Teil unerwartetes Ergebnis. Vornamen erweisen sich zum einen als ein fundamentaler Mechanismus der Klassifikation von Geschlecht, der indifferent ist gegenüber sozialem Wandel. Während sich die Bezugnahme auf Bedeutungskulturen (operationalisiert durch die Kulturkreise) im Zeitverlauf durchaus wandelt, scheinen die geschlechtsspezifischen Konnotationen der Vornamen doch geschlechtsspezifisch zu bleiben. Während sich die Geschlechtsrollen in vielen gesellschaftlichen Bereichen geändert haben, erweisen sich die geschlechtsspezifischen Konnotationen von Vornamen als überaus resistent gegenüber Prozessen sozialen Wandels.

9. Kulturentwicklung und Vornamen: Eine Bilanz

Dass die Handlungen von Menschen in einem hohen Maße von den gesellschaftlichen Rahmenbedingungen, in die sie eingebettet sind, geprägt werden, das ist die Grundannahme der Wissenschaft von der Gesellschaft, der Soziologie. Diese spezifische soziologische Perspektive auf die Welt ist am pointiertesten wohl zuerst von Émile Durkheim ausformuliert worden. Ob und in welchem Maße auch die Vergabe von Vornamen durch die gesellschaftlichen Rahmenbedingungen beeinflusst wird, war die zentrale Untersuchungsfrage der vergangenen Kapitel.

Die Entscheidung der Eltern für einen bestimmten Namen für ihren Sprössling ist eine freiwillige, private Entscheidung der Eltern. Dies lässt auf den ersten Blick vermuten, dass der Einfluss des Sozialen auf die Namensgebung eher gering ist. Soziologie ist aber nicht, wie Niklas Luhmann (1981: 170) betont hat, die Wissenschaft vom ersten Blick. Wir sind entsprechend mit der Vermutung gestartet, dass auch die vermeintlich private und idiosynkratische Entscheidung der Eltern für einen bestimmten Vornamen in hohem Maße einer sozialen Strukturierung unterliegt; wir wollten zeigen, in welchem Maße sich in dem Mikrophänomen einer privaten Entscheidung die Prägekraft gesellschaftlicher Kontexte wiederfindet. Vornamen erhalten damit den Status von gesellschaftlichen Indikatoren. Indikatoren sind bekanntlich empirische „Anzeichen", die auf die Existenz von theoretisch angenommenen Sachverhalten verweisen. Wir haben die Entwicklung von Vornamen als Indikator zur Messung von Prozessen des *kulturellen Wandels* vom Ende des 19. Jahrhunderts bis zum Ende des 20. Jahrhunderts interpretiert: Im Mikrophänomen der Vergabe von Vornamen spiegeln sich Makrokulturentwicklungen, so unsere Annahme.

Das Thema „Kultur" hat seit dem sogenannten „cultural turn" in den Geistes- und Sozialwissenschaften eine enorme Konjunktur erfahren. Die Prämissen des „cultural turn" und die daraus gezogenen Folgerungen für ein Forschungsprogramm halte ich, wie im ersten Kapitel erläutert, für wenig überzeugend. Am Beispiel der Analyse von Vornamen sollte auch gezeigt werden, dass man sehr wohl und sehr gut mit dem klassischen Instrumentarium der Soziologie und dessen wissenschaftstheoretischer Begründung arbeiten kann, um Erkenntnisse über Kulturwandel einer Gesellschaft zu erzeugen. Die hier vorgelegte Studie versteht sich insofern auch als eine Einführung in die Kultursoziologie. Ob diese Intention eingelöst wurde, wird der Leser – hoffentlich nach der Lektüre des Buchs – entscheiden. Welche inhaltlichen Befunde können wir am Ende bilanzieren, welche Trends kann man empirisch beschreiben und wie kann man diese erklären?

Unter dem Begriff der kulturellen Modernisierung haben wir verschiedene Theoreme des sozialen Wandels zusammengefasst. Ausgangspunkt der von uns untersuchten Entwicklung von Kultur sind kollektive und gruppenspezifische Sinndefinitionen (Religion, Nation, Verwandtschaft, Klasse und Schicht), die im Zeitverlauf an Prägekraft verlieren. *Religion* bildete vormals sicherlich eine der zentralen Instanzen der Sinngebung und der Interpretationshilfe für alltägliche Phänomene. Wir haben gesehen, dass sich im Verlauf des 20. Jahrhunderts in der Vergabe von Vornamen deutliche Prozesse der Säkularisierung zeigen: Der Anteil der christlichen Namen, der sich aus den Namen der Bibel und aus den Namen der Heiligen zusammensetzt, ist im Zeitverlauf rückläufig, ein Transzendenzbezug in der Vornamensgebung findet im Zeitverlauf immer weniger statt.

Eine Erklärung von Säkularisierungsprozessen muss das Zusammenspiel mehrerer Ursachen berücksichtigen. Zum einen haben Modernisierungsprozesse, die den Wohlstand und die Absicherung der Menschen merklich verbessert und den Bildungsgrad erhöht haben, den Bedarf auf der „Nachfrageseite" der Bürger nach religiöser Orientierung reduziert und die Kritik an gottgegebenen Vorschriften erhöht. Dies reicht zur Erklärung von Säkularisierungsprozessen aber nicht aus. Wir konnten zeigen, dass man zusätzlich die Deutungsmuster und Strategien der religiösen Anbieter und deren säkulare Konkurrenten mit im Blick haben muss, wenn man Säkularisierungsprozesse erklären will. Unsere empirischen Analysen haben gezeigt, dass man die feststellbaren Unterschiede in der Vergabe von christlichen Vornamen bei Protestanten und Katholiken nur erklären kann, wenn man zum einen die durch die Reformation und Gegenreformation etablierten unterschiedlichen Deutungsmuster, zum anderen die Politik, die die Kirchen betrieben haben, berücksichtigt. Schließlich hat die Entwicklung der christlichen Namen vor allem ab 1933 gezeigt, dass es allein nicht ausreichend ist, die Deutungsofferten der religiösen Anbieter zu berücksichtigen, sondern dass man zusätzlich die Strategien von konkurrenzierenden säkularen Deutungsunternehmern berücksichtigen muss. Denn der Schwund an christlichen Namen ab 1933 ist offensichtlich ein Erfolg der nationalsozialistischen Ideologie, der es gelungen ist, die Menschen davon zu überzeugen, eher deutsche als christliche Namen zu vergeben.

Neben christlichen Namen sind es die *deutschen* Namen, die die traditionellen Bezugspunkte in der Vergabe von Vornamen darstellen. Bei der Analyse der Entwicklung der deutschen Namen galt unser Augenmerk vor allem dem Zusammenhang zwischen der politischen Entwicklung und der Namensentwicklung. Wir konnten zeigen, dass der Aufstieg des Nationalismus im 19. Jahrhundert zu einer Erhöhung der Verwendung von deutschen Namen geführt hat, die bis zum Zusammenbruch des Nationalsozialismus angehalten hat. Die Konstruktion einer Nation beinhaltet meist auch die Konstruktion einer gemeinsamen Geschichte und Vergangenheit. Mit der Konstruktion einer gemeinsamen Geschichte waren und sind zugleich Namen verbunden, die die Geschichte gestaltet haben. Die Forcierung eines deutschen Nationalbewusstseins geht entsprechend einher mit der Konstruktion einer Personengeschichte, die ursächlich für das Erstarken der Nation verantwortlich gemacht wird. Genau diese Namen der als Ahnen der deutschen Geschichte definierten Personen dienten auch als Vorbilder zur Vergabe von Vornamen an Neugeborene. Die Delegitimierung des Nationalismus mit dem Kriegsverlust 1945 und dem Niedergang des Nationalsozialismus hat dann die Chancenstruktur für die Vergabe von deutschen Vornamen negativ beeinflusst. Beide Nachfolgestaaten des deutschen Reichs, die Bundesrepublik und die DDR, haben die nationalen Identitätsmerkmale hinter sich gelassen und zu ihrer Delegitimierung beigetragen. Dieser Wechsel in der Legitimität deutscher Traditionsbestände spiegelt sich auch in der Vergabe der Vornamen, insofern die deutschen Namen ab 1945 radikal an Bedeutung verlieren.

Verwandtschaft und Familie bilden die dritte traditionelle Ligatur der Einbindung und Sinnstiftung. Die Struktur von Verwandtschaftsbeziehungen kann in einer Vielzahl von Merkmalen ihren Ausdruck finden. Dazu gehört auch die Vergabe von Vornamen. Die Weitergabe der Namen der Großeltern und Eltern lässt sich interpretieren als der Versuch, das neugeborene Kind in die Traditionslinie der Familie einzureihen und gerade damit die Wichtigkeit der Familientradition zum Ausdruck zu bringen. Wir sind von der Vermutung ausgegangen, dass im Zeitverlauf die Weitergabe von familiärer Traditionsbindung an die Herkunftsfamilie nachlässt. Und in der Tat zeigen unsere Analysen einen Rückgang verwandtschaftlicher Traditionsweitergabe im Zeitverlauf. Die Platzierung der eigenen Nachkommen in die Tradition der Familie scheint den Eltern immer unwichtiger zu werden, sie geben im immer geringeren Maße Namen der eigenen Familie weiter. Wir haben diesen Prozess der Entverwandtschaftlichung der Namensvergabe mit der Zunahme der ökonomischen Unabhängigkeit von Eltern und Kindern erklärt. Je stärker Eltern und Kinder ökonomisch von einander unabhängig werden, desto geringer ist der Anteil der Namen, die über die Generationen weitergegeben wird. Die Unabhängigkeit der Kinder von ihren Eltern wird durch zwei sozialstrukturelle Veränderungen erreicht: Die Zunahme außerhäuslicher Erwerbstätigkeit, statt Mitarbeit im eigenen bäuerlichen Betrieb und die Ausdehnung der Sozialversicherungssysteme statt familiärer Solidarität entlasten die Familienbanden und machen die Traditionsbindung weniger notwendig.

Religion, Nation und Familie bilden zusammen die traditionellen Ligaturen der Sinnstiftung und der Strukturierung des eigenen Handelns. Werden diese Bezugspunkte brüchig und verlieren an

Bedeutung, was tritt an ihre Stelle? Ralf Dahrendorf vermutet, dass das Aufbrechen der traditionellen Ligaturen die Bedingung der Möglichkeit der Freisetzung des Individuums darstellt. Ulrich Beck, aber auch schon Georg Simmel, sprechen entsprechend von einem Prozess der Zunahme der *Individualisierung*. Individualisierung als Prozessbegriff zur Bezeichnung eines Merkmals von Modernisierung bedeutet, dass Menschen immer weniger mit anderen Menschen gemeinsame Merkmale teilen und damit zunehmend voneinander unterscheidbar werden. Dabei lässt sich Individualität durch unterschiedliche Merkmale etikettieren, u. a. durch die Verwendung von Vornamen. Je weniger Menschen denselben Namen tragen wie andere Menschen, desto eher sind sie als von anderen distinkte Einheiten zu erkennen, desto höher ist der Grad der Individualisierung. Wir konnten zeigen, dass in der Vergabe von Vornamen im Verlauf des 20. Jahrhunderts in der Tat ein Wandel in Richtung einer zunehmenden Individualisierung stattgefunden hat. Waren 1894 von 100 vergebenen Namen 38 % unterschiedliche Namen, so waren 100 Jahre später 81 % der Namen unterschiedlich. Dabei ist der Prozess der Individualisierung zu Beginn der 50er Jahre des 20. Jahrhunderts bereits fast abgeschlossen.

Die Klassiker der Soziologie haben den Prozess der Individualisierung ursächlich auf den Prozess der zunehmenden Arbeitsteilung zurückgeführt. Die Erhöhung der Anzahl an Tätigkeiten und Rollen und der Kreuzung sozialer Kreise macht den Einzelnen zu einem Einzigartigen, weil allein er sich im Schnittpunkt der verschiedenen Verkehrskreise befindet. Und in der Tat zeigen unsere empirischen Analysen, dass die Individualisierung der Vornamensvergabe mit einer Zunahme beruflicher Differenzierung einhergeht.

Der Bedeutungsverlust der beiden traditionellen Kulturkreise, des deutschen und des christlichen, eröffnet die Gelegenheit des Eindringens vormals fremder Namen. Wir interpretieren die Öffnung in der Vergabe von Vornamen gegenüber vormals fremden Kulturkreisen als einen *Transnationalisierungsprozess* und finden damit Anschluss an die Globalisierungsdebatte. Und in der Tat gibt es nach dem 2. Weltkrieg eine enorme Zunahme vormals fremder Namen. Der Anstieg von Vornamen aus fremden Kulturkreisen geht in erster Linie auf den Anstieg von Namen aus dem romanischen und angloamerikanischen Kulturkreis zurück. Insofern handelt es sich bei der Vergabe von Vornamen nicht um einen Globalisierungsprozess von Vornamen, weil die Vornamen in erster Linie aus westeuropäischen Ländern kommen und andere Kulturkreise (obwohl über die Einwanderungsgruppen z. B. aus der Türkei ja präsent) weitgehend unberücksichtigt bleiben. Denn nicht alle angebotenen Namen sind für die Eltern attraktive Namen. Eltern wählen Namen aus den Kulturkreisen aus, die mit einer (gesellschaftlich definierten) hohen Reputation verbunden sind. Transnationalisierung konstituiert sich in der Vergabe von Vornamen entsprechend in erster Linie als *Okzidentalisierungsprozess*. Interessanterweise gilt der Verwestlichungsprozess der Vornamen für die DDR ebenso wie für die Bundesrepublik. Die Einbindung der DDR in den sozialistischen Ostblock bleibt im Hinblick auf die Namensvergabe völlig folgenlos. Die DDR-Bürger orientierten sich im Hinblick auf die Vergabe von Vornamen ganz gegen Westen.

Wir haben den Prozess der Transnationalisierung der Vornamen auf eine Ausdehnung und Verwestlichung des Fernsehens, des Films und der Musikindustrie zurückgeführt. Denn parallel zur Transnationalisierung der Vornamen ist der kommunikative Anschluss der Haushalte in West-, aber auch in Ostdeutschland an die Medienwelt mit ihren vor allem englischsprachigen Produkten angestiegen. Damit sind die vormals ausländischen Namen in die Wohnzimmer der west- und ostdeutschen Haushalte transportiert worden und konnten als Vorbilder für die Benennung der Kinder benutzt werden.

Von der Vielzahl an ausländischen, meist westlichen Vornamen ist aber nur eine Teilmenge erfolgreich gewesen, in die Hitparade der zehn wichtigsten Namen vorzudringen. Bei dem Versuch, zu erklären, welche der Vornamen bzw. welcher Typus von Vornamen eine höhere Wahrscheinlichkeit des Erfolgs hat, sind wir von allgemeinen Theoremen der Modeentwicklung ausgegangen. Nach dem Prinzip der dosierten Diskrepanz ist es wahrscheinlich, dass die Vornamen erfolgreich sind, die phonetisch ähnlich klingen wie die gerade in Mode befindlichen Vornamen. Für die Erklärung der Konjunktur von bestimmten ausländischen Namen heißt dieses Prinzip, dass diese an die phonetischen Gewohnheiten der deutschen Namen anschlussfähig sind, zugleich von diesen im Verhältnis der dosierten Diskrepanz abweichen müssen. Der Prozess der Diffusion transnationaler Namen insgesamt verläuft offensichtlich in drei Schritten: Variationserweiterung des Namenspools durch Ausdehnung und Verwestlichung des Medienangebots, Selektion auf der Basis der Reputation von Kulturkreisen und Selektion auf der Basis von phonetischer Anschlussfähigkeit an die spezifischen kulturellen Gewohnheiten.

Wir haben die Entwicklung von Vornamen über 100 Jahre nicht allein im Aggregat für alle Bürger analysiert, sondern die Daten zugleich nach *klassen-* und *geschlechtsspezifischen Unterschieden* hin befragt. Die Vergabe von Vornamen lässt sich als Geschmacksäußerung der Eltern interpretieren, die immer auch die Funktion der sozialen Zuordnung und der sozialen Abschließung hat. Mit der Etikettierung des Kindes durch einen Vornamen können Eltern nach außen und für sich selbst darstellen, welcher Schicht sie sich und ihr Kind zugehörig fühlen. Entsprechend kann man vermuten, dass die Vergabe der Vornamen je nach Schicht unterschiedlich erfolgt und zu Distinktionszwecken benutzt wird. Ob dies bewusst geschieht, mag hier dahin gestellt bleiben. Wir finden nun im Hinblick auf die Vornamen im Zeitverlauf keine Anzeichen einer Entstrukturierung von Schichten, sondern ganz im Gegenteil eine Zunahme einer schichtspezifischen Namensvergabe. Dieser Befund gilt interessanterweise nicht nur für Westdeutschland sondern auch für die DDR. Anzeichen einer Entwicklung in Richtung einer klassenlosen Gesellschaft, die sich in einer Homogenisierung der Namensvergabe zeigen müsste, sind nicht erkennbar.

Ähnlich wandlungsresistent erweisen sich *geschlechtsspezifische Unterschiede* in der Verwendung von Vornamen. Die über den Vornamen erfolgende Klassifikation eines Neugeborenen als ein weibliches oder ein männliches Kind ist grundsätzlich ein offener, sozial konstruierter Akt, der aber in der Realität eindeutig gerichtet ist. Wir hatten gesehen, dass selbst dann, wenn Eltern nicht auf das

Standardrepertoire von Namen zurückgreifen, sondern neue Namen erfinden, ihre Entscheidung weitgehend von den phonetischen Merkmalen strukturiert wird, die typisch für weibliche Vornamen sind, Dieses implizite Wissen führt dazu, dass das Geschlecht eines Kindes durch den Vornamen für die Interaktionspartner klassifiziert wird; dabei ändert sich die Eindeutigkeit der phonetischen Markierung des Geschlechts im Zeitverlauf nicht.

Auch die mit Namen assoziierbaren Geschlechtsrollen wandeln sich im Zeitverlauf nur wenig. Die Namen der Jungen sind traditionsgebundener, während sich die Mädchennamen schneller wandeln und empfänglicher für die Namen vormals anderer Kulturkreise sind. Zudem hat sich gezeigt, dass Traditionsbindung für beide Geschlechter etwas Unterschiedliches bedeutet. Die Namen der Jungen sind dominant an den deutschen Kulturkreis gebunden und spiegeln die Konjunkturen des deutschen, männlich konnotierten Nationalismus wider, während die Mädchennamen sich aus den christlichen Traditionsbeständen ableiten und damit der Sphäre der Religion und dem Bereich des Übersinnlichen zugeordnet bleiben. Beide Befunde deuten darauf hin, dass die Vornamen mit geschlechtstypischen Rollenvorstellungen verbunden sind und es diesbezüglich auch wenig Veränderungen in der Zeit gegeben hat. Während sich die Geschlechtsrollen in vielen gesellschaftlichen Bereichen geändert haben, erweisen sich die geschlechtsspezifischen Konnotationen von Vornamen als überaus wandlungsresistent.

Betrachten wir zum Schluss nochmals die verschiedenen *Ursachenfaktoren*, die eine kulturelle Modernisierung der Vornamen erzeugt haben. Lassen sich diese systematisieren? 1. Auf der einen Seite sind es klassische Faktoren der Veränderung der *Sozialstruktur*, die von entscheidender Bedeutung sind: Wohlstands- und Bildungssteigerung legen die Disposition für Säkularisierungsprozesse. Industrialisierung (Abbau des primären Sektors) und Wohlfahrtsstaatsentwicklung führen zu einer Bedeutungsveränderung der Familie und eine differenzierte Berufsstruktur befördert Individualisierungsprozesse. 2. Weiterhin hat sich die Ausrichtung des *politischen Systems* – des Staates – als wichtige Rahmenbedingung herauskristallisiert. Die nationale Schließung führt zu einer Hinwendung zu den deutschen Traditionsbeständen, die Westöffnung nach 1945 definiert die Gelegenheitsstruktur für die Übernahme vormals fremder, ausländischer Namen. 3. Schließlich hat sich gezeigt, dass die *Handlungen von kollektiven Akteuren* und die jeweilige Akteurskonstellation Prozesse, die sich aus den sozialstrukturellen Bedingungen und der Orientierung des Staates ergeben, modifizieren können. Wir konnten dies vor allem an den Politiken der beiden Amtskirchen nachzeichnen: a. Sozialstrukturelle Modernisierungen führen nur dann zu Säkularisierungsprozessen, wenn der Religionsmarkt durch ein Oligopol der beiden Amtskirchen gekennzeichnet ist. b. Der Nationalismus wurde deutlich durch die Allianz zwischen protestantischer Kirche und Nationalstaat befördert.

Ändern sich die gesellschaftlichen Rahmenbedingungen, die durch diese drei Faktoren aufgespannt werden, dann hat dies Folgen für die Wahlentscheidungen der Eltern. Dies muss nicht bedeuten, dass den Handelnden die Motive ihrer Entscheidung durchsichtig sind. Wir haben zusätzlich zu unserer Analyse der Vornamen eine kleine Befragung von Eltern auf einer Wöchnerinnenstation durchgeführt, um Aufschluss über die Motivlage der Eltern bei der Wahl der Vornamen für ihre Kinder zu erhalten (vgl. Gerhards und Hackenbroch 1997). Während unsere Analyse der Vornamen auf der Basis der Standesamtsdaten klar strukturierte Entwicklungsverläufe ergaben, die sich mit Bezugnahme auf klassische Theorien des Kulturwandels auch gut interpretieren lassen, zeigen uns die Ergebnis der kleinen Befragung, dass fast die Hälfte der Eltern keine klaren Gründe für die Wahl eines Vornamens nennen konnten und die genannten Gründe zudem häufig recht diffus formuliert wurden. Diese Diskrepanz zwischen den sozialen Regelmäßigkeiten in der Vergabe von Vornamen und den diffusen Motivlagen der Eltern lässt darauf schließen, dass die Wirkungsmacht der Gesellschaft auf die Handlungen der Menschen auch dann greift, wenn dies den handelnden Subjekten nicht bewusst ist.

Zum Schluss noch ein Blick in die Zukunft. Welche Entwicklungstrends werden Vornamen in der Zukunft aufweisen? Unsere

Analysen haben gezeigt, dass im Zeitverlauf der letzten 100 Jahre die Namensvergabe aus den Klammern der Traditionen Religion, Familie und Nation entlassen worden ist und dies strukturelle Ursachen hatte. Erst nach Aufweichung dieser Sinnbezüge wird die Vergabe von Vornamen zur Frage der Mode und der Dynamik der Modeentwicklung unterworfen. Insofern vermuten wir, dass die Gesetze der Modeentwicklung zukünftig die Entwicklung und Konjunkturen von Vornamen anleiten werden.

Moden werden durch das Bedürfnis nach Distinktion und Abgrenzung gegenüber dem Status quo angetrieben. Stanley Lieberson (2000) hat dies sehr schön herausgearbeitet. Jede Mode gewinnt erst Kontur in Abgrenzung zum gegenwärtigen Zustand. Da das Reservoir an Vornamen trotz Erweiterung durch Transnationalisierungsprozesse begrenzt ist, lassen sich Distinktionen u. a. durch den Rückgriff auf alte Namen erreichen. Dies ist aber nur nach einem größeren Zeitabstand möglich. Erst nach einer längeren Zeitphase, dann nämlich, wenn die vormalige Mode vergessen ist, kann die ursprüngliche Mode wieder als neue Mode eingeführt werden, weil erst dann Distinktionsgewinne mit einer (alten) Erneuerung möglich werden. Aus dieser Logik ergibt sich, dass die Modeentwicklung nach zeitlich lang gestreckten Zyklen verläuft.

Was bedeutet dies für die zukünftige Vergabe von Vornamen? Die Modekonjunkturen von Vornamen werden zum einen durch den Rückgriff auf vormals fremde Vornamen erfolgen, sie werden zum anderen durch Rekurs auf die traditionellen christlichen und deutschen Namen erfolgen, dies aber erst dann, wenn diese ihre ursprüngliche Bedeutung verloren haben bzw. diese vergessen worden ist. Dies scheint für die christlichen Namen bereits zu gelten; ich vermute, dass wir ebenso bald eine Konjunktur von deutschen Namen erleben werden. Dann werden Karl, Heinrich, Wilhelm, Otto, Berta, Erna und Annegret auch wieder in den TOP 10 zu finden sein und Leon, Daniel, Niklas, Sophie, Michelle, Sarah und Hannah ersetzt haben, bis diese wiederum – nach einer langen Latenzphase – eine Chance erhalten werden.

Literaturverzeichnis

Adloff, Kristlieb (1994): Name/Namengebung – VI. Systematisch-theologisch. In: Gerhard Müller (Hg.): *Theologische Realenzyklopädie*. Berlin/New York: de Gruyter.
Ahlbrecht, Heinz und Andreas Letzner (1988): Die Vornamen der Berliner heute und im historischen Vergleich. *Berliner Statistik* 42: 174-212.
Alexander, Jeffrey (1987): Lecture One: What is a Theory? In: ders.: *Twenty Lectures: Sociological Theory*. New York, S. 1-21.
Alexander, Jeffrey (1988): The new theoretical movement. In: Neil Smelser (Hg.): *Handbook of Sociology*. Beverly Hills: Sage, S. 77-101.
Alford, Richard D. (1988): *Naming and Identity: A Cross-cultural Study of Personal Naming Practices*. New Haven, Connecticut: HRAF Press.
Allen, L., V. Brown, L. Dickinson und K. C. Pratt (1941): The Relation of First Name Preferences to their Frequency in the Culture. *The Journal of Social Psychology* 14: 279-293.
Ambrosius, Gerald und Hartmut Kaelble (1992): Einleitung: Gesellschaftliche und wirtschaftliche Folgen des Booms der 1950er und 1960er Jahre. In: Hartmut Kaelble (Hg.): *Der Boom 1948-1973. Gesellschaftliche und wirtschaftliche Folgen in der Bundesrepublik Deutschland und in Europa*. Opladen: Westdeutscher Verlag, S. 8-32.
Aron, Raymond (1979): Emile Durkheim. In: Raymond Aron: *Hauptströmungen des soziologischen Denkens. Durkheim – Pareto – Weber*. Reinbek: Rowohlt, S. 19-95.
Andersen, Christian (1977): *Studien zur Namengebung in Nordfriesland. Die Bökingharde 1760-1970*. Clausthal-Zellerfeld: Böneke.
Bahr, Howard M., Jean-Hugues Déchaux und Karin Stiehr (1994): The Changing Bonds of Kinship: Parents and Adult Children. In: Simon Langlois (Hg.): *Convergence or Divergence? Comparing Recent Social Trends in Industrial Societies*. Frankfurt a. M.: Campus, S. 115-171.
Barber, Benjamin (1996): *Coca Cola und Heiliger Krieg*. Bern: Scherz.
Barry III, Herbert und Aylene S. Harper (1993): Feminization of Unisex Names from 1960 to 1990. *Names* 41: 228-238.
Barry III, Herbert und Aylene S. Harper (1998): Phonetic Differentiation between First Names of Boys and Girls. In: *Proceedings of the XIXth International Congress of onomastic Sciences*. University of Aberdeen, S. 40-46.
Beck, Ulrich (1983): Jenseits von Stand und Klasse? In: Reinhard Kreckel (Hg.): *Soziale Ungleichheiten*. Göttingen: Schwartz, S. 35-74.
Beck, Ulrich (1986): *Risikogesellschaft. Auf dem Weg in eine andere Moderne*. Frankfurt a. M.: Suhrkamp.
Beck, Ulrich (1995): Die „Individualisierungsdebatte". In: Bernhard Schäfers (Hg.): *Soziologie in Deutschland. Entwicklung, Institutionalisierung und Berufsfelder*. Theoretische Kontroversen. Opladen: Leske + Budrich, S. 185-198.

Beck, Ulrich und Elisabeth Beck-Gernsheim (1993): Nicht Autonomie, sondern Bastelbiographie. Anmerkungen zur Individualisierungsdiskussion am Beispiel des Aufsatzes von Günter Burkhart. *Zeitschrift für Soziologie* 22: 178-187.
Beck, Ulrich und Elisabeth Beck-Gernsheim (1995): Individualisierung in modernen Gesellschaften – Perspektiven und Kontroversen einer subjektorientierten Soziologie. In: Ulrich Beck und Elisabeth Beck-Gernsheim (Hg.): *Riskante Freiheiten*. Frankfurt a. M.: Suhrkamp, S. 10-39.
Beck, Ulrich und Ulrich Sopp (Hg.) (1997): *Individualisierung und Integration. Neue Konfliktlinien und neuer Integrationsmodus?* Opladen: Leske + Budrich.
Beck-Gernsheim, Elisabeth (2002): Namenspolitik: Zwischen Assimilation und Antisemitismus – zur Geschichte jüdischer Namen im 19. und 20. Jahrhundert. In: Armin Nassehi und Markus Schroer (Hg.): *Der Begriff des Politischen. Sonderheft der Sozialen Welt*. Baden Baden: Nomos.
Becker, Nikolas (1983): Hans und Grete, Momo und Azalee. Namenwahl als Zeitgeschichte. *Kursbuch* 72: 154-165.
Beisheim, Marianne, Sabine Dreher, Gregor Walter, Bernhard Zangl und Michael Zürn (1999): *Im Zeitalter der Globalisierung? Thesen und Daten zur gesellschaftlichen und politischen Denationalisierung*. Baden-Baden: Nomos.
Berg, Klaus und Marie Luise Kiefer (Hg.) (1987): *Massenkommunikation: eine Langzeitstudie zur Mediennutzung und Medienbewertung*. Band III. Frankfurt a. M./Berlin: Metzner.
Berg, Klaus und Marie Luise Kiefer (Hg.) (1996): *Massenkommunikation V. Eine Langzeitstudie zur Mediennutzung und Medienbewertung 1964-1995*. Baden-Baden: Nomos.
Berger, Hans (1967): *Volkskundlich-soziologische Aspekte der Namensgebung in Frutingen (Berner Oberland)*. Bern: Verlag Paul Haupt.
Berger, Peter A. (1996): *Individualisierung. Statusunsicherheit und Erfahrungsvielfalt*. Opladen: Westdeutscher Verlag.
Berger, Peter A. (1997): Individualisierung und sozialstrukturelle Dynamik. In: Ulrich Beck und Peter Sopp (Hg.): *Individualisierung und Integration. Neue Konfliktlinien und neuer Integrationsmodus*. Opladen: Leske + Budrich, S. 81-98.
Berger, Peter (1973): *Zur Dialektik von Religion und Gesellschaft. Elemente einer soziologischen Theorie*. Frankfurt a. M.: Fischer.
Bering, Dietz (1987/1992): *Der Name als Stigma. Antisemitismus im Deutschen Alltag 1812-1933*. Stuttgart: Klett-Cotta.
Bering, Dietz (1992): *Kampf um Namen: Bernhard Weiss gegen Joseph Goebbels*. Stuttgart: Klett-Cotta.
Bertram, Hans (1995): Individuen in einer individualisierten Gesellschaft. In: Hans Bertram (Hg.): *Das Individuum und seine Familie. Lebensformen, Familienbeziehungen und Lebensereignisse im Erwachsenenalter*. Opladen: Leske + Budrich, S. 9-34.
Besnard, Philippe (1991): Le choix d'un prénom. Actualité de la méthode durkheimienne. *Recherches Sociologiques* 22: 53-60.

Besnard, Philippe (1994): A Durkheimian Approach to the Study of Fashion: The Sociology of First Names. In: W.S.F. Pickering and H. Martins (Hg.): *Debating Durkheim*. London: Routledge.

Besnard, Philippe (1995): The Study of Social Taste Through First Names: Comment on Lieberson and Bell. *American Journal of Sociology* 100: 1313-1317.

Besnard, Philippe und Desplanques, Guy (1986): *Un prénom pour toujours: La cote des Prénoms*. Paris: Balland.

Besnard, Philippe und Grange, Cyril (1993): La fin de la diffusion verticale des gouts? (Prénoms de l'élite et du vulgum). *L'Année sociologique* 43: 269-294.

Biemans, Monique (1999): Production and perception of gendered voice quality. In: Ursula Pasero und Friederike Braun (Hg.): *Wahrnehmung und Herstellung von Geschlecht*. Opladen: Westdeutscher Verlag. S. 63-72.

Bieritz, Karl-Heinz (1991): *Das Kirchenjahr. Feste, Gedenk- und Feiertage in Geschichte und Gegenwart*. München: Beck.

Blau, Peter M. (1994): *Structural Contexts of Opportunities*. Chicago/London: University of Chicago Press.

Block, Eva (1984): Freedom, Equality, Et Cetera. Values and Valuations in the Swedish Domestic Political Debate 1954-1975. In: Gabriele Melischek, Karl Erik Rosengren und James Stappers (Hg.): *Cultural Indicators: An International Symposium*. Wien: Verlag der österreichischen Akademie der Wissenschaften, S. 159-166.

Blossfeld, Hans-Peter (1985): *Bildungsexpansion und Berufschancen. Empirische Analysen zur Lage der Berufsanfänger in der Bundesrepublik*. Frankfurt a. M./New York: Campus.

Bohrhardt, Ralf und Wolfgang Voges (1995): Die Variable ›Beruf‹ in der empirischen Haushalts- und Familienforschung. Zur Ausschöpfung relevanter Informationsanteile aus standardisierten Berufsklassifikationssystemen. *ZA-Information* 36: 91-113.

Bosshart, Louis (1973): *Motive der Vornamengebung im Kanton Schaffhausen von 1960-1970*. Dissertation. Universität Freiburg (Schweiz).

von Bothmer, Lenelotte (1996): *„Mit der Kuh am Strick". Szenen aus den Dienstjahren einer Hinterbänklerin*. Hamburg: Antonia Verlag.

Bourdieu, Pierre (1982): *Die feinen Unterschiede. Kritik der gesellschaftlichen Urteilskraft*. Frankfurt a. M.: Suhrkamp.

Breuilly, John (1999): *Nationalismus und moderner Staat. Deutschland und Europa*. Übersetzt und herausgegeben von Johannes Müller. Köln: SH-Verlag.

Brosius, Hans-Bernd und Joachim F. Staab (1990): Emanzipation in der Werbung? Die Darstellung von Frauen und Männern in der Anzeigenwerbung des "Stern" von 1969 bis 1988. *Publizistik* 35: 292-303.

Brücher, Lars (2000): *Das Westfernsehen und der revolutionäre Umbruch in der DDR im Herbst 1989*. Magisterarbeit im Fach Geschichtswissenschaft an der Universität Bielefeld. http://www.lars-bruecher.de/ddr_westmedien.htm.

Buch, Dieter (1974): Die Vornamen der Hamburger. *Hamburg in Zahlen* 9: 284-288.

Buch, Dieter und Klaus Kamp (1984): Die häufigsten Vornamen der Hamburger Kinder. *Hamburg in Zahlen* 4: 110-111.

Buchmann, Marlis und Manuel Eisner (2001): Geschlechterdifferenzen in der gesellschaftlichen Präsentation des Selbst. Heiratsinserate von 1900 bis 2000. In: Bettina Heintz (Hg.): *Geschlechtersoziologie*. Opladen: Westdeutscher Verlag, S. 75-107.

Burkhart, Günter (1993): Individualisierung und Elternschaft – Das Beispiel USA. *Zeitschrift für Soziologie* 22: 159-177.

Burkhart, Günter (1998): Individualisierung und Elternschaft. Eine empirische Überprüfung der Individualisierungsthese am Beispiel USA und ein Systematisierungsvorschlag. In: Jürgen Friedrichs (Hg.): *Die Individualisierungsthese*. Opladen: Leske + Budrich, S. 107-141.

Busch, Norbert (1995): Die Feminisierung der ultramontanen Frömmigkeit. In: Irmtraud Götz von Olenhusen (Hg.): *Wunderbare Erscheinungen: Frauen und katholische Frömmigkeit im 19. und 20. Jahrhundert*. Paderborn u.a.: Schöningh, S. 203-220.

Cerulo, Karen A. (1997): Identity Construction. New Issues, New Directions. *Annual Review of Sociology* 23: 385-409.

Chadwick, Bruce, Madeleine Gauthier, Louis Hourmant und Barbara Wörndl (1994): Trends in Religion and Secularization. In: Simon Langlois (Hg.): *Convergence or Divergence? Comparing Recent Social Trends in Industrial Societies*. Frankfurt a. M.: Campus, S. 173-214.

Clark, Terry Nicolas, Lipset, Seymour Martin und Rempel, Michael (1993): The declining political significance of social class. *International Sociology* 8: 293-316.

Coester, Michael (1986): Vornamensrecht – international. In: Gesellschaft für Deutsche Sprache und Bundesverband der deutschen Standesbeamten (Hg.): *Internationales Handbuch der Vornamen*. Frankfurt a. M.: Verlag für Standesamtswesen, S. 5-17.

Coleman, James S. (1995): *Grundlagen der Sozialtheorie. Band 1: Handlungen und Handlungssysteme*. München/Wien: R. Oldenbourg.

Conradt, David (1980): Changing German Political Culture. In: Gabriel Almond und Sidney S. Verba (Hg.): *The Civic Culture Revisited*. Boston: Sage, S. 212-272.

Dahrendorf, Ralf (1992): *Der moderne soziale Konflikt*. Stuttgart: Deutsche Verlags-Anstalt.

Daiber, Karl-Fritz (1988): Kirche und religiöse Gemeinschaften in der DDR. *Gegenwartskunde*. Sonderheft 5: 75-88.

Daniel, Ute (2001): *Kompendium Kulturgeschichte. Theorien, Praxis, Schlüsselwörter*. Frankfurt: Suhrkamp.

Dann, Otto (1996): *Nation und Nationalismus in Deutschland. 1770-1990*. München (3. Auflage): Beck.

Debus, Friedhelm (1968): Soziologische Namengeographie. Zur sprachgeographisch-soziologischen Betrachtung der nomina propria. In: Friedhelm Debus und Wilfried Seibicke (Hg.): *Reader zur Namenkunde I: Namentheorie*. Hildesheim/Zürich/New York: Georg Olms Verlag, S. 315-338.

Debus, Friedhelm (1995): Soziolinguistik der Eigennamen. Name und Gesellschaft (Sozio-Onomastik). In: Ernst Eichler, Gerold Hilty, Heinrich Löffler, Hugo Steeger und Ladislav Zgusta (Hg.): *Namensforschung: Ein internationales Handbuch der Onomastik. 1. Band.* Berlin/New York: de Gruyter, S. 393-399.

Debus, Friedhelm (1996): Personennamen und soziale Schichtung. In: Eichler, Ernst, Gerold Hilty und Heinrich Löffler (Hg): *Namenforschung. Ein internationales Handbuch zur Onomastik. 2. Band.* Berlin: de Gruyter, S. 1732-1738.

Debus, Friedhelm (1996a): Methoden und Probleme der soziologisch orientierten Namenforschung. In: Ernst Eichler, Gerold Hilty, Heinrich Löffler, Hugo Steger und Ladislav Zgusta (Hg.): *Namenforschung: ein internationales Handbuch zur Onomastik. 2. Band.* Berlin/New York: de Gruyter, S. 344-351.

Debus, Friedhelm (1996b): Soziolinguistik der Eigennamen. Name und Gesellschaft (Sozio-Onomastik). In: Ernst Eichler, Gerold Hilty, Heinrich Löffler, Hugo Steger und Ladislav Zgusta (Hg.): *Namenforschung: Ein internationales Handbuch zur Onomastik. 2. Band.* Berlin/New York: de Gruyter, S. 393-399.

Debus, Friedhelm, Joachim Hartig, Hubertus Menke und Günter Schmitz (1973): Namengebung und soziale Schicht. Bericht über ein Projekt zur Personennamenkunde. *Naamkunde* 5 : 368-405.

Debus, Friedhelm und Wilfried Seibicke (1989): *Reader zur Namenkunde, Bd. 1: Namentheorie.* Hildesheim.

Desplanques, Guy (1986): Les enfants de Michel et Martine Dupont s'appelent Nicolas et Céline. *Economie et Statistique* 184: 63-83.

Deutsch, Karl W. (1956): Shifts in the Balance of Communication Flows: A Problem of Measurement in International Relations. *Public Opinion Quarterly* 20: 143-160.

Diedrichsen, Uwe (1996): Namensrecht, Namenspolitik. In: Ernst Eichler u.a. (Hg.): *Namenforschung. Ein internationales Handbuch zur Onomastik, Bd. 2.* Berlin: de Gruyter, S. 1763-1780.

Diewald, Martin (1991): *Soziale Beziehungen: Verlust oder Liberalisierung? Soziale Unterstützung in informellen Netzwerken.* Berlin: Edition Sigma.

Doering-Manteuffel, Sabine (1995): *Die Eifel. Geschichte einer Landschaft.* Frankfurt a. M./New York: Campus.

Drosdowski, Günther (1974): *Duden Lexikon der Vornamen. Herkunft, Bedeutung und Gebrauch von mehreren tausend Vornamen.* Mannheim/Wien/Zürich: Dudenverlag.

Dupaquier, Jacques (1981): Naming-Practices, Godparenthood, and Kindship in the Vexin, 1540-1900. *Journal of Family History* 6: 135-155.

Dupaquier, Jacques, Alain Biedeau und Marie-Elizabeth Ducreux (1984): *Le prénom: mode et histoire. Entretiens de Malher 1980.* Paris: Ecole des Hautes Etudes en Sciences Sociales.

Durkheim, Emile (1895/1976): *Die Regeln der soziologischen Methode.* Herausgegeben von René König. Neuwied: Luchterhand (4. Auflage).

Durkheim, Emile (1977): *Über die Teilung der sozialen Arbeit.* Frankfurt a. M.: Suhrkamp.

Durkheim, Emile (1897/1983): *Der Selbstmord.* Frankfurt a. M.: Suhrkamp.

Ebers, Nicola (1995): *„Individualisierung". Georg Simmel – Norbert Elias – Ulrich Beck*. Würzburg: Königshausen und Neumann.
Eichler, Ernst, Gerold Hilty, Heinrich Löffler, Hugo Steeger und Ladislav Zgusta (Hg.) (1995): *Namenforschung: ein internationales Handbuch der Onomastik. 1. Band*. Berlin/New York: de Gruyter.
Eichler, Ernst, Gerold Hilty, Heinrich Löffler, Hugo Steeger und Ladislav Zgusta (Hg.) (1996): *Namenforschung: ein internationales Handbuch der Onomastik. 2. Band*. Berlin/New York: de Gruyter.
Eliade, Mircea (1957): *Das Heilige und das Profane*. Hamburg: Rowohlt.
Elias, Norbert (2001): *Über den Prozeß der Zivilisation*. Frankfurt a. M.: Suhrkamp.
Engels, Friedrich (1973): Herrn Eugen Dührings Umwälzung der Wissenschaft. In: Karl Marx und Friedrich Engels (Hg.): *Werke, Band 20*. Berlin: Dietz Verlag.
Esser, Hartmut (1991): *Alltagshandeln und Verstehen. Zum Verhältnis von erklärender und verstehender Soziologie am Beispiel von Alfred Schütz und 'Rational Choice'*. Tübingen: Mohr.
Esser, Hartmut (1996): *Soziologie. Allgemeine Grundlagen*. Frankfurt a. M./New York: Campus.
Ester, Peter, Loek Halman und Ruud der Moor (1993): *The Individualizing Society. Value Change in Europe and North America*. Tilburg: Tilburg University Press.
Evans, P.B., Dietrich Rüschemeyer und Theda Skocpol (Hg.) (1985): *Bringing the State Back In*. Cambridge/New York: Cambridge University Press.
Fahrenkrog, Rolf Ludwig (1939): *Deutschen Kindern – Deutsche Namen*. Berlin. Fritsch.
Ferree, Myra Marx, William A. Gamson, Jürgen Gerhards und Dieter Rucht (2002): *Shaping the Abortion Discourse: Democracy and The Public Sphere in Germany and the United States*. New York: Cambridge University Press.
Finke, Roger und Rodney Stark (1992): *The Churching of America: 1776-1990. Winners and Loosers in our religious economy*. New Brunswick: Rutgers University Press.
Flora, Peter und Jens Alber (1982): Modernization, Democratization, and the Development of Welfare States in Western Europe. In: Peter Flora und Arnold J. Heidenheimer (Hg.): *The Development of Welfare States in Europe and America*. New Brunswick/ London: Transaction Publishers.
Frank, Rainer (1977): *Zur Frage einer schichtenspezifischen Personennamengebung. Namenkundliche Sammlung, Analyse und Motivuntersuchung über den Kreis und die Stadt Segeberg*. Neumünster: Wachholtz.
Friedrichs, Jürgen (1998): *Die Individualisierungsthese*. Opladen: Leske + Budrich.
Früh, Werner (1992): Analyse sprachlicher Daten. Zur konvergenten Entwicklung „quantitativer" und „qualitativer" Methoden. In: Jürgen H. P. Hoffmeyer-Zlotnik (Hg.): *Analyse verbaler Daten. Über den Umgang mit qualitativen Daten*. Opladen: Westdeutscher Verlag, S. 59-89.
Früh, Werner (1991): *Inhaltsanalyse. Theorie und Praxis* (3. Auflage). München: Ohlschläger.
Frühwald, Wolfgang, Hans Robert Jauß, Reinhart Kosseleck, Jürgen Mittelstraß und Burkhart Steinwachs (1991): *Geisteswissenschaften heute. Eine Dankschrift*. Frankfurt a. M.: Suhrkamp.

Fuchs, Dieter, Jürgen Gerhards und Edeltraud Roller (1993): Wir und die Anderen. Ethnozentrismus in den zwölf Ländern der europäischen Gemeinschaft. *Kölner Zeitschrift für Soziologie und Sozialpsychologie* 45: 238-253.

Gabriel, Karl (1990): Von der vordergründigen zur hintergründigen Religiosität: Zur Entwicklung von Religion und Kirche in der Geschichte der Bundesrepublik. In: Robert Hettlage (Hg.): *Die Bundesrepublik. Eine historische Bilanz*. München: Beck, S. 255-277.

Galling, Kurt (Hg.) (1986): *Die Religion in Geschichte und Gegenwart. Handwörterbuch für Theologie und Religionswissenschaft* (Bd. 3 und 5). Tübingen: Mohr.

Gatterer, Michael (Hg.) (1941): *Das Religionsbuch der Kirche. (Catechismus Romanus). Zweiter Teil: Von den Sakramenten*. Innsbruck und Leipzig: Rauch.

Gebesmair, Andreas (2000): *Musik und Globalisierung. Zur Repertoireentwicklung der transnationalen Phonoindustrie unter besonderer Berücksichtigung des österreichsichen Musikmarktes*. Forschungsbericht des Instituts Mediacult. Wien.

Geißler, Rainer (1996): Kein Abschied von Klasse und Schicht. Ideologische Gefahren der deutschen Sozialstrukturanalyse. *Kölner Zeitschrift für Soziologie und Sozialpsychologie* 48: 319-338.

Gerbner, Georg (1973): Cultural Indicators: The Third Voice. In: George Gerbner, Larry P. Gross und William H. Melody (Hg.): *Communications Technology and Social Policy. Understanding the New "Cultural Revolution"*. New York: John Wiley, S. 555-571.

Gerbner, George (1969): Toward "Cultural Indicators": The Analysis of Mass Mediated Public Message Systems. *AV Communication Review* 17: 137-148.

Gerhards, Jürgen und Astrid Melzer (1996): Die Semantik von Todesanzeigen als Indikator für Säkularisierungsprozesse. *Zeitschrift für Soziologie* 25: 304-314.

Gerhards, Jürgen und Jörg Rössel (1999): Zur Transnationalisierung der Gesellschaft der Bundesrepublik. Entwicklungen, Ursachen und mögliche Folgen für die europäische Integration. *Zeitschrift für Soziologie* 28: 325-344.

Gerhards, Jürgen und Rolf Hackenbroch (1997): Kulturelle Modernisierung und die Entwicklung der Semantik von Vornamen. *Kölner Zeitschrift für Soziologie und Sozialpsychologie* 49: 410-439.

Gerhards, Jürgen und Rolf Hackenbroch (2000): Trends and Causes of Cultural Modernization. An Empirical Study of First Names. *International Sociology* 15: 501-532.

Gerhards, Jürgen (1999): Rezension von Michael Wollfsohn und Thomas Brechenmacher: Die Deutschen und ihre Vornamen. 200 Jahre Politik und öffentliche Meinung. München 1999. *Kölner Zeitschrift für Soziologie und Sozialpsychologie* 51: 774-775.

Gerr, Elke (1985): *Das große Vornamenbuch*. München: Humboldt.

Geserick, Rolf (1989): *40 Jahre Presse, Rundfunk- und Kommunikationspolitik in der DDR*. München: Minerva.

Goffman, Erving (1977): The Arrangement between the Sexes. *Theory and Society* 4: 301-331.

Goffman, Erving (1979): *Gender Advertisements*. London: Macmillan.

Granger, C. W. J. und Newbold, P. (1974): Spurious Regressions in Econometrics. *Journal of Econometrics* 2: 111-120.
Grethlein, Christian (1994): Name/Namengebung – IV. Kirchengeschichtlich. In: Gerhard Müller (Hg.): *Theologische Realenzyklopädie*. Berlin/New York: de Gruyter, S. 754-758.
Grethlein, Christian (1994a): Name/Namengebung – V. Praktisch-theologisch. In: Gerhard Müller (Hg.): *Theologische Realenzyklopädie*. Berlin/New York: de Gruyter, S. 758-760.
Grümer, Karl-Wilhelm und Robert Helmrich (1994): Die Todesanzeige. Viel gelesen, jedoch wenig bekannt. Deskription eines wenig erschlossenen Forschungsmaterials. *Zeitschrift für Historische Sozialforschung* 19: 60-108.
Gugutschkow, Sabine und Karlheinz Hengst (1998/1999): Vornamengebung in Deutschland und interkulturelle Kontakte. Beobachtungen zu Tendenzen in der gegenwärtigen Vornamenwahl. *Onoma. Journal of the International Council of Onomastic Sciences* 34: 197-214.
Hahn, Alois (1974): *Religion und der Weltverlust der Sinngebung. Identitätsprobleme in der modernen Gesellschaft*. Frankfurt a. M./New York: Campus.
Hannerz, Ulf (1992): *Cultural Complexity. Studies in the Social Organization of Meaning*. New York: Columbia University Press.
Hausberger, Karl (1994): Anfänge der christlichen Heiligenverehrung. In: *Theologische Realenzyklopädie*. Berlin. De Gruyter, S. 646-651.
Hausberger, Karl (1994a): Heilige/Heiligenverehrung – Die römisch-katholische Kirche. In: *Theologische Realenzyklopädie*. Berlin. De Gruyter, S. 654-660.
Heckhausen, Heinz (1989): *Motivation und Handeln* (2. Auflage). Berlin: Springer.
Heintz, Bettina, (Hg.) (2001): *Geschlechtersoziologie*. Opladen: Westdeutscher Verlag.
Hengst, Karlheinz (1999): Tendenzen in der Vornamengebung. *Der Sprachdienst* 43: 100-104.
Hirschauer, Stefan (1989): Die interaktive Konstruktion von Geschlechtszugehörigkeit. *Zeitschrift für Soziologie* 18: 100-118.
Hirschauer, Stefan (1993): *Die soziale Konstruktion der Transsexualität. Über die Medizin und den Geschlechtswechsel*. Frankfurt a. M.: Suhrkamp.
Hirschfeld, Mattias (2001): *Transnationalisierung der Popmusikcharts in Deutschland 1960-2000*. Unveröffentlichte Hausarbeit am Institut für Kulturwissenschaften der Universität Leipzig.
Hitzler, Ronald und Anne Honer (1995): Bastelexistenz. Über subjektive Konsequenzen der Individualisierung. In: Ulrich Beck und Elisabeth Beck-Gernsheim (Hg.): *Riskante Freiheiten*. Frankfurt a. M.: Suhrkamp, S. 307-315.
Hobsbawm, Eric J. (Hg.) (1984): *The Invention of Tradition*. Cambridge: Cambridge University Press.
Hohls, Rüdiger und Hartmut Kaeble (1989): *Die regionale Erwerbsstruktur im Deutschen Reich und in der Bundesrepublik 1895-1970*. St. Katharinen: Scripta Mercaturae.
Hohorst, Gerd, Jürgen Kocka und Gerhard A. Ritter (1975): *Sozialgeschichtliches Arbeitsbuch. Materialien zur Statistik des Kaiserreichs 1870-1914*. München: Beck.

Homann, Harald (1994): Religion. In: Siegfried Rudolf Dunde (Hg.): *Wörterbuch der Religionssoziologie*. Gütersloh: Gütersloher Verlagshaus, S. 260-267

Horkheimer, Max und Theodor W. Adorno (1978): Kulturindustrie. Aufklärung als Massenbetrug. In: Max Horkheimer und Theodor W. Adorno (Hg.): Dialektik der Aufklärung. Philosophische Fragmente. Frankfurt a. M.: Fischer, S.108-150.

Hornbostel, Stefan (1997): Eigennamen – die Politik der feinen Unterschiede. In: Karl-Siegbert Rehberg (Hg.): *Differenz und Integration. Die Zukunft moderner Gesellschaften*. Verhandlungen des 28. Kongresses der Deutschen Gesellschaft für Soziologie im Oktober 1996 in Dresden, Bd. 2. Opladen: Westdeutscher Verlag, S. 407-414.

Hörsch, Nicoline (1994): *Republikanische Personennamen. Eine anthroponymische Studie zur Französischen Revolution*. Tübingen: Niemeyer.

Huinink, Johannes und Michael Wagner (1998): Individualisierung und die Pluralisierung von Lebensformen. In: Jürgen Friedrichs (Hg.): *Die Individualisierungsthese*. Opladen: Leske + Budrich, S. 85-106.

Huinink, Johannes, Karl Ulrich Mayer und Michael Wagner (1989): Ehe und Familie im Wandel der Nachkriegszeit – ein kritischer Beitrag zur aktuellen Diskussion. In: Hans-Joachim Hoffmann-Nowotny (Hg.): *Kultur und Gesellschaft*. Gemeinsamer Kongreß der Deutschen, Österreichischen und Schweizerischen Gesellschaft für Soziologie. Beiträge der Sektions- und Ad-hoc-Gruppen. Zürich: Seismo, S. 66-68.

Imhof, Arthur E. (1994): Die neuen Überlebenden: Gestern – heute – morgen, in Deutschland, Europa, weltweit. In: Arthur E. Imhof (Hg.): *Lebenserwartungen in Deutschland, Norwegen und Schweden im 19. und 20. Jahrhundert*. Berlin: Akademie-Verlag, S. 25-113.

Inglehart, Ronald (1989): *Kultureller Umbruch. Wertwandel in der westlichen Welt*. Frankfurt a. M./New York: Campus.

Jagodzinski, Wolfgang und Karel Dobbelaere (1995): Secularization and Church Religiosity. In: Jan W. van Deth und Elinor Scarbrough (Hg.): *The Impact of Values. Beliefs in Government* (Vol. 4). Oxford: Oxford University Press, S. 76-119.

Jagodzinski, Wolfgang (1995): Säkularisierung und religiöser Glaube. Rückgang traditioneller Religiosität und religiöser Pluralismus in Westeuropa. In: Karl-Heinz Reuband, Franz Urban Pappi und Heinrich Best (Hg.): *Die deutsche Gesellschaft in vergleichender Perspektive. Festschrift für Erwin K. Scheuch zum 65. Geburtstag*. Opladen: Westdeutscher Verlag, S. 261-285.

Junge, Matthias (1997): Georgs Simmels Individualisierungstheorie. Eine systematische Rekonstruktion ihrer Argumentationsfiguren. *Sociologia Internationalis* 35: 1-27.

Junge, Matthias (2002): *Individualisierung*. Frankfurt a. M.: Campus.

Khatib, Syed-Malik (1995): Personal Names and Name Changes. *Journal of Black Studies* 25: 349-353.

Kippele, Flavia (1998): *Was heißt Individualisierung? Die Antworten soziologischer Klassiker*. Opladen: Westdeutscher Verlag.

Kleinöder, Rudolf (1996): *Konfessionelle Namengebung in der Oberpfalz von der Reformation bis zur Gegenwart*. Frankfurt a. M.: Lang.

Kleinteich, Bernd (1992): *Vornamen in der DDR 1960-1990*. Berlin. Akademie-Verlag.
Knorr Cetina, Karin (1988): Kulturanalyse: Ein Programm. In: Hans Georg Soeffner (Hg.): *Kultur und Alltag*. Göttingen: Otto Schwarz, S. 27-31.
Kohlheim, Volker (1988): Zur Verbreitung sprachlicher und onomastischer Neuerungen. *Beiträge zur Namensforschung. Neue Folge* 23: 158-176.
Kohlheim, Volker (1996): Die christliche Namengebung. In: Ernst Eichler, Gerold Hilty, Heinrich Löffler, Hugo Steger und Ladislav Zgusta (Hg.): *Namenforschung: Ein internationales Handbuch zur Onomastik* (2. Band). Berlin/New York: de Gruyter, S. 1048-1057.
Koß, Gerhard (1990): *Namenforschung. Eine Einführung in die Onomastik*. Tübingen: Niemeyer.
Kron, Thomas (Hg.) (2000): *Individualisierung und soziologische Theorie*. Opladen: Leske + Budrich.
Kunze, Konrad (1998): *Namenkunde. Vor- und Familiennamen im deutschen Sprachgebiet*. München: dtv.
Lawson, Edwin D. (1984): Personal Names: 100 Years of Social Science Contributions. *Names. Journal of the American Name Society* 32: 45-73.
Lemm, Kristi und Mahzarin R. Banaji (1999): Unconscious attitudes and beliefs about woman and men. In: Ursula Pasero und Friederike Braun (Hg.): *Wahrnehmung und Herstellung von Geschlecht*. Opladen: Westdeutscher Verlag, S. 215-235.
Lenz, Karl und Lothar Bönisch (1997): Zugänge zu Familien – ein Grundlagentext. In: Lothar Bönisch und Karl Lenz (Hg.): *Familien. Eine interdisziplinäre Einführung*. Weinheim und München: Juventa, S. 9-64.
Lepsius, M. Rainer (1989): Das Erbe des Nationalsozialismus und die politische Kultur der Nachfolgestaaten des 'Großdeutschen Reiches'. In: Max Haller, Hans-Joachim Hoffmann-Nowotny und Wolfgang Zapf (Hg.): *Kultur und Gesellschaft*. Verhandlungen des 24. Deutschen Soziologentags, des. 11. Österreichischen Soziologentags und des 8. Kongresses der Schweizerischen Gesellschaft für Soziologie in Zürich 1988. Frankfurt a. M.: Campus, S. 247-264.
Lévi-Strauss, Claude (1968): *Das wilde Denken*. Frankfurt a. M.: Suhrkamp.
Lieberson, Stanley and Mikelson, Kelly S. (1995): Distinctive, African American Names: An Experimental, Historicial, And Linguistic Analysis of Innovation. *American Sociological Review* 60: 928-946.
Lieberson, Stanley (1969): Measuring Population Diversity. *American Sociological Review* 34: 850-862.
Lieberson, Stanley (1984): What's in a name? ... some sociolinguistic possibilities. *International Journal of the Sociology of Language* 45: 77-87.
Lieberson, Stanley (2000): *A Matter of Taste. How Names, Fashions, and Culture Change*. New Haven und London: Yale University Press.
Lieberson, Stanley und Eleanor O. Bell (1992): Children's First Names: An Empirical Study of Social Taste. *American Journal of Sociology* 98: 511-554.
Lieberson, Stanley, Susan Dumais and Shyon Baumann (2000): The Instability of Androgynous Names: The Symbolic Maintenance of Gender Boundaries. *American Journal of Sociology* 105: 1249-1287.

Lindenberg, Siegwart (1983): Zur Kritik an Durkheims Programm der Soziologie. *Zeitschrift für Soziologie* 12: 139-151.

Linke, Norbert (1987): Die Rezeption der Programme von ARD und ZDF in der DDR als Gegenstand der SED-Kommunikationspolitik. *Publizistik* 32: 45-68.

Liwak, Rüdiger (1994): Name/Namengebung – III. Biblisch. In: Gerhard Müller (Hg.): *Theologische Realenzyklopädie*. Berlin/New York: de Gruyter.

London, Andrew S. und S. Philip Morgan (1994): Racial Differences in First Names in 1910. *Journal of Family History* 19: 261-284.

Loos, Wolfgang (1996): *Namensänderungsgesetz*. Neuwied: Luchterhand.

Lübbe, Hermann (1965): *Säkularisierung – Geschichte eines ideenpolitischen Begriffs*. Freiburg: Alber.

Lukes, Steven (1973): *Emile Durkheim. His Life and Work. A Historical and Critical Study*. London: Penguin.

Luckmann, Thomas (1980a): Säkularisierung – ein moderner Mythos. In: Thomas Luckmann: *Lebenswelt und Gesellschaft. Grundstrukturen und geschichtliche Wandlungen*. Paderborn u. a.: Schöningh, S. 161-172.

Luckmann, Thomas (1991): *Die unsichtbare Religion*. Frankfurt a. M.: Suhrkamp.

Luhmann, Niklas (1977): *Funktion der Religion*. Frankfurt a. M.: Suhrkamp.

Luhmann, Niklas (1981): Unverständliche Wissenschaft. In: Niklas Luhmann: *Soziologische Aufklärung* (Band 3). Opladen: Westdeutscher Verlag, S. 170-197.

Luhmann, Niklas (1984): *Soziale Systeme. Grundriß einer allgemeinen Theorie*. Frankfurt a. M.: Suhrkamp.

Main, Gloria L. (1996): Naming Children in Early New England. *Journal of Interdisciplinary History* 18: 1-27.

Martindale, Colin (1990): *The Clockwork Muse. The Predictability of Artistic Change*. New York: Baisc Books.

Marx, Karl (1972): Zur Kritik der Hegelschen Rechtsphilosophie (Einleitung). In: Karl Marx und Friedrich Engels: *Werke, Band 1*. Berlin: Dietz Verlag.

Masser, Achim (1992): *Tradition und Wandel. Studien zur Rufnamengebung in Südtirol*. Heidelberg.

Mayer, Karl Ulrich und Hans-Peter Blossfeld (1990): Die gesellschaftliche Konstruktion sozialer Ungleichheit im Lebensverlauf. In: Peter A. Berger und Stefan Hradil (Hg.): *Lebenslagen, Lebensläufe, Lebensstile. Soziale Welt, Sonderband 7*. Göttingen: Otto Schwartz, S. 297-318.

Mayer, Karl Ulrich und Walter Müller (1987): Individualisierung und Standardisierung im Strukturwandel der Moderne. Lebensläufe im Wohlfahrtsstaat. In: Ansgar Weymann (Hg.): *Handlungsspielraum. Untersuchungen zur Individualisierung und Institutionalisierung von Lebensverläufen in der Moderne*. Stuttgart: Enke, S. 41-60

Mayer, Karl Ulrich (1989): Empirische Sozialstrukturanalyse und Theorien gesellschaftlicher Entwicklung. *Soziale Welt* 40: 297-308.

McLeod, Hugh (1988): Weibliche Frömmigkeit – männlicher Unglaube? Religion und Kirchen im bürgerlichen 19. Jahrhundert. In: Ute Frevert (Hg.): *Bürgerinnen und Bürger. Geschlechterverhältnisse im 19. Jahrhundert*. Göttingen: Vandenhoeck und Ruprecht, S. 134-156.

Melischek, Gabriele, Karl Erik Rosengren und James Stappers (Hg.) (1984): *Cultural Indicators: An International Symposium*. Wien: Verlag der österreichischen Akademie der Wissenschaften.
Merton, Robert K. (1968): *Social Theory and Social Structure*. New York und London: The Free Press.
Meulemann, Heiner (1985): Wertewandel zwischen 1950 und 1980: Versuch einer zusammenfassenden Deutung vorliegender Zeitreihen. In: Dieter Oberndörfer, Hans Rattinger und Karl Schmidt (Hg.): *Wirtschaftlicher Wandel, religiöser Wandel und Wertewandel. Folgen für das politische Verhalten in der Bundesrepublik Deutschland*. Berlin: Dunker und Humblot, S. 391-411.
Meulemann, Heiner (1993): Säkularisierung und Werte. Eine systematische Übersicht über Ergebnisse aus Bevölkerungsumfragen in westeuropäischen Gesellschaften. In: Bernhard Schäfers (Hg.): *Lebensverhältnisse und soziale Konflikte im neuen Europa. 26. Deutscher Soziologentag 1992. Plenarveranstaltungen*. Frankfurt a. M.: Campus, S. 627-635.
Miller, Nathan (1927): Some Aspects of the Name in Culture-History. *American Journal of Sociology* 32: 585-600.
Mitterauer, Michael (1988): Namengebung. *Beiträge zur historischen Sozialkunde* 18: 36-70.
Mitterauer, Michael (1989): Entwicklungstrends der Familie in der europäischen Neuzeit. In: Rosemarie Nave-Herz und Manfred Markefka (Hg.): *Handbuch der Familien- und Jugendforschung. Band 1: Familienforschung*. Neuwied: Luchterhand, S.179-194.
Mitterauer, Michael (1993): *Ahnen und Heilige. Namengebung in der europäischen Geschichte*. München: Beck.
Mosse, Goerge L. (1997): *Das Bild des Mannes. Zur Konstruktion der modernen Männlichkeit*. Stuttgart: Fischer.
Müller, Hans-Peter (1993): Soziale Differenzierung und Individualität. Georg Simmels Gesellschafts- und Zeitdiagnose. *Berliner Journal für Soziologie* 3: 127-140.
Müller, Walter (1997): Sozialstruktur und Wahlverhalten. Eine Widerrede gegen die Individualisierungsthese. *Kölner Zeitschrift für Soziologie und Sozialpsychologie* 49: 747-760.
Namenwirth, J. und Robert Philip Weber (1987): *Dynamics of Culture*. Boston/London/Sydney/Wellington: Allen & Unwin.
Nassehi, Armin und Georg Weber (1989): *Tod, Modernität und Gesellschaft. Entwurf einer Theorie der Todesverdrängung*. Opladen: Westdeutscher Verlag.
Naumann, Horst (1973): Entwicklungstendenzen in der Rufnamengebung der Deutschen Demokratischen Republik. *Der Name in Sprache und Gesellschaft. Beiträge zur Theorie der Onomastik. Deutsch-slawische Forschungen zur Namenkunde und Siedlungsgeschichte* 27: 147-191.
Naumann, Horst (1989): Soziolinguistische Aspekte der Onomastik. In: Friedhelm Debus und Wilfried Seibicke (Hg.): *Reader zur Namenkunde I: Namentheorie*. Hildesheim/Zürich/New York: Georg Olms Verlag, S. 391-397.
Naumann, Horst, Gerhard Schlimpert und Johannes Schultheis (1986): *Vornamen Heute*. Leipzig: Bibliographisches Institut.

Nave-Herz, Rosemarie und Corinna Omen-Isemann (2001): Familie. In: Hans Joas (Hg.): *Lehrbuch der Soziologie*. Frankfurt a. M.: Campus, S. 289-310.

Neidhardt, Friedhelm (1975): *Die Familie in Deutschland. Gesellschaftliche Stellung, Struktur und Funktion*. Opladen: Leske + Budrich.

Nowak, Kurt (1995): Historische Wurzeln der Entkirchlichung in der DDR. In: Heinz Sahner und Stefan Schwendtner (Hg.): *27. Kongreß der Deutschen Gesellschaft für Soziologie. Gesellschaften im Umbruch. Sektionen und Arbeitsgruppen*. Opladen: Westdeutscher Verlag, S. 665-669.

Nowatschin, Alois (1986): Die höhere Knabenschule in Gerolstein von 1911 bis 1953. In: Stadt Gerolstein (Hg.): *Gerolstein*. Gerolstein, S. 133-149.

Nunner-Winkler, Gertrud (1985): Identität und Individualität. *Soziale Welt* 36:466-482.

Nunner-Winkler, Gertrud (2001): Geschlecht und Gesellschaft. In: Hans Joas (Hg.): *Lehrbuch der Soziologie*. Frankfurt a. M.: Campus, S. 265-288.

von Olenhusen, Irmtraud Götz (1995): Die Feminisierung von Religion und Kirche im 19. und 20. Jahrhundert: Forschungsstand und Forschungsperspektiven (Einleitung). In: Imtraud Götz von Olenhusen u. a. (Hg.): *Frauen unter dem Patriarchat der Kirchen. Katholikinnen und Protestantinnen im 19. und 20. Jahrhundert*. Stuttgart: Kohlhammer, S. 9-21.

Pasero, Ursula und Friederike Braun (Hg.) (1999): *Wahrnehmung und Herstellung von Geschlecht*. Opladen: Westdeutscher Verlag.

Peters, Jan, Albert Felling und P. Scheepers (1993): Individualisierung und Säkularisierung in den Niederlanden in den achtziger Jahren. In: Bernhard Schäfers (Hg.): *Lebensverhältnisse und soziale Konflikte im neuen Europa. 26. Deutscher Soziologentag. Plenarveranstaltungen*. Frankfurt a. M.: Campus, S. 636-645.

Petzina, Dietmar, Werner Abelshauser und Anselm Faust (1978): *Sozialgeschichtliches Arbeitsbuch III: Materialien zur Statistik des Deutschen Reiches 1914-1945*. München: Beck.

Pierenkemper, Toni (1987): The Standard of Living and Employment in Germany, 1850-1980: An Overview. *The Journal of European Economic History* 16: 51-73.

Pindyck, Robert S. und Rubinfeld, Daniel L. (1991): *Econometric Models and Economic Forecasts*. New York: McGraw Hill.

Popper, Karl R. (1976): *Logik der Forschung*. Tübingen: Mohr.

Rabinow, Paul und William M. Sullivan (Hg.) (1979): *Interpretive Social Science. A second look*. Berkeley: California University Press.

Raschauer, Bernhard (1978): *Namensrecht*. Wien: Springer.

Reckwitz, Andreas (1999): Praxis – Autopoiesis – Text. In: Andreas Reckwitz und Holger Sievert (Hg.): *Interpretation, Konstruktion, Kultur. Ein Paradigmenwechsel in den Sozialwissenschaften*. Opladen: Westdeutscher Verlag, S. 19-49.

Reckwitz, Andreas (2000): *Die Transformation der Kulturtheorien. Zur Entwicklung eines Theorieprogramms*. Weilerswist: Velbrück.

Ritzer, George (1998): *The McDonaldization Thesis: Explorations and Extensions*. London: Sage.

Robinson, William S. (1950): Ecological Correlations and the Behavior of Individuals. *American Sociological Review* 15: 351-357.
Rosengren, Karl Erik (1981): Mass Communications as Cultural Indicators: Sweden, 1945-1975. In: G. C. Wilhort und H. De Boek (Hg.): *Mass Communication Review Yearbook 2*. Beverly Hills: Sage, S. 716-737.
Rosengren, Karl Erik (1986): Linking Culture and Other Societal Systems. In: Ball-Rokeach und M. G. Cantor (Hg.): *Media, Audience, and Social Structure*. Beverly Hills: Sage, S. 87-98.
Rosengren, Karl Erik (1989): Medienkultur: Forschungsansatz und Ergebnisse eines schwedische Langzeitprojekts. *Media Perspektiven* 6: 356-371.
Rossi, Alice S. (1965): Naming Children in Middle-Class Families. *American Sociological Review* 30: 499-513.
Rytlewski, Ralf und Manfred Opp de Hipt (1987): *Die Bundesrepublik Deutschland in Zahlen. 1945/49-1980. Ein sozialgeschichtliches Arbeitsbuch*. München: Beck.
Sabean, David (1998): *Kinship in Neckerhausen, 1700 – 1870*. Cambridge: Cambridge University Press.
Schimank, Uwe (2000): Die individualisierte Gesellschaft – differenzierungs- und akteurstheoretisch betrachtet. In: Thomas Kron (Hg.): *Individualisierung und soziologische Theorie*. Opladen: Leske + Budrich, S. 107-128.
Schneider, Irmela (1990): *Film, Fernsehen & Co. Zur Entwicklung des Spielfilms in Kino und Fernsehen. Ein Überblick über Konzepte und Tendenzen*. Heidelberg: Carl Winter Universitätsverlag.
Schnell, Rainer und Ulrich Kohler (1995): Empirische Untersuchung einer Individualisierungshypothese am Beispiel der Parteipräferenz von 1953-1992. *Kölner Zeitschrift für Soziologie und Sozialpsychologie* 47: 635-657.
Schnell, Rainer, Paul B. Hill und Elke Esser (1995): *Methoden der empirischen Sozialforschung*. München: Oldenbourg
Schroer, Markus (2000): Negative, positive und ambivalente Individualisierung – erwartbare und überraschende Allianzen. In: Thomas Kron (Hg.): *Individualisierung und soziologische Theorie*. Opladen: Leske + Budrich, S. 13-44.
Schulz, Frieder (1994): Heilige/Heiligenverehrung: Die protestantischen Kirchen. In: *Theologische Realenzyklopädie*. Berlin: De Gruyter, S. 664-672.
Schulze, Gerhard (1992): *Die Erlebnisgesellschaft. Kultursoziologie der Gegenwart*. Frankfurt a. M.: Campus.
Seibert, Winfried (1996): *Das Mädchen, das nicht Esther heißen durfte. Eine exemplarische Geschichte*. Leipzig: Reclam.
Seibicke, Wilfried (1962): *Wie nennen wir unser Kind? Ein Vornamenbuch*. Lüneburg: Heiland-Verlag.
Seibicke, Wilfried (1977): *Vornamen. Beihefte zur Muttersprache 2*. Wiesbaden.
Seibicke, Wilfried (1977a): *Vornamen*. Wiesbaden: Verlag für deutsche Sprache.
Seibicke, Wilfried (1991): *Vornamen* (Zweite, vollständig überarbeitete Auflage). Frankfurt: Verlag für Standesamtswesen.

Seibicke, Wilfried (1996): Traditionen der Vornamengebung. Motivationen, Vorbilder, Moden: Germanisch. In: Ernst Eichler, Gerold Hilty, Heinrich Löffler, Hugo Steger und Ladislav Zgusta (Hg.): *Namenforschung: ein internationales Handbuch zur Onomastik* (2. Band). Berlin/New York: de Gruyter, S. 1207-1214.

Seibicke, Wilfried (1999): Vornamen und Kulturgeschichte. In: Andreas Gardt, Ulrike Haß-Zumkehr und Thorsten Roelke (Hg.): *Sprachgeschichte als Kulturgeschichte*. Berlin: de Gruyter, S. 59-68.

Shin, Kwang Sook (1980): *Schichtenspezifische Faktoren der Vornamengebung: empirische Untersuchung der 1961 und 1976 in Heidelberg vergebenen Vornamen*. Frankfurt a. M.: Lang.

Simmel, Georg (1983/1908): *Soziologie. Untersuchungen über die Formen der Vergesellschaftung*. Berlin: Duncker und Humblot.

Simon, Michael (1989): *Vornamen wozu? – Taufe, Patenwahl und Namengebung in Westfalen vom 17. Jahrhundert bis zum 20. Jahrhundert*. Münster: F. Coppenrath Verlag.

Simon, Michael (1991): Der Pate als Namengeber. *Rheinisch-westfälische Zeitschrift für Volkskunde* 36: 215-227.

Skocpol, Theda (1979): S*tates and Social Revolutions. A Comparative Analysis of France, Russia and China*. Cambridge/New York: Cambridge University Press.

Smart, Veronica (1995): Personal Names in England. In: Ernst Eichler, Gerold Hilty, Heinrich Löffler, Hugo Steger und Ladislav Zgusta (Hg.): *Namenforschung: Ein internationales Handbuch zur Onomastik* (1. Band). Berlin/New York: de Gruyter, S. 782-786.

Smith, Daniel Scott (1985): Child naming practices, kinship ties, and change in family attitudes in Hingham, Massachusetts, 1641-1880. *Journal of Social History* 18: 541-566.

Smudits, Alfred (1998): Musik und Globalisierung: Die Phonographischen Industrien, Strukturen und Strategien. *Österreichische Zeitschrift für Soziologie* 23: 23-52.

Sperber, Jonathan (1984): *Popular Catholicism in Nineteenth-Centruy Germany*. Princeton: Princeton University Press.

Spoenla-Metternich, Sebastian-Johannes von (1997): *Namenserwerb, Namensführung und Namensänderung unter Berücksichtigung von Namensbestandteilen*. Frankfurt a. M.: Peter Lang.

Stadt Gerolstein (Hg.): *1986: Gerolstein*. Gerolstein.

Stadtverwaltung Grimma (Hg.) (1999): *Grimma. Ein Lesebuch*. Radebeul: Edition Reintzsch.

Stark, Rodney (2000): Die Religiosität der Deutschen und der Deutschamerikaner. Annäherung an ein „Experimentum Crucius". In: Jürgen Gerhards (Hg.): *Die Vermessung kultureller Unterschiede. USA und Deutschland im Vergleich*. Opladen: Westdeutscher Verlag, S. 111-126.

Statistisches Bundesamt (Hg.) (2000): *Datenreport 1999*. Bonn: Bundeszentrale für politische Bildung.

Stellmacher, Dieter (1996): Namen und soziale Identität. Namentradition in Familien und Sippen. In: Ernst Eichler, Gerold Hilty und Heinrich Löffler (Hg.): *Namenforschung. Ein internationales Handbuch zur Onomastik* (2. Band). Berlin: de Gruyter, S. 1726-1731.

Strand, Elisabeth A. (1999): Gender perception influences speech processing. In: Ursula Pasero und Friederike Braun (Hg.): *Wahrnehmung und Herstellung von Geschlecht*. Opladen: Westdeutscher Verlag, S. 127-136.

Streiff-Fenart, Jocelyne (1990): La nomination de l'enfant dans les familles francomaghrebines. *Societes-Contemporaines* 4: 5-18.

Swaan, Abraham de (1995): Die soziologische Untersuchung der transnationalen Gesellschaft. *Journal für Sozialforschung* 35: 107-120.

Taagepera, Rein und Ray, James Lee (1977): A generalized index of concentration. *Sociological Methods & Research* 5: 367-384.

Taylor, Rex (1974): John Doe, Jr.: A Study of his Distribution in Space, Time, and the Social Structure. *Social Forces* 53: 11-21.

Teiche, Jutta (1999): Grimma als Garnison. In: Stadtverwaltung Grimma (Hg.): *Grimma. Ein Lesebuch*. Radebeul: Edition Reintzsch, S. 124-129.

Teiche, Jutta (1999a): Grimmas Fabriken. In: Stadtverwaltung Grimma (Hg.): *Grimma. Ein Lesebuch*. Radebeul: Edition Reintzsch, S. 158-169.

Teiche, Jutta, Horst Naumann und G. Schwalbe (1999): Der Weg zur Schulstadt. In: Stadtverwaltung Grimma (Hg.): *Grimma. Ein Lesebuch*. Radebeul: Edition Reintzsch. S. 82-101.

Tenbruck, Friedrich H. (1989): *Die kulturellen Grundlagen der Gesellschaft. Der Fall der Moderne*. Opladen: Westdeutscher Verlag.

Tenbruck, Friedrich H. (1990): Repräsentative Kultur. In: Hans Haferkamp (Hg.): *Sozialstruktur und Kultur*. Frankfurt a. M.: Suhrkamp, S. 20-53.

Trautner, Hanns Martin (1991): *Lehrbuch der Entwicklungspsychologie. Band 2: Theorien und Befunde*. Göttingen u.a.: Hogrefe.

Troeltsch, Ernst (1961): *Die Soziallehren der christlichen Kirchen und Gruppen. Gesammelte Schriften* (Band 1). Aalen: Scientia.

Tyrell, Hartmann (1986): Geschlechtliche Klassifizierung und Geschlechterklassifikation. *Kölner Zeitschrift für Soziologie und Sozialpsychologie* 38: 450-489.

Wagner, Michael (1989): *Räumliche Mobilität im Lebensverlauf. Eine empirische Untersuchung der Bedingungen der Migration*. Stuttgart: Enke.

Wallmann, Johannes (1985): *Kirchgeschichte Deutschlands seit der Reformation* (5. Auflage). Tübingen: Mohr-Siebeck (UTB).

Walther, Hans (1973): Gesellschaftliche Entwicklung und geschichtliche Entfaltung von Wortschatz und Namenschatz. In: Friedhelm Debus und Wilfried Seibicke (Hg.): *Reader zur Namenkunde I: Namentheorie*. Hildesheim/Zürich/New York: Georg Olms Verlag, S. 339-355.

Watkins, Susan Cotts und London, Andrew S. (1994): Personal Names and Cultural Change. A Study of the Naming Patterns of Italians and Jews in the United States in 1910. *Social Science History* 18: 169-209.

Weber, Max (1980): *Wirtschaft und Gesellschaft. Grundriß der verstehenden Soziologie* (5. revidierte Auflage). Tübingen: Mohr.

Weber, Max (1988): *Gesammelte Aufsätze zur Religionssoziologie I*. Tübingen: Mohr.

Wehler, Hans-Ulrich (1987): *Deutsche Gesellschaftsgeschichte. Erster Band: Vom Feudalismus des Alten Reiches bis zur Defensiven Modernisierung der Reformära 1700-1815*. München: Beck.

Wehler, Hans-Ulrich (1987a): *Deutsche Gesellschaftsgeschichte. Zweiter Band: Von der Reformära bis zur industriellen und politischen „Deutschen Doppelrevolution". 1815-1845/49*. München: Beck.

Wehler, Hans-Ulrich (1995): *Deutsche Gesellschaftsgeschichte. Dritter Band: Von der „Deutschen Doppelrevolution" bis zum Beginn des Ersten Weltkriegs. 1849-1914*. München: Beck.

Weitman, Sasha (1981): Some Methodological Issues in Quatitative Onomastics. *Names. Journal of the American Name Society* 29: 181-196.

Weitman, Sasha (1982): Cohort Size and Onomasticon Size. *Onoma. Bibliographical and Information Bulletin* 26: 78-95.

Weitman, Sasha (1987): Prénoms et orientations nationales en Israel, 1882-1980. *Annales* 42: 879-900.

West, Candice und Don H. Zimmermann (1991): „Doing Gender". In: Judith Lorber und Susan A. Farell (Hg.): *The Social Construction of Gender*. Newbury Park: Sage, S. 13-37.

Wicke, Peter (1996): Die Charts im Musikgeschäft. *Musik und Unterricht* 40/96: 9-14.

Wilson, Stephen (1998): *The Means of Naming. A social and cultural history of personal naming in Western Europe*. London: UCL Press.

Wohlrab-Sahr, Monika (1997): Individualisierung: Differenzierungsprozess und Zurechnungsmodus. In: Ulrich Beck und Peter Sopp (Hg.): *Individualisierung und Integration. Neue Konfliktlinien und neuer Integrationsmodus*. Opladen: Leske + Budrich, S. 23-36.

Wohlrab-Sahr, Monika (2001): Säkularisierte Gesellschaft. In: Georg Kneer, Armin Nassehi und Markus Schoer (Hg.): *Klassische Gesellschaftsbegriffe der Soziologie*. München: Fink (UTB), S. 308-332.

Wolffsohn, Michael, und Thomas Brechenmacher (1992): Vornamen als demoskopischer Indikator? München 1785-1876. *Zeitschrift für bayerische Landesgeschichte* 55: 543-573.

Wolffsohn, Michael und Thomas Brechenmacher (1999): *Die Deutschen und ihre Vornamen. 200 Jahre Politik und öffentliche Meinung*. München/Zürich: Diana.

Wolffsohn, Michael und Thomas Brechenmacher (2000): Nomen est Omen. Vornamenwahl als demoskopischer Indikator – das Beispiel München (1787-1876). *Geschichte in Wissenschaft und Unterricht* 51: 313-332.

Zabel, Hermann (1984): Säkularisation, Säkularisierung. In: Otto Brunner, Werner Conze und Reinhart Kosseleck (Hg.): *Geschichtliche Grundbegriffe. Historisches Lexikon zur politischen und sozialen Sprache in Deutschland* (Band 5). Stuttgart: Klett-Cotta, S. 789-829.

Zürn, Michael (1998): *Regieren jenseits des Nationalstaates. Globalisierung und Denationalisierung als Chance*. Frankfurt a. M.: Suhrkamp.

Zurstiege, Guido (1998): *Mannsbilder – Männlichkeit in der Werbung. Eine Untersuchung zur Darstellung von Männern in der Anzeigenwerbung der 50er, 70er und 90er Jahre*. Opladen: Westdeutscher Verlag.

Zwahr, Hartmut (1996): Der Distelfink unter der Pickelhaube. Namen, Symbole und Identitäten Geächteter. In: Hartmut Zwahr: *Revolutionen in Sachsen. Beiträge zur Sozial- und Kulturgeschichte*. Weimar u. a.: Böhlau Verlag, S. 325-334.